Roberlei Panasiewicz

PLURALISMO
religioso
contemporâneo

Diálogo
inter-religioso
na teologia
de Claude Geffré

Dados Internacionais de Catalogação na Publicação (CIP)
(Câmara Brasileira do Livro, SP, Brasil)

Panasiewicz, Roberlei
    Pluralismo religioso contemporâneo : diálogo inter-religioso na teologia
de Claude Geffré / Roberlei Panasiewicz – São Paulo : Paulinas ; Belo
Horizonte : Editora PUC Minas, 2007. – (Coleção estudos da religião)

Bibliografia.
ISBN 978-85-356-1923-2 (Paulinas)
ISBN 85-86480-61-4 (PUC Minas)

1. Diálogo   2. Geffré, Claude, 1926-   3. Hermenêutica – Aspectos
religiosos – Cristianismo 4. Pluralismo religioso 5. Relações inter-religiosas
6. Religiões 7. Teologia – Século 20 I. Título. II. Título : Diálogo inter-
religioso na teologia de Claude Geffré. III. Série.

06-5531   CDD-261.2

Índices para catálogo sistemático:
1. Diálogo inter-religioso : Cristianismo e outras religiões : Teologia 261.2
2. Pluralismo religioso : Cristianismo e outras religiões : Teologia 261.2

2ª edição – 2010

Nenhuma parte desta obra poderá ser reproduzida ou transmitida
por qualquer forma e/ou quaisquer meios (eletrônico ou mecânico,
incluindo fotocópia e gravação) ou arquivada em qualquer sistema ou
banco de dados sem permissão escrita da Eaitora. Direitos reservados.

Paulinas Editora
Direção-geral:
Flávia Reginatto
Editores responsáveis:
Luzia Sena e Afonso Maria Ligorio Soares
Copidesque:
Anoar Jarbas Provenzi
Coordenação de revisão:
Marina Mendonça
Revisão:
Leonilda Menossi e Patrizia Zagni
Direção de arte:
Irma Cipriani
Gerente de produção:
Felício Calegaro Neto
Capa e projeto gráfico:
Manuel Rebelato Miramontes

Pontifícia Universidade Católica de Minas Gerais
Grão-chanceler:
Dom Walmor Oliveira de Azevedo
Reitor:
Eustáquio Afonso Araújo
Vice-reitor:
Dom Joaquim Giovani Mol Guimarães
Coordenação editorial:
Cláudia Teles de Menezes Teixeira
Assistente editorial:
Maria Cristina Araújo Rabelo
Revisão:
Virgínia Mata Machado
Divulgação:
Danielle de Freitas Mourão
Comercial:
Maria Aparecida dos Santos Mitraud
Comissão editorial:
Ângela Vaz Leão (PUC-Minas); *Graça Paulino* (UFMG);
Hélvio de Avellar Teixeira (PUC-Minas);
José Newton Garcia de Araújo (PUC-Minas);
Maria Zilda Cury (UFMG);
Oswaldo Bueno Amorim Filho (PUC-Minas)

Paulinas
Rua Dona Inácia Uchoa, 62
04110-020 – São Paulo – SP (Brasil)
Tel.: (11) 2125-3500
http://www.paulinas.org.br – editora@paulinas.com.br
Telemarketing e SAC: 0800-7010081
© Pia Sociedade Filhas de São Paulo – São Paulo, 2007

Editora PUC Minas
Rua Pe. Pedro Evangelista, 377 – Coração Eucarístico
30535-490 – Belo Horizonte – MG (Brasil)
Tel.: (31) 3375-8189 – Fax: (31) 3376-6498
http://www.pucminas.br/editora – editora@pucminas.br

A *Denise*,
em testemunho de amor e companheirismo!
A meus filhos, *Fernanda* e *Thiago*, com muito carinho.
Que aprendam a arte de interpretar os caminhos da felicidade!

APRESENTAÇÃO DA COLEÇÃO

A coleção Estudos da Religião traz ao público uma elaborada reflexão multidisciplinar sobre o fenômeno religioso. Como é próprio dessa investigação, serão reunidos títulos com diversas perspectivas, além das já clássicas linhas de pesquisa em Ciências da Religião. Portanto, o leitor encontrará várias abordagens sobre a questão religiosa que poderão abranger pesquisas em Filosofia, Teologia, Psicologia, Sociologia, Antropologia, Geografia, História e Estudos Comparados, bem como as intercessões entre Ciência, Economia, Direito, Relações Internacionais, Educação e a questão religiosa.

Para promover esta coleção, o apoio e a parceria de três frentes de colaboradores têm sido essenciais. De um lado, refletindo a pesquisa de mais de trinta anos no Brasil, renomados investigadores da área apresentarão suas reflexões, análises, pensamentos e diagnósticos. De outro, será confiada a novos pesquisadores a tarefa de aproximar o grande público dos resultados de seus recentes estudos. Por fim, este será também um espaço editorial destinado a levar ao leitor uma selecionada coletânea de textos traduzidos que enriquecerão o debate e a pesquisa na área.

Professor Dr. Flávio Senra
Coordenador da coleção pelo
Programa de Pós-Graduação em Ciências da Religião
PUC Minas

APRESENTAÇÃO

É com alegria que faço a apresentação desta obra de Roberlei Panasiewicz. O autor vem se dedicando ao tema da teologia das religiões desde o período em que cursou o mestrado em Ciência da Religião na Universidade Federal de Juiz de Fora, quando trabalhou o tema Dialogo e revelação: o diálogo inter-religioso em Andrés Torres Queiruga.[1] Prosseguindo sua reflexão na área, o autor dedicou-se, no doutorado, ao estudo da contribuição do teólogo francês Claude Geffré à teologia das religiões e, em particular, ao influxo de sua teologia hermenêutica na afirmação de uma nova sensibilidade dialogal. Continua, hoje, seu trabalho no âmbito do ensino de Filosofia e Teologia, na PUC-Minas, no Instituto São Tomás de Aquino (Ista-BH) e Fumec-BH.

A presente obra vem recolher, de forma singular, o resultado de sua pesquisa doutoral: *A virada hermenêutica da teologia e o pluralismo religioso: um estudo sobre a contribuição da teologia hermenêutica de Claude Geffré à teologia das religiões.*

Em sua obra, Roberlei busca, inicialmente, abordar o tema da virada hermenêutica da teologia, tendo em vista a importância decisiva de Claude Geffré nesse âmbito, enquanto pensador pioneiro e representante qualificado de tal reflexão na França. Em seguida, o autor busca destacar três dimensões da teologia hermenêutica de Claude Geffré, sobretudo as pistas que ele indica para a afirmação de uma teologia cristã do pluralismo religioso, capaz de corresponder ao imprescindível desafio da diversidade religiosa. Roberlei elege questões relacionadas à teologia fundamental (a questão do pluralismo de princípio), à cristologia (Jesus como universal concreto) e à eclesiologia (a reinterpretação da missão e a concepção da verdade).

Foi muito feliz a escolha, feita por Roberlei, de trabalhar a teologia hermenêutica de Claude Geffré. É um dos grandes estudiosos atuais da teologia

---

[1]   A dissertação de mestrado, defendida em 1998, foi publicada em livro: *Diálogo e revelação*. Rumo ao encontro inter-religioso. Belo Horizonte, Fumec/Com Arte, 1999.

cristã do pluralismo religioso. A partir da chave da teologia hermenêutica, busca avançar as grandes intuições de teólogos, como Chenu, que reforçam o traço "radicalmente histórico da teologia cristã". Para Geffré, uma autêntica teologia hermenêutica deve ser capaz de corresponder aos desafios do tempo atual e, de modo muito particular, ao desafio do pluralismo religioso. Em sua última obra,[2] Geffré reforça sua opção em favor do reconhecimento de um pluralismo de princípio, enquanto expressão mesma da vontade de Deus, que acolhe e bendiz a diversidade das culturas e religiões para melhor manifestar as riquezas da Verdade derradeira. Em descontinuidade com as teses mais tradicionais, indica a necessidade de levar mais a sério a alteridade, para reconhecer e saudar "o valor intrínseco das outras religiões como caminhos misteriosos de salvação".[3] Geffré propõe uma "teologia inter-religiosa" que seja capaz de reinterpretar a singularidade cristã tendo em vista o rico patrimônio religioso e espiritual presente nas outras tradições religiosas, ou seja, uma "reinterpretação criadora" da verdade cristã a partir da provocação advinda das outras verdades religiosas. Mas não o faz rompendo com o cristocentrismo. Sua opção vai no sentido de um "pluralismo inclusivo", que mantém a constitutividade de Jesus Cristo, sem recair num cristomonismo.[4] Para Geffré, um pluralismo inclusivo consegue salvaguardar o que há de "irredutível" em cada tradição religiosa e, ao mesmo tempo, garantir a plausibilidade dos valores crísticos. A seu ver, pode-se assegurar o diálogo inter-religioso sem, necessariamente, ter de romper com o inclusivismo. O caminho que ele propõe não rompe com a lógica inclusivista, mas suscita uma reinterpretação da singularidade cristã, de forma a garantir a acolhida do pluralismo de princípio. Trata-se de um cristocentrismo que mantém sua distância tanto de um "teocentrismo indeterminado" como de um "cristianocentrismo". E a chave que propõe para essa nova perspectiva teológica é a do aprofundamento do "paradoxo da encarnação". Para Geffré, é essa chave que possibilita manter a singularidade da mediação de Jesus Cristo e o respeito à pluralidade das verdades religiosas testemunhadas pelas distintas tradições religiosas.[5]

O trabalho de Roberlei aborda, de forma pertinente e cuidadosa, todas essas questões e abre horizontes importantes para as novas pesquisas que se

---

[2] GEFFRÉ, Claude. *De Babel à Pentecôte*. Essais de théologie interreligieuse. Paris, Cerf, 2006.

[3] Idem, ibidem. p. 117.

[4] Idem, ibidem. pp. 46, 53 e 116.

[5] Idem, ibidem. pp. 125-126.

seguirão no campo da teologia cristã do pluralismo religioso. Sua apresentação da obra de Geffré é, em geral, bem positiva e complexa, servindo como uma boa introdução ao pensamento de tão importante autor.

Faustino Teixeira
PPCIR-UFJF

SIGLAS

AG   *Ad Gentes*

DA   Diálogo e Anúncio

DM   Diálogo e Missão

Ex   Livro do Êxodo

Gn   Livro do Gênesis

Gl   Carta aos Gálatas

GS   *Gaudium et spes*

Hb   Carta aos Hebreus

Jo   Evangelho de são João

Lc   Evangelho de são Lucas

LG   *Lumen gentium*

Mt   Evangelho de são Mateus

NA   *Nostra Aetate*

PO   *Presbyterorum ordinis*

Rm   Carta aos Romanos

INTRODUÇÃO

A questão do pluralismo religioso emerge no começo do século XXI como tema central da teologia das religiões. Compreender essa realidade desafia, cada vez mais, a mente dos teóricos das religiões. E mais, elaborar uma teologia do pluralismo religioso é uma demanda da atual sociedade plural. A teologia cristã, que durante séculos viveu protegida numa redoma pela filosofia metafísica de cunho aristotélico (teórica e especulativa), vê-se, num primeiro momento, questionada pela cultura moderna que, em meio a várias suspeitas, duvida também da existência de Deus. Os saberes modernos investem todos os esforços para a concretização do total bem-estar humano aqui na terra, deixando "o céu para os pássaros" voarem e não para reflexões transcendentais. Entretanto, a ciência e toda a racionalidade moderna não conseguiram realizar os sonhos prometidos, e a imensidão do azul-celeste aguça a finitude do ser humano. Emerge o segundo questionamento à reflexão teológica cristã: o pluralismo religioso. É o que se convencionou chamar de "retorno do sagrado" ou "reencantamento do mundo". Irrompe na teologia cristã a consciência da pluralidade religiosa. Essa variedade de religiões provoca a reflexão teológica cristã, pois convicções religiosas e verdades consideradas absolutas passam a ser desafiadas e, quando não contrapostas, apresentadas de maneira diferente.

Claude Geffré[1] aceita, como teólogo católico, essa provocação e busca pensar as perguntas da atualidade e dar-lhes respostas. Compreende o pluralismo religioso como um "novo paradigma" para a teologia cristã, pois a impulsiona a retomar e reavaliar os tradicionais conceitos, tratados, doutrinas e, inclusive, dogmas. Torna-se, portanto, uma oportunidade de crescimento para a teologia cristã ao fazer-se significativa para os fiéis. Entretanto, isso não

---

[1] Claude Geffré, nascido em Niort, França, em 1926, teólogo católico e padre da Ordem dos Pregadores (Dominicano); durante vários anos, dedicou-se ao ensino de teologia na Faculdade Dominicana de Saulchoir (1957-1968) e no Instituto Católico de Paris (1967-1996); foi diretor da Escola Bíblica e Arqueológica de Jerusalém (1996-1999). É membro fundador e colaborador permanente da revista internacional de teologia *Concilium* e do conselho diretor da coleção teológica *Cogitatio Fidei* (Cerf).

acontece sem uma teoria hermenêutica (questão de método de interpretação) e uma filosofia hermenêutica (preocupação com o ser humano em sua temporalidade e em sua historicidade) a fim de oferecer uma compreensão histórica e atual da realidade. Eis o território teórico de Geffré. Sua teologia hermenêutica resgata, através de métodos hermenêuticos, o sentido de uma "linguagem que fala humanamente de Deus" (método, conteúdo e significado). Demarca a historicidade de toda verdade, inclusive a verdade revelada, e a historicidade de todo sujeito interpretante. A teologia hermenêutica é, para ele, o "destino da razão teológica". Ou seja, mais do que uma nova maneira de fazer teologia, ela é a forma como a teologia deve compreender-se. A teologia hermenêutica é, portanto, a reinterpretação criativa e criadora da mensagem cristã.

Tanto a hermenêutica teológica, apresentada como um jeito novo de fazer teologia, quanto o pluralismo religioso da sociedade atual, entendido como o novo paradigma, se articulam na reflexão de Geffré, possibilitando uma reflexão criativa e inovadora no interior da teologia cristã. Ele compreende que a teologia hermenêutica provocou uma virada hermenêutica da teologia. Esta deixou de ser dogmática, submissa à autoridade fechada do magistério da Igreja, para se tornar hermenêutica com toda a radicalidade que essa nova arte de interpretar exige.

Nesse horizonte se situa esta reflexão que articula dois momentos da reflexão teológica de Claude Geffré. O primeiro apresenta a passagem da teologia dogmática para a teologia hermenêutica, e o segundo desenvolve uma teologia do pluralismo religioso. Esses momentos pretendem demonstrar que a visão hermenêutica de Geffré, tributária de sua teologia hermenêutica, abriu-o inovadoramente para os temas próprios da teologia das religiões, sobretudo a partir do desafio do pluralismo religioso e para a concretização do diálogo inter-religioso. Diálogo que ele prefere chamar de "ecumenismo inter-religioso", ampliando a concepção tradicional de ecumenismo, restrita à relação entre cristãos.

A relevância deste trabalho consiste em apresentar a importância da entrada no pensar teológico da teologia hermenêutica. Ela possibilitou uma reflexão crítica e contextualizada da Escritura, da Tradição e dos dogmas da Igreja católica ante uma leitura dogmática e fechada à autoridade do magistério da Igreja. Essa abertura, a princípio metodológica, provocou nova maneira de sistematizar a teologia e também possibilitou uma nova e instigante compre-

INTRODUÇÃO

ensão do pluralismo religioso, no interior da teologia das religiões. Resgata-se daqui a originalidade dessa pesquisa: mostrar como, em Claude Geffré, a sua teologia hermenêutica o favoreceu a uma nova reflexão sobre o pluralismo religioso, exercendo, assim, o papel da teologia hermenêutica que, em sua percepção, deve ser criativa e criadora.

O objetivo desta pesquisa é articular teologia hermenêutica e teologia das religiões em Geffré, mostrando como, em sua reflexão, ele consegue responder aos questionamentos do pluralismo religioso, mantendo uma abertura ao diálogo com as tradições religiosas. Entretanto, sua reflexão é passível de críticas, ao partir de um referencial perfeitamente discutível. Entre os paradigmas da teologia das religiões, classifica-se como *inclusivista* (acredita na mediação e na universalidade de Cristo) e também como *pluralista* (compreende o valor intrínseco das tradições religiosas em suas diferenças). Ele julga que ser inclusivista e aberto ao pluralismo significa demarcar a identidade cristã numa perspectiva de diálogo inter-religioso.

A vasta bibliografia de Geffré foi reunida no final do livro que foi editado em homenagem aos seus 65 anos.[2] Entretanto, sua produção continuou depois da edição desse livro. Foi desenvolvida uma exaustiva pesquisa em suas obras e artigos. As idéias e intuições que balizam sua reflexão teológica encontram-se confirmadas em vários textos; por isso foram selecionados e, portanto, estão citados os escritos que se referem diretamente ao tema desta pesquisa. As duas obras maiores que trabalham de forma direta a temática proposta, ou seja, a teologia hermenêutica e a teologia das religiões, são: *Le christianisme au risque de l'interpretation*, publicado em 1983,[3] e *Croire et interpréter: le tournant herméneutique de la théologie*, publicado em 2001.[4]

Orientou a pesquisa em seu todo e, em certo sentido, continua a ser atuante nas reflexões teológicas a pergunta: como, na teologia das religiões, o cristianismo manterá a sua identidade religiosa específica, tendo em Jesus Cristo seu referencial último, numa perspectiva de abertura ao diálogo com as tradições religiosas? Em outras palavras, como continuar a afirmar a encarna-

---

[2] O livro organizado por Jean-Pierre Jossua e Nicolas-Jean Séd tem como título *Interpréter: hommage amical à Claude Geffré* e foi publicado em 1992.

[3] Esse livro foi editado em português em 1989 com o título *Como fazer teologia hoje: hermenêutica teológica*.

[4] A edição portuguesa foi em 2004 com o título *Crer e interpretar: a virada hermenêutica da teologia*. Esse livro será citado no original, pois, à época da construção desta pesquisa, a tradução para o português ainda não estava disponível.

13

ção de Deus em Jesus Cristo sem negar que haja verdades salvíficas em outras tradições religiosas? Em Geffré, conceber o pluralismo religioso como sendo *de princípio* ou *de direito*, ou seja, como pertencendo ao desígnio misterioso de Deus, faz com que a teologia das religiões repense verdades tradicionais do cristianismo numa perspectiva dialógica. Resguarda a identidade cristã ao distinguir a universalidade do mistério de Cristo e a universalidade do cristianismo e compreende que há uma *irredutibilidade* em todas as tradições religiosas, ou seja, há um específico que caracteriza cada tradição e que não pode ser absorvido por outra tradição histórica.

A metodologia do *estudo analítico* e o *debate teórico*, a partir das obras de Claude Geffré, mostram como a sua teologia hermenêutica elabora uma reflexão cristã de forma não dogmática e em face à teologia das religiões concebe o pluralismo religioso de forma positiva. Para maior compreensão e articulação da temática, elabora-se uma pergunta a cada nova etapa ou subdivisão de temas.

Essa pesquisa divide-se em duas partes. A primeira, intitulada "A virada hermenêutica da teologia", contextualiza a reflexão. Subdivide-se em três capítulos. O primeiro trata do "sentido filosófico e teológico da hermenêutica", situando a temática. Aponta-se, inicialmente, o sentido mitológico de hermenêutica para depois mostrar como a filosofia, sobretudo na época moderna, a compreende e, ainda, como a teologia a aborda. Indica-se a posição de alguns autores que contribuíram de forma significativa nesse campo. O segundo capítulo trabalha a negação da hermenêutica através do movimento fundamentalista protestante; perspectiva que também se encontra no horizonte das reflexões católica, judaica e islâmica. Em contrapartida, Geffré desvenda-lhe as implicações teológicas dessa negação. O terceiro capítulo aborda diretamente o pensamento de Geffré. Retrata-lhe a virada hermenêutica, ou seja, a passagem da teologia dogmática para a teologia hermenêutica, as conseqüências e as tarefas para essa teologia hermenêutica e termina introduzindo a temática da teologia das religiões.

A segunda parte, intitulada "Teologia hermenêutica e teologia das religiões", aponta as contribuições de Geffré à teologia das religiões. Subdivide-se em três capítulos. O primeiro trabalha a teologia fundamental e, nela, o pluralismo religioso que Geffré estuda como teólogo hermeneuta, compreendendo-o como *pluralismo de princípio*. Daí decorrem as conseqüências para a teologia das religiões e as implicações para o ecumenismo inter-religioso. O segundo capítulo demarca a identidade cristã sob a perspectiva cristológica. Pensa-a, porém, aberta ao diálogo com as demais tradições religiosas sem pretensão de ser a única, a absoluta e a verdadeira. Demarca a universalidade de Cristo, e não a do cristianismo, e a irredutibilidade das tradições religiosas. Daí tiram-se implicações para o diálogo inter-religioso. O terceiro capítulo aborda a eclesiologia. Geffré pensa a missão da Igreja Católica nesse novo cenário, com essa nova consciência teológica, e destaca a tarefa central do testemunho na atividade missionária. Debate-se o tema polêmico da verdade e da imposição de uma única tradição religiosa, e, por fim, abordam-se as condições necessárias para promover um ecumenismo inter-religioso e as formas concretas de sua realização.

Em Geffré, teologia hermenêutica e teologia das religiões se articulam permitindo nova reflexão e prática teológica cristã. O diálogo inter-religioso passa a ser uma aventura consciente e tremendamente enriquecedora para as tradições religiosas que se dispuserem a dialogar. Geffré, como hermeneuta cristão, enfrenta os desafios que esse diálogo apresenta, de forma criativa e instigante. Suas reflexões merecem ser degustadas. Que essa pesquisa estimule o aprofundamento teológico de outros, como o fez para o pesquisador!

PARTE I

A VIRADA HERMENÊUTICA DA TEOLOGIA

Capítulo I

O sentido filosófico
e teológico da hermenêutica

A hermenêutica tem participado diretamente do campo de pesquisa da filosofia, do direito e da teologia e se impõe como tarefa necessária a todas as ciências. Muito já se escreveu e se pensou sobre essa temática.[1] Entretanto, a reflexão explícita sobre a hermenêutica se desenvolve na modernidade. Mesmo possuindo raízes que se estendem até a antiguidade, o aprofundamento sobre a "arte de interpretar" é construído na época moderna. Atualmente, o uso lingüístico da palavra hermenêutica "vem carregado de uma enorme imprecisão".[2] Ela é compreendida como sendo sinônimo de interpretação, explanação, explicação, exegese. A filosofia e a teologia se detêm em buscar sua compreensão e daí o termo ganha novas lapidações. Claude Geffré a compreende como ocasionando "uma virada hermenêutica da teologia, e isto só tem sentido em relação à nossa cultura e mais precisamente em relação a um certo devir da razão filosófica".[3]

---

[1] O trajeto histórico da hermenêutica já foi construído em obras clássicas como BLEICHER, Josef. *Hermenêutica contemporânea*. Lisboa: Edições 70, [1992?]; CORETH, Emerich. *Questões fundamentais de hermenêutica*. São Paulo: EPU, 1973. 202p.; PALMER, Richard E. *Hermenêutica*. Lisboa: Edições 70, sem data (original 1969). 284 p.; GRONDIN, Jean. *Introdução à hermenêutica filosófica*. São Leopoldo: Unisinos, 1999. 335p.

[2] GRONDIN, Jean. *Introdução à hermenêutica filosófica*. São Leopoldo: Unisinos, 1999. p. 48.

[3] GEFFRÉ, Claude. *Croire et interpréter:* le tournant herméneutique de la théologie. Paris: Cerf, 2001. p. 11.

Nessa trilha e visando contextualizar o tema, esta primeira parte faz uma retomada do sentido mitológico de hermenêutica e depois a sua apreensão filosófica e teológica na época moderna.

1.1. A origem da hermenêutica: o mito de Hermes

Esta recuperação tem por objetivo compreender o sentido da hermenêutica em sua formulação inicial. A sua origem histórica remonta à mitologia grega, ao mito de Hermes. O mito é uma narrativa que antecede o surgimento da ciência e era usado como uma forma de explicação da realidade. "O mito é o relato de um acontecimento ocorrido no tempo primordial, mediante a intervenção de entes sobrenaturais [...]. É a narrativa de uma criação: conta-nos de que modo algo, que não era, começou a ser."[4] O autor que vivia em determinada situação se inspirava em Deus ou nos deuses para explicar algo que ele, em sua humana visão, não conseguia tornar inteligível. O mito de Hermes responde a uma dessas narrativas. Seguiremos aqui a trilha aberta por Junito de Souza Brandão em seu clássico livro *Mitologia grega*.[5] Sobre seu nascimento, diz o texto:

> Filho de Zeus e de Maia, a mais jovem das Plêiades, Hermes nasceu num dia quatro (número que lhe era consagrado), numa caverna do monte Cilene, ao sul da Arcádia. Apesar de enfaixado e colocado no *vão de um salgueiro*, árvore sagrada, símbolo da fecundidade e da imortalidade, o que traduz, de saída, um rito iniciático, o menino revelou-se de uma precocidade extraordinária. No mesmo dia em que veio à luz, *desligou-se* das faixas, demonstração clara de seu poder de ligar e desligar, viajou até a Tessália, onde furtou uma parte do rebanho de Admeto, guardado por Apolo, que cumpria grave punição [...].[6]

A estória começa narrando fatos interessantes a respeito de Hermes. É filho de Zeus, o deus do Olimpo, e de Maia, uma jovem mortal. Logo ao nascer é colocado no vão de uma árvore sagrada, o salgueiro. Esse rito iniciático o aproximará de Mercúrio, nome latino de Hermes. O que chama a atenção é sua capacidade de *ligar* e *desligar*. Isso pode representar uma atitude

---

[4]   BRANDÃO, Junito de S. *Mitologia grega*. Petrópolis: Vozes, 1992. v. 1. pp. 35-36.

[5]   BRANDÃO, *Mitologia grega*, v. 2.

[6]   BRANDÃO, *Mitologia grega*, v. 2, p. 191.

própria da hermenêutica: saber ligar e desligar as palavras buscando construir o sentido próprio de tal afirmação. Apesar de ser filho de Zeus, promove-se à imortalidade através de um gesto de inteligência. Das novilhas roubadas, sacrifica duas aos deuses e as divide em doze partes, apesar de serem onze os imortais. Dessa forma, promove-se a si mesmo ocupante do décimo segundo lugar, ou seja, à categoria de deus.

Apolo vai queixar-se com Maia e com Zeus a respeito do roubo. Maia o defende por ser um simples menino, e Zeus o interroga. Percebendo que Hermes estava mentindo, obriga-o a prometer "que nunca mais faltaria com a verdade; Hermes concordou, acrescentando, porém, que não estaria obrigado a dizer a verdade por inteiro".[7] Aqui se caracteriza outro traço importante da hermenêutica: a dificuldade em atingir a *verdade por inteiro*. Por mais que se busque interpretar, a verdade é um desafio constante do processo hermenêutico. O fato de ter roubado o rebanho de Apolo vai dar a Hermes o título de astuto, mas também de trapaceiro. Será tido como o protetor dos pastores e representado com "um carneiro sobre os ombros".[8]

Os gregos conferiram a Hermes vários atributos e funções, como, por exemplo, o de ser "mensageiro dos deuses", "deus das estradas", "protetor dos viajantes". Ao trazer a mensagem dos deuses, circulava pelas estradas e encruzilhadas, não se perdendo nem de dia, nem de noite. Era, portanto, um grande conhecedor das estradas e passou a ser considerado como aquele que protegia os transeuntes. "[...] regia as estradas porque andava com incrível velocidade, pelo fato de usar sandálias de ouro, e, se não se perdia na noite, era porque, 'dominando as trevas', conhecia perfeitamente o roteiro."[9] Como agradecimento pela proteção recebida ou como forma de obter bons lucros, os viajantes jogavam pedras formando montes em honra ao deus Hermes. Essas pedras simbolizavam a ligação do crente com o deus, pois elas representavam a força e a presença do divino. Esse monte é denominado em grego de *hér-maion*, significando "lucro inesperado, descoberta feliz." Aqui está a etimologia da palavra Hermes, que significa "cipo, pilar, pilastra". Junito Brandão não considera adequado aplicar essa etimologia a Hermes, pois Hermes é anterior

---

[7]   BRANDÃO, *Mitologia grega*, v. 2, p. 192.

[8]   BRANDÃO, *Mitologia grega*, v. 2, p. 192.

[9]   BRANDÃO, *Mitologia grega*, v. 2, p. 193.

ao "monte de pedras" que o configura, e o nome do deus "é anterior à herma que o simboliza".[10]

Hermes, além de "mensageiro dos deuses", torna-se também um *deus psicopompo*,[11] ou seja, um condutor de almas. Ele circulava entre o céu, a terra e o inferno. Isso dava a Hermes características esotéricas especiais. "*Agilis Cyllenius*, o deus rápido de Cilene, como lhe chama Ovídio nas *Metamorfoses* [...], o filho de Maia, para os helenos, era o *lóguios*, o sábio, o judicioso, o tipo inteligente do grego refletido, o próprio *Logos*."[12] Hermes é aquele que sabe, é aquele que fala o desejo dos deuses e, ao mesmo tempo, é companheiro dos humanos.

No sincretismo com a cultura latina será percebido como Mercúrio, aquele que "costumava ser invocado nas cerimônias dos magos como transmissor de fórmulas mágicas".[13] Essas práticas mágicas darão a Hermes a capacidade de conduzir às trevas ou à luz, de saber e de poder tudo. Aquele iniciado por Hermes tinha a potencialidade de resistir às trevas. E com a cultura egípcia será assimilado como o deus Tot, mestre da palavra e da inteligência e patrono dos magos:

> No mundo greco-latino, sobretudo em Roma, com os gnósticos e neoplatônicos, *Hermes Trismegisto* se converteu num deus muito importante, cujo poder varou séculos. Na realidade, *Hermes Trismegisto* resultou de um sincretismo, como já se assinalou, com o Mercúrio latino e com o deus "ctônio" egípcio Tot, escrivão da psicostasia no julgamento dos mortos no Paraíso de Osíris e patrono, na Época Helenística, de todas as ciências, sobretudo porque teria criado o mundo por meio do *lógos*, da palavra.[14]

Os sincretismos realizados com culturas próximas à Grécia e as atribuições dirigidas a Hermes propiciarão a ele uma diversidade e uma riqueza fabulosa de sentido. Hermes é o mensageiro dos deuses, portanto, o deus da linguagem. É aquele que pode explicitar as palavras e elucidar os desejos. Tem poder para levar às trevas ou à luz. E, com Hermes, a hermenêutica tem a capacidade de realizar esta alquimia: poder fazer uma interpretação chegar às trevas, à luz ou a lugar algum. A mágica que Hermes realizava e a proteção aos viajantes são a

---

[10] BRANDÃO, *Mitologia grega*, v. 2, p. 191.

[11] BRANDÃO, *Mitologia grega*, v. 2, p. 194.

[12] BRANDÃO, *Mitologia grega*, v. 2, p. 196.

[13] BRANDÃO, *Mitologia grega*, v. 2, p. 196.

[14] BRANDÃO, *Mitologia grega*, v. 2, p. 197. *Hermes Trismegisto* significa "Hermes três vezes Máximo". É uma fusão de filosofia, religião, alquimia, magia e astrologia.

mesma mágica que ocorreu ao longo da história com os buscadores de sentido, os exegetas, filólogos, filósofos, juristas que, abrindo mão da segurança de uma resposta pressupostamente dada, saem viajando em busca de respostas mais adequadas às novas perguntas feitas a cada nova realidade atingida. Um texto, para ser interpretado, necessita da atuação precisa de um bom alquimista para que a luz, e não a escuridão, apareça daquela manipulação.

O sentido etimológico do termo hermenêutica vem do grego *ermeneúein* e possui "três orientações de significado: expressar (dizer, falar), expor (interpretar, explicar) e traduzir (ser intérprete) [...]. O tradutor deve realmente esclarecer ou tornar compreensível aquilo que um sentido estranho quer dizer".[15] A riqueza da etimologia transparece na dinâmica que o termo proporciona.

Como a hermenêutica será compreendida na filosofia moderna?

1.2. O sentido filosófico da hermenêutica

A mitologia grega proporciona à filosofia ocidental compreender a hermenêutica a partir de Hermes, o mensageiro dos deuses. "Hermes é o mensageiro divino encarregado de anunciar, de fazer conhecer e compreender o pensamento dos deuses."[16] No sentido grego, hermenêutica significa declarar, expressar, esclarecer, interpretar e também traduzir. A herança grega é que a mensagem divina necessita ser interpretada para ser compreendida. O termo traz consigo uma dimensão sagrada, "a compreensão e interpretação de uma palavra divina".[17] Isso justifica que primeiramente a hermenêutica tenha sido do domínio teológico. Somente na idade moderna é que a filosofia se debruçará, com mais tempo, para refletir sobre esse termo e desenvolverá a "arte da compreensão".

Esta reflexão procura apresentar alguns autores da filosofia moderna que se dedicaram à temática da hermenêutica possibilitando novas construções em torno do termo. São eles: Friedrich Schleiermacher, Wilhelm Dilthey, Martin Heidegger e Hans-Georg Gadamer. Suas reflexões não só propiciaram novas apreensões da hermenêutica, mas sobretudo despertaram outros autores a usufruírem dessa abordagem desenvolvendo outras construções a partir de

---

[15] GRONDIN, *Introdução à hermenêutica filosófica*, p. 52.

[16] MARLÉ, René. *El problema teológico de la hermeneutica*: los grandes ejes de la investigación contemporanea. Madrid: Razon y Fe, 1965. p. 4.

[17] CORETH, Emerich. *Questões fundamentais de hermenêutica*. São Paulo: EPU, 1973. p. 2.

suas áreas de conhecimento. Claude Geffré é um desses autores que soube usufruir dessas reflexões com ganhos para a reflexão teológica cristã.

1.2.1. Schleiermacher: uma concepção dialógica da hermenêutica

Schleiermacher (1768-1834)[18] irá desenvolver uma reflexão de fundamental importância para a filosofia moderna a partir do conceito de hermenêutica e, por isso, será considerado "o pai da moderna hermenêutica enquanto disciplina geral".[19] Ele dará à hermenêutica um caráter sistemático inserindo-a no cenário filosófico. A hermenêutica deixa de ser uma mera disciplina auxiliar, sobretudo da exegese bíblica e da literatura, e passa a existir como ciência autônoma. Ele procurou estabelecer leis para que o processo de compreensão de um texto pudesse emergir, fazendo aflorar o seu sentido.

Assim, "a hermenêutica como arte da compreensão não existe como uma área geral, apenas existe uma pluralidade de hermenêuticas especializadas".[20] Palmer mostra que é com essa asserção programática que Schleiermacher abre sua conferência em 1819 sobre hermenêutica. Esta é a maneira de pensar de F. A. Wolf, um de seus predecessores, a quem ele irá apresentar várias críticas. Sua proposta é oposta a essa asserção. Ele irá procurar construir uma hermenêutica geral e ela será entendida como a "arte da compreensão".

Na análise feita por Aloísio Ruedell,[21] o pouco interesse que se tem em nosso meio por Schleiermacher é devido à maneira como ele nos foi apresentado, sobretudo a edição de Heinz Kimmerle, que demonstra seu método como demasiadamente romântico ou de cunho estritamente psicológico. Mostra também que na Alemanha está havendo uma recuperação do seu pensamento devido a um novo resgate feito por Manfred Frank. Então, qual foi o legado da reflexão de Schleiermacher sobre hermenêutica para a filosofia?

---

[18] Friedrich Daniel Ernst Schleiermacher, teólogo, filólogo e filósofo alemão, nasceu em Breslau, em 21 de novembro de 1768, e morreu em Berlim, em 12 de fevereiro de 1834. Sobre a vida e obra ver: SCHLEIERMACHER, F. D. E. *Hermenêutica*: arte e técnica da interpretação. 3. ed. Petrópolis: Vozes, 2001. pp. 9-11. Apresentação feita por Celso Reni Braida.

[19] PALMER, R. *Hermenêutica*. Lisboa: Edições 70, original 1969. p. 103.

[20] ERKL, S. 172, WOLF, S. 37, p. 83 apud PALMER, *Hermenêutica*, p. 91.

[21] RUEDELL, Aloísio. Schleiermacher e a atual discussão hermenêutica. *Veritas*, Porto Alegre, v. 44, n. 1, mar. 1999. p. 28.

Nessa perspectiva, "a hermenêutica é para Schleiermacher a 'arte da compreensão', ou, mais exatamente, uma arte que, como tal, não visa ao saber teórico, mas sim ao uso prático, isto é, à práxis ou à técnica da boa interpretação de um texto falado ou escrito".[22] Dessa preocupação com a perspectiva prática da interpretação é que Schleiermacher irá desenvolver o seu método. Esse método sofreu revisões e modificações ao longo de sua vida. Pode-se dizer, portanto, que há em Schleiermacher dois métodos para interpretar um texto. O método gramatical (ou comparativo ou universal) e o método psicológico (ou divinatório ou particular ou técnico). O primeiro refere-se à esfera da linguagem e o segundo diz respeito à esfera do pensamento, da subjetividade daquele que escreve ou fala. Mesmo devendo estar articulados, cada um tem sua especificidade. "A interpretação gramatical apóia-se nas características do discurso que são comuns a uma cultura; a interpretação psicológica, a que ele também chama técnica, dirige-se à singularidade, até mesmo à genialidade da mensagem do escritor."[23]

O método gramatical também foi chamado de universal, pois traz em si uma preocupação com a totalidade da linguagem, com as características lingüísticas e culturais. Diz respeito ao conhecimento objetivo. Também foi expresso como comparativo, pois a comparação com o que é conhecido não só facilita, mas também propicia uma maior compreensão. É conhecer por contraste. Esta interpretação é, portanto, "a arte de encontrar o sentido determinado, pela linguagem e com o auxílio da linguagem, de um determinado discurso".[24] Busca-se articular conexões até chegar ao todo da obra.

O método psicológico, chamado a princípio de divinatório ou técnico, diz respeito à compreensão do autor que proferiu ou escreveu tal discurso. É também particular, pois é este autor, esta pessoa particular que apresenta tal linguagem. Esse método possibilita conhecer o autor "melhor do que ele mesmo", propiciando uma compreensão mais sistemática do texto. É um conhecimento subjetivo. O divinatório diz respeito à adivinhação que se tem para chegar à compreensão. Esse método "visa à compreensão do discurso como um ato da produção contínua de idéias".[25]

---

[22]   CORETH, *Questões fundamentais de hermenêutica*, p. 19.

[23]   RICOUER, Paul. *Do texto à acção*: ensaios de hermenêutica II. Porto: Rés-Editora, s.d. p. 87.

[24]   SCHLEIERMACHER, F. D. E. *Hermenêutica*: arte e técnica da interpretação. 3. ed. Petrópolis: Vozes, 2001. p. 70.

[25]   SCHLEIERMACHER, *Hermenêutica*: arte e técnica da interpretação, p. 42.

Entretanto, esses dois métodos devem estar articulados dialeticamente. É o que se denomina de círculo hermenêutico: é a interpretação do todo à parte e da parte ao todo. Nas palavras de Schleiermacher:

> [...] o lado mais gramatical, que visa à compreensão do discurso, partindo da totalidade da língua, e o lado mais psicológico da interpretação, que visa à compreensão do discurso como um ato da produção contínua de idéias, esteja tão bem fundada na tarefa mesma, de sorte que em toda compreensão completa ambos deverão igualmente estar completos, e que cada operação composta, porém, destinada a conduzir a este fim, deverá seguir de modo tal que o que acontece de um lado se complete por novos passos no outro lado.[26]

E continua:

> Sim, se há qualquer coisa de verdadeiro na fórmula segundo a qual a mais alta completude da interpretação consistiria em compreender um autor melhor do que ele de si mesmo pode dar conta, então, certamente não se poderia querer dizer senão isso; e nós possuímos em nossa literatura uma quantidade não insignificante de trabalhos críticos que trabalham neste sentido com bons resultados. Mas como seria isso possível senão por um procedimento comparativo, o qual nos ajuda a perceber corretamente como e por onde um mesmo escritor progrediu mais que um outro e depois foi ultrapassado por um terceiro, e em que o tipo de sua obra se aproxima ou se afasta dos que lhe são semelhantes. Entretanto, é certo que o lado gramatical também não poderá prescindir do método divinatório. Pois, o que faríamos nós a cada vez que caíssemos em uma passagem onde um autor genial pela primeira vez trouxe à luz uma locução, uma composição na língua? Aqui não há outro procedimento que, partindo de modo divinatório da situação da produção de pensamentos, na qual o autor está compreendido, reconstruir corretamente aquele ato criador (e perceber), como a necessidade do momento pode influir justamente assim e não de outro modo sobre o vocabulário dado vivamente ao autor; e também aqui novamente não há nenhuma segurança, no lado psicológico, sem o emprego de um procedimento comparativo. Por isso, nós não podemos responder à questão proposta senão assim: se a compreensão segura e completa não se realiza simultânea e imediatamente com a percepção, os dois tipos de métodos deverão ser utilizados em ambos os lados — naturalmente em graus diferentes, proporcionais às diferenças do objeto — até que surja uma satisfação tão semelhante quanto possível à da compreensão imediata.[27]

A perspectiva é que se articulem os métodos, mas, se não for possível, que se esgote a possibilidade de cada um, separadamente, como uma forma de poder chegar à compreensão. Entretanto, o objetivo de "toda compreensão

---

[26] SCHLEIERMACHER, *Hermenêutica*: arte e técnica da interpretação, p. 42.

[27] SCHLEIERMACHER, *Hermenêutica*: arte e técnica da interpretação, p. 43.

é sempre, ao mesmo tempo, 'gramatical' e 'psicológica'. Nenhum dos dois aspectos pode estar ausente quando há efetiva compreensão, nem se pode dizer que um é mais importante do que o outro, ainda que o destaque possa ser diverso, conforme o enfoque que se pretenda dar".[28] Como o termo já anuncia, a interpretação gramatical trata da relação da obra com a língua, "tanto na estrutura das frases como nas partes interactuantes de uma obra e também com outras obras do mesmo tipo literário; assim podemos ver o princípio das partes e do todo, em ação na interpretação gramatical".[29] O mesmo ocorre com a interpretação psicológica, pois "a individualidade do autor e da obra tem de ser vista no contexto dos fatos mais amplos da sua vida, contrastando com outras vidas e com outras obras".[30]

Para Schleiermacher, a arte da compreensão, tanto de uma linguagem oral quanto escrita, é a apreensão dos pensamentos, ou mais, dos encadeamentos de pensamentos através de palavras. Ler as linhas e as entrelinhas, o dito e o não dito, porém, de alguma maneira expresso. Eis o desafio e a arte da compreensão! Ele acreditava que quanto mais se conhecesse o autor e, mais que isso, enquanto não se chegasse a uma identificação com o autor (*congenialidade*), a compreensão estava comprometida. Para ele, "antes do emprego da arte, devemos identificar-nos objetiva e subjetivamente com o autor; [...] sob o ponto de vista objetivo, temos 'o conhecimento da linguagem', do ponto de vista subjetivo, 'o conhecimento de sua vida interior e exterior'".[31]

A hermenêutica de Schleiermacher tem como ponto de partida um princípio dialógico essencial, pois só é possível compreender um texto a partir do momento em que se entra em diálogo com ele, com suas letras escritas objetivamente e com seus pensamentos expressos subjetivamente. "É, em última análise, um comportamento divinatório, um transferir-se para dentro da constituição completa do escritor, um conceber o 'decurso interno' da feitura da obra, uma reformulação do ato criador."[32] Compreendendo desta forma, "a hermenêutica não deve ser apenas uma disciplina auxiliar de determinadas ciências,

---

[28] RUEDELL, Schleiermacher e a atual discussão hermenêutica, p. 31.

[29] PALMER, *Hermenêutica*, p. 95.

[30] PALMER, *Hermenêutica*, p. 96.

[31] SCHLEIERMACHER, *Hermeneutik*, Obras I/7, p. 32 apud CORETH, *Questões fundamentais de hermenêutica*, p. 114, nota 1.

[32] GADAMER, Hans-Georg. *Verdade e método*: traços fundamentais de uma hermenêutica filosófica. 2. ed. Petrópolis: Vozes, 1998. p. 292.

mas deve constituir-se como arte do compreender em geral. Sem compreender, não é possível interpretar nem explicar".[33] Quem compreende, interpreta e explica e, portanto, consegue atingir o próprio pensamento do autor.

Ele foi criticado e chamado de romântico por ter dado mais ênfase ao método psicológico da interpretação do que ao método gramatical. Mesmo falando da relação dialética e do círculo hermenêutico existente entre os métodos, a crítica persistiu devido à importância dada ao conhecimento do autor no processo de compreensão de um texto.

Como Dilthey pensa a hermenêutica?

1.2.2. Dilthey: a atenção ao contexto histórico

Wilhelm Dilthey (1833-1911) buscava um método para as ciências humanas (ciências do espírito) que fosse tão radical quanto o método das ciências naturais. Irá trabalhar com a seguinte pergunta: pode existir um método, objetivamente válido, para tratar das "expressões da vida interior"? Para ele, "as ciências da natureza *explicam* um fenômeno, quando o inserem em uma conexão de causa e efeito; as ciências do espírito *compreendem* um fato espiritual, quando decifram seu sentido inserindo-o numa conexão significativa".[34] Enquanto as ciências naturais procuram explicar, as ciências humanas querem compreender.

A princípio irá existir uma grande influência do pensamento de Schleiermacher na reflexão de Dilthey. Entretanto, este "rompe" com a tendência psicologizante e imprime algo pessoal ao método hermenêutico. Trabalhará numa "perspectiva psicológico-histórica".[35] Ao introduzir a categoria de história, propicia uma releitura da "vida interior" a partir do horizonte histórico do intérprete e do interpretado. Ele afirma que "chegamos ao conhecimento de nós próprios não através da introspecção, mas sim através da história".[36] A historicidade e a temporalidade em Dilthey ganham densidade e importância tamanha, sendo a mola impulsora de seu método. Essas serão as chaves de leitura que possibilitarão compreender sua filosofia de vida, como também

---

[33] GIBELLINI, Rosino. *A teologia do século XX*. São Paulo: Loyola, 1998. p. 58.

[34] GIBELLINI, *A teologia do século XX*, p. 59.

[35] DILTHEY, O surgimento da hermenêutica (1900). *Numen*, Juiz de Fora, v. 2, n. 1, jan.-jun. 1999, pp. 11-33, aqui p. 26.

[36] DILTHEY, GS, VII 279, apud PALMER, *Hermenêutica*, p. 107.

entender sua teoria das ciências humanas. Essas devem compreender a vida não como categorias extrínsecas ou transcendentes, mas como experiência vivida numa historicidade determinada. "Não são separáveis a autocompreensão da compreensão do outro e da história, através dos quais se manifestam os traços permanentes e universais da vida."[37] Para compreender a si próprio, a um autor ou a um texto, escrito ou narrado, é essencial compreender o contexto histórico no qual a pessoa/autor ou o texto se encontram, como também levar em consideração o horizonte histórico de quem interpreta. Há, portanto, uma articulação imprescindível entre texto ou autor, intérprete e contextos históricos para que ocorra a compreensão.

A compreensão do círculo hermenêutico em Dilthey, como em Schleiermacher, brota da articulação entre a parte e o todo. "Das palavras particulares e das suas conexões deve ser compreendido o todo da obra, e, no entanto, a compreensão completa do particular já pressupõe a do todo."[38] Entretanto, demarca o contexto socioistórico para captar o sentido da experiência vivida. "O todo recebe a sua definição das partes, e, reciprocamente, as partes só podem ser compreendidas em sua referência ao todo e o sentido é aquilo que a compreensão capta na interação essencial recíproca do todo e das partes."[39] O sentido e o significado só são compreendidos no interior de determinada situação, pois esta revela a experiência vivida. Nas palavras de Dilthey,

> o significado surge essencialmente a partir da relação da parte com o todo que se baseia na natureza da experiência vivida. Por outras palavras, o significado está imanente na textura da vida, isto é, na nossa participação na experiência vivida; é, em última instância, a categoria restrita fundamental a partir da qual captamos a vida.[40]

A maneira metódica de compreender um texto é interagindo o nosso horizonte com o horizonte histórico de sua produção, pois aí estaremos compreendendo as manifestações de vida próprias de sua época. Essa atenção ao contexto histórico será a contribuição essencial de Dilthey à hermenêutica e ao método objetivo para trabalhar com as ciências humanas. Ele será tido como "o pai das concepções modernas de historicidade".[41]

---

[37] FAFIÁN, *Para comprender la filosofia como reflexión hoy*. Madrid: Verbo Divino, 1994. p. 97.

[38] DILTHEY, O surgimento da hermenêutica, p. 30.

[39] PALMER, *Hermenêutica*, p. 124.

[40] DILTHEY, GS VII, 232-233 apud PALMER, *Hermenêutica*, p. 125.

[41] PALMER, *Hermenêutica*, p. 123.

A hermenêutica "é a arte de compreender as manifestações de vida fixadas por escrito, a partir da experiência própria, mas através da intersubjetividade e das manifestações da vida que vão desenvolvendo ao longo da história".[42] É tomar consciência dos acontecimentos essenciais de uma época para situar o intérprete no contexto originário do texto.

A justificativa para a possibilidade de a interpretação ter validade universal, Dilthey a encontra na própria natureza do compreender. A individualidade tanto do intérprete quanto do seu autor não são fatos incomparáveis, pois "ambos tiveram a sua formação com base na natureza humana universal, e através disso se possibilita a capacidade de comunhão dos seres humanos entre si no que concerne ao discurso e compreensão".[43] Por isso a interpretação tem validade universal.

Como Heidegger compreende a hermenêutica?

1.2.3. Heidegger: a hermenêutica da existência

Martin Heidegger (1889-1976) propõe uma reflexão a respeito da *compreensão* que esteja articulada com a existência do *ser*, situado no *aí* da história. Por isso, afirma-se que sua obra *Ser e Tempo* (1927) é uma hermenêutica do *Dasein* (ser-aí). O título que ele deu à sua obra é mais do que sugestivo; condensa a sua elaboração de forma a indicar a direção de seu projeto. O *Ser* retrata a sua preocupação com a ontologia, mas uma ontologia situada na história, por isso *Tempo*. O humano, enquanto um "existencial", é a manifestação própria do ser-aí-no-mundo, é a expressão do *Dasein* situado em um tempo e em um momento históricos. Por isso, torna-se essencial para ele desenvolver uma hermenêutica da existência:

> Quando Heidegger, guiado pela questão do "sentido do ser", empreende uma análise existencial-ontológica da existência humana, a qual quer descobrir e expor fenomenologicamente a constituição original da compreensão ontológica fundada na existência, vê-se a braços com uma "hermenêutica da existência", ou seja, de uma interpretação compreensiva do que é o ser-aí e de como se compreende a si mesmo.[44]

---

[42] FAFIÁN, *Para comprender la filosofía como reflexión hoy*, p. 97.

[43] DILTHEY, O surgimento da hermenêutica, p. 29.

[44] CORETH, Questões fundamentais de hermenêutica, p. 22.

Trata-se de interpretar a existência, pois ela é a expressão do ser. Para Heidegger, o método que permite ir às raízes da hermenêutica é o fenomenológico, pois está atento à expressão do ser. O método fenomenológico irá possibilitar a análise da estrutura ontológica do *Dasein*. "A essência do ser do homem é a 'ex-sistência', porque o homem é o ser que se refere ao próprio ser."[45] Recupera o sentido grego de fenomenologia, *phainomenon* ou *phainestai*, que significa aquilo que se mostra, o manifesto, o revelado; e de *logos*, que significa aquilo que é transmitido pela fala. Portanto, fenomenologia "significa deixar que as coisas se manifestem como o que são, sem que projetemos nelas as nossas próprias categorias. Significa uma inversão da orientação a que estamos acostumados; não somos nós que indicamos as coisas; são as coisas que se nos revelam".[46] É valorizar a coisa em si, em seu poder de revelar.

O humano é um ser-aí, quer dizer que é um ser-no-mundo e mundo é onde o humano está mergulhado, é a totalidade das coisas e seres que o rodeiam. É, portanto, a partir do mundo que esse humano compreende as coisas, compreende que é um ser-com os outros e compreende a si mesmo. Heidegger afirma que "na base desse ser-no-mundo *determinado pelo com*, o mundo é sempre o mundo compartilhado com os outros. O mundo da pre-sença é mundo compartilhado. O ser-em é ser-com os outros". E continua, "o ser-em-si intramundano destes outros é co-pre-sença".[47] Ser no tempo é estar em relação com os outros, é ser histórico. Compreender é, então, "a forma originária de realização da presença, que é ser-no-mundo".[48] Essa pre-sença no mundo dá a possibilidade de a compreensão poder-ser, poder-acontecer e permite a condição de historicidade, pois "fazemos história na medida em que somos históricos".[49]

O círculo hermenêutico para Heidegger é diferente de como pensam Schleirmacher e Dilthey. Não se trata de progressão da parte ao todo, mas a compreensão ocorre no interior mesmo do círculo hermenêutico.

---

[45] PIRES, Celestino. Heidegger In: CABRAL, Roque (Dir.). *Logos*: enciclopédia luso-brasileira de filosofia: Lisboa: Verbo, s.d. p. 1061.

[46] PALMER, *Hermenêutica*, p. 133. Mesmo sendo a intenção de Husserl regressar às coisas, o método fenomenológico será trabalhado de forma diferente em Husserl e em Heidegger. Diz Palmer que "seria um erro considerarmos o método fenomenológico como uma doutrina formulada por Husserl e usada por Heidegger para outros fins" (p. 130). A diferença será demarcada pela hermenêutica.

[47] HEIDEGGER, *Ser e tempo*. 3. ed. Petrópolis: Vozes, 1989, v. I, p. 170. "Pre-sença" tem o mesmo sentido do *Dasein* (ser aí).

[48] GADAMER, *Verdade e método*, p. 392.

[49] GADAMER, *Verdade e método*, p. 396.

Toda compreensão apresenta uma "estrutura circular", visto que, só dentro de uma totalidade já dada de sentido, uma "coisa" se manifesta como uma "coisa", e uma vez que toda interpretação — como elaboração da compreensão — se move no campo da compreensão prévia, pressupondo-a, portanto, como condição de sua possibilidade.[50]

Um intérprete ao ler um texto realiza sempre um projetar, pois ao se deparar com um primeiro sentido, logo pensa no sentido do todo. Faz isso em todo momento em que aparece uma nova perspectiva que o texto revela. E também interpreta esse novo sentido a partir da percepção que está tendo do todo. A expectativa de quem lê um texto vai sendo delineada a partir da atenção e das reprojeções que o intérprete faz da *coisa*. "Justamente todo esse constante reprojetar, que perfaz o movimento de sentido do compreender e do interpretar, é o que constitui o processo que Heidegger descreve."[51] Não é um círculo vicioso, mas revela uma possibilidade positiva de interpretar e conhecer um texto, pois é a *coisa mesma* que orienta as projeções e interpretações.

Nas palavras de Heidegger,

na compreensão, a pre-sença projeta seu ser para possibilidades. Esse ser para possibilidades, constitutivo da compreensão, é um poder-ser que repercute sobre a pre-sença as possibilidades enquanto aberturas. O projeto da compreensão possui a possibilidade própria de se elaborar em forma. Chamamos de interpretação essa elaboração. Nela, a compreensão se apropria do que compreende [...] Interpretar não é tomar conhecimento de que se compreendeu, mas elaborar as possibilidades projetadas na compreensão. A interpretação se funda na compreensão (e não vice-versa).[52]

Por ser a pre-sença [*Dasein*] temporal, demarcada pelo ser e estar no tempo, é aberta a projeções e a possibilidades que vão se configurando em formas. Interpretar é ir elaborando essas possibilidades projetadas. "[...] o compreender heideggeriano é essencialmente um *projectar* ou, de forma mais dialética e mais paradoxal, um *projetar* num preliminar *ser-lançado*".[53] Hans-Georg Gadamer é quem irá retomar e explorar essas idéias. Portanto, como Gadamer pensa a hermenêutica?

---

[50] CORETH, *Questões fundamentais da hermenêutica*, p. 23.

[51] GADAMER, *Verdade e método*, p. 402.

[52] HEIDEGGER, *Ser e tempo*, v. I, p. 204.

[53] RICOUER, *Do texto à acção*, p. 98.

1.2.4. Gadamer: a universalidade da hermenêutica

Hans-George Gadamer (1900-2002), ao apresentar a sua reflexão sobre hermenêutica, tanto em conferências quanto em textos escritos, retoma, com muita propriedade, os estudos já elaborados sobre o tema. Apresenta uma forte crítica à interpretação romântica e ao historicismo, sobretudo a Schleiermacher e a Dilthey, aprofundando e personalizando a reflexão apresentada por Heidegger.

Gadamer considera válida a regra tradicional da hermenêutica, a relação circular entre o todo e suas partes; porém critica a forma como o romantismo a compreende e diz que "o significado antecipado em um todo se compreende por suas partes, mas é à luz do todo que as partes adquirem a sua função esclarecedora".[54] E acrescenta dizendo que "nada do que Schleiermacher e o romantismo nos tenham dito sobre os fatores subjetivos da compreensão nos parece convincente".[55] Não considera adequada a concepção de ter de se colocar no lugar do autor ou penetrar a sua interioridade para compreender um texto. Para ele, "trata-se de apreender simplesmente o sentido, o significado, a perspectiva [...] apreender o valor intrínseco dos argumentos apresentados, e isto, da maneira mais completa possível".[56] Apresenta críticas ao círculo hermenêutico de Schleiermacher, por ser puramente divinatório e subjetivo; ao romantismo, de maneira geral, por não dar valor à tradição; e ao historicismo, por acreditar que para ter objetividade histórica era preciso "se colocar na perspectiva da época estudada e pensar com os conceitos e representações que lhes eram 'próprias'".[57]

Com Heidegger, irá propor um novo sentido para a estrutura circular da compreensão. Retoma uma afirmação de Heidegger:

> Não podemos depreciar esse círculo qualificando-o de vicioso e nos resignarmos com este seu traço. O círculo encerra em si uma autêntica possibilidade do conhecer mais original que só aprendemos corretamente quando admitimos que toda explicação (ou interpretação) tem por tarefa primeira, permanente e última não deixar que seus

---

[54] GADAMER, *O problema da consciência histórica*. Rio de Janeiro: Fundação Getúlio Vargas, 1998. p. 58.

[55] GADAMER, *O problema da consciência histórica*, p. 59.

[56] GADAMER, *O problema da consciência histórica*, p. 59.

[57] GADAMER, *O problema da consciência histórica*, p. 67. Ele rompe com a hermenêutica romântica "na medida em que já não se refere à individualidade e suas opiniões, mas à verdade da coisa; um texto não é entendido como mera expressão vital, mas é levado a sério na sua pretensão de verdade." Cf. GADAMER, *Verdade e método*, p. 444.

conhecimentos e concepções prévios se imponham pelo que se antecipa nas intuições e noções populares, mas assegurar o seu tema científico por um desdobramento de tais antecipações segundo as "coisas mesmas".[58]

Gadamer irá destacar o sentido positivo do círculo da compreensão, enfatizando que a medida da compreensão deve ser a "coisa mesma". O círculo hermenêutico irá ter agora uma nova configuração: será entre o intérprete e a "coisa mesma". O intérprete, a partir de interesses determinados, vai decifrando o texto em busca de elementos significativos. A partir daí, esboça um projeto de significação para o texto todo. Esse projeto vai sendo reformulado e progressivamente melhorado à medida que avança o entendimento da "coisa mesma". Para ele, "a tarefa constante da compreensão reside na elaboração de projetos autênticos que correspondam ao seu objeto".[59]

A "situação hermenêutica" de onde o intérprete constrói os seus projetos de significação para a interpretação do texto é marcada pelas "idéias preconcebidas". Cabe ao intérprete verificar se essas "idéias" são legítimas ou não. Estar aberto e receptivo ao "dizer do outro", e consciente e crítico ante as opiniões e preconceitos é o que configura uma autêntica intenção hermenêutica. Ao aproximar-se de um texto, um intérprete sempre quer que o texto informe algo, por isso ele deve estar consciente de duas atitudes: não ficar "neutro", saber que possui opiniões a respeito e interesse hermenêutico, e ser receptivo às possíveis características "estranhas" que o texto possa apresentar. "É ao realizarmos tal atitude que damos ao texto a possibilidade de aparecer em sua diferença e de manifestar a sua verdade própria em contraste com as idéias preconcebidas que lhe impúnhamos antecipadamente."[60]

Gadamer mantém a estrutura de compreensão que supõe relações circulares entre o todo e suas partes, dos românticos, e a estrutura de antecipação, de Heidegger. Entretanto, acrescenta à antecipação uma "coerência perfeita". "Ela significa que nada é de fato compreensível se não se mostrar efetivamente sob a forma de um significado coerente."[61] Esse significado dá ao intérprete a pressuposição de que o texto é expressão manifesta de um pensamento e que está transmitindo a verdade mesma. Ele diz que "somente

---

[58] HEIDEGGER, *Sein und Zeit*, 1972, p. 153 apud GADAMER, *O problema da consciência histórica*, p. 60.

[59] GADAMER, *O problema da consciência histórica*, p. 61.

[60] GADAMER, *O problema da consciência histórica*, p. 64.

[61] GADAMER, *O problema da consciência histórica*, p. 65.

com a coerência radical com que desenvolve seus pensamentos pode um filólogo chegar a uma autêntica compreensão".[62] Portanto, é ela que se deve exigir de um pensador. Entretanto, se esse caráter "coerente" não se revelar e o texto se mostrar incompreensível, a interpretação deverá ser orientada "por expectativas *transcendentais,* cuja origem deve ser buscada no interior da relação entre a intenção do texto e a *verdade*".[63] A "coisa mesma" é que deve orientar a busca do significado.

No processo interpretativo, Gadamer também destaca o "fenômeno do pertencimento" a uma tradição como sendo de grande importância para o dado histórico-hermenêutico. "A hermenêutica deve partir do fato de que compreender é estar em relação, a um só tempo, com a coisa mesma que se manifesta através da tradição e *com uma tradição* de onde a 'coisa' possa me falar." E diz ainda que "precisamente sobre a tensão que existe entre a 'familiaridade' e o caráter 'estranho' da mensagem que nos é transmitida pela tradição é que fundamos a tarefa hermenêutica".[64] Nessa tensão entre a "familiaridade" e o "estranho", o intérprete encontra-se como mediador: pertence a uma tradição (familiaridade) e ao mesmo tempo está distante do objeto de pesquisa (estranho). "E esse entremeio (*zwischen*) é o verdadeiro lugar da hermenêutica."[65]

A "distância temporal" entre o intérprete e o texto não é empecilho à compreensão, pois não é "algo" que ficou no passado, mas "algo" que continuou vivo e formou a tradição. É essa continuidade histórica que permite uma apreensão mais apurada da "coisa mesma". "Compreender é operar uma mediação entre o presente e o passado, é desenvolver em si mesmo toda a série contínua de perspectivas na qual o passado se apresenta e se dirige a nós."[66] E, ainda, "o tempo já não é mais, primariamente, um abismo a ser transposto porque divide e distancia, mas é, na verdade, o fundamento que sustenta o acontecer, onde a atualidade finca suas raízes."[67] Essa "distância temporal" permite também lidar de maneira nova com os preconceitos. Diz Gadamer:

---

[62]   GADAMER, *A razão na época da ciência.* Rio de Janeiro: Tempo Brasileiro, 1983. p. 69.

[63]   GADAMER, *O problema da consciência histórica,* p. 66.

[64]   GADAMER, *O problema da consciência histórica,* p. 67.

[65]   GADAMER, *Verdade e método,* p. 442.

[66]   GADAMER, *O problema da consciência histórica,* p. 71.

[67]   GADAMER, *Verdade e método,* p. 445.

É graças ao fenômeno da "distância temporal" e ao esclarecimento de seu *conceito* que se pode cumprir a tarefa propriamente *crítica* da hermenêutica, isto é, distinguir os preconceitos que cegam daqueles preconceitos que esclarecem, os preconceitos falsos dos preconceitos que a dirigem, permitindo assim que as "perspectivas outras" da tradição se manifestem, o que vem assegurar a possibilidade de qualquer coisa ser compreendida *como outra*.[68]

Esse discernimento entre um preconceito falso e um verdadeiro é fundamental para que o sentido da "coisa mesma" apareça como tal e que a *outra coisa* seja compreendida como *outra coisa* e não como quer o intérprete. O papel positivo do preconceito vem da consciência da sua existência pelo intérprete, para que ele saiba distinguir o preconceito da "coisa mesma" e esta possa ser interpretada como tal. O preconceito[69] deve ser provocado para que o intérprete tome consciência e atue de forma positiva, a fim de auxiliar no irromper da nova informação hermenêutica. Entre a opinião como preconceito e a informação como revelação da "coisa mesma", há o papel mediador da *interrogação*. "[...] fazer do 'meu' implícito um 'meu' autêntico, do 'outro' inassimilável um 'outro' *verdadeiramente* 'outro' e, portanto, assimilável, eis a cada instante uma possibilidade que permanece aberta ou possibilidade nova que se revela pela interrogação."[70]

Gadamer atribui o caráter universal da hermenêutica à linguagem. Ela é "o ser que pode ser compreendido"[71] e, por sua vez, possibilita que a interpretação possa acontecer:

> O fenômeno devolve aqui a sua própria universalidade à constituição ôntica do compreendido, quando a determina, num sentido universal, como linguagem, e determina a sua própria referência ao ente, como interpretação. Por isso não falamos somente de uma linguagem da arte, mas também de uma linguagem da natureza, e inclusive de uma linguagem que as coisas exercem.[72]

---

[68] GADAMER, *O problema da consciência histórica*, p. 68. "Nada, além do que essa distância de tempo, torna possível resolver a verdadeira questão crítica da hermenêutica, ou seja, distinguir os *verdadeiros* preconceitos, sob os quais *compreendemos*, dos *falsos* preconceitos que produzem os *mal-entendidos*." Cf. GADAMER, *Verdade e método*, p. 447.

[69] "Uma análise da história do conceito mostra que é somente no *Aufklärung* que o *conceito do preconceito* recebeu o matriz negativo que agora possui. Em si mesmo, 'preconceito' (*Vorurteil*) quer dizer juízo (*Urteil*) que se forma antes da prova definitiva de todos os momentos determinantes segundo a coisa [...]. 'Preconceito' não significa, pois, de modo algum, falso juízo, pois está em seu conceito que ele possa ser valorizado positiva ou negativamente." Cf. GADAMER, *Verdade e método*, p. 407.

[70] GADAMER, *O problema da consciência histórica*, p. 70.

[71] GADAMER, *Verdade e método*, p. 687.

[72] GADAMER, *Verdade e método*, p. 687.

A linguagem eleva o ente à dimensão universal, pois possibilita que sua interpretação tenha esse caráter:

> A linguagem é, pois, o centro do ser humano, quando considerado no âmbito que só ela consegue preencher: o âmbito da convivência humana, o âmbito do entendimento, do consenso crescente, tão indispensável à vida humana como o ar que respiramos. Realmente o homem é o ser que possui linguagem, segundo a afirmação de Aristóteles. Tudo que é humano deve ser dito entre nós.[73]

Nessa perspectiva, "o caráter universal de *linguagem* da experiência humana [...] significa que a minha pertença a uma tradição ou a tradições passa pela interpretação dos signos, das obras, dos textos, nos quais as heranças culturais se inscrevem e oferecem à nossa descodificação".[74] A linguagem possibilita essa construção e comunicação de sentido para o ser humano. A linguagem e a compreensão são vias de possibilidade de ter acesso ao ser e à realidade da história.

Se, por um lado, a hermenêutica se torna alvo de estudos e aprofundamentos que reforçam e ampliam sua compreensão, por outro lado recebe várias críticas e questionamentos advindos, sobretudo, da filosofia analítica. Assim, "dizia-se que a tradição hermenêutica era conservadora, não era crítica, justamente porque a tradição hermenêutica não procurava encontrar as diferenças no processo histórico, mas as identidades, isto é, as idéias da história, das raízes, dos conceitos".[75] Stein[76] apresenta três grandes críticas feitas à hermenêutica:

a) A questão da pretensão analítica de que a verdade é apenas uma propriedade de proposições e que, portanto, a tarefa fundamental da filosofia é analisar a linguagem através da estrutura das proposições. Aqui está a objeção fundamental: como examinar as pretensões de validade dos textos que se interpretam? Diz-se que a hermenêutica filosófica se volta contra os métodos

---

[73] GADAMER, *Verdade e método II*, p. 182.

[74] RICOUER, *Do texto à acção*, p. 106.

[75] STEIN, Ernildo. *Aproximações sobre hermenêutica*. Porto Alegre: EDIPUCRS, 1996. p. 50.

[76] STEIN, *Aproximações sobre hermenêutica*, pp. 78-79. Ele também mostra as realizações e os limites da hermenêutica a partir da compreensão de Habermas, pp. 80-82. Também em artigo anterior apresenta o debate entre Gadamer e Habermas. Cf. STEIN, E. Dialética e hermenêutica. *Síntese*, Belo Horizonte, v. 10, n. 29, set.-dez. 1983, pp. 21-48. Diz: "Foi a histórica controvérsia Gadamer-Habermas que deu origem e atualidade ao confronto dessas duas posições metodológicas [hermenêutico e dialético-crítico] na filosofia" (p. 23). E ainda: "Se a crítica [dialética] se afirma basicamente na diferença e no contraste com aquilo que reflete, a hermenêutica visa primeiramente à mediação e à unificação com o mesmo" (p. 24). Sobre as críticas à hermenêutica, ver também: BLEICHER, J. *Hermenêutica contemporânea*. Lisboa: Edições 70, 1992. pp. 255-294.

da filosofia analítica, chamando-os de logicistas, e que ela afirma uma verdade que acontece e não respeita o nível da verdade predicativa; e quem não respeita o nível da verdade predicativa, não tem propriamente regras para apresentar as suas pretensões de validade de seu discurso. Diz-se, também, que a verdade da hermenêutica não é mediada através do método, mas que é simplesmente a manifestação do desvelamento do ser, da obra de arte, da compreensão histórica e da linguagem. Então, a verdade da hermenêutica é difusa, porque ela não tem propriamente um instrumento ou uma instância crítica própria.

b) A hermenêutica faz sua versão das ciências sociais, das ciências humanas, das ciências do espírito, e que essa versão é extremamente unilateral, na medida em que a hermenêutica filosófica não recorre aos instrumentos da chamada filosofia analítica que poderiam ser utilizados no estudo das ciências do espírito. Aí se diz em geral que a falta de um padrão, de uma medida, de um critério crítico, já aparece no próprio conceito de verdade, não metódico, que aponta para um certo caráter vago dessa verdade.

c) A filosofia analítica critica ainda a hermenêutica por apresentar a idéia de que, no discurso ou na linguagem, sujeito e objeto se fundem, não há uma separação total entre sujeito e objeto. A questão que se colocaria desde o ponto de vista da pretensão analítica é que a relação entre expressão lingüística e objeto implicaria uma semântica e que se tem de definir claramente as regras dessa semântica.

Essas críticas são profundamente válidas, pois possibilitam o repensar hermenêutico. Porém, para além das críticas, há necessidade de uma mútua implicação dessas formas de filosofia — analítica e hermenêutica — para uma boa compreensão do dado em questão.

Entretanto, tal qual a filosofia, a teologia também reflete sobre a temática da hermenêutica. Como ela foi compreendida no universo teológico cristão?

1.3. O sentido teológico da hermenêutica

A "arte da compreensão" tem acompanhado a reflexão teológica cristã desde os primórdios de seu nascimento. A questão central era descobrir a *maneira correta* de interpretar os textos bíblicos. O Segundo Testamento traz um novo princípio hermenêutico que tem a pretensão de ser o acabamento

O SENTIDO FILOSÓFICO E TEOLÓGICO DA HERMENÊUTICA

do Primeiro Testamento. Esse novo princípio é o acontecimento Jesus Cristo, com sua vida, morte e ressurreição. Esse evento proporá uma nova maneira de ler e interpretar o que se torna, agora, o Segundo Testamento.[77] A exegese patrística irá trabalhar com os sentidos da Escritura, dando ênfase à pluralidade de interpretações do texto sagrado. Emerge a oposição entre a escola de Antioquia e a escola de Alexandria, já nos séculos II e III da era cristã. A escola de Antioquia procurará ser fiel ao sentido literal das narrativas bíblicas, enquanto a escola de Alexandria buscará um sentido mais profundo, mais elevado, o "sentido espiritual" dos textos bíblicos. Sua preocupação é com o sentido simbólico que perpassa esses textos. Santo Agostinho (354-430) procurará articular essas duas maneiras de interpretar as Escrituras propiciando um campo fecundo para a reflexão teológica da Idade Média.[78]

No princípio da Idade Moderna, a Reforma Protestante, iniciada por Lutero, demarca como princípio hermenêutico a Escritura (*Scriptura sola*). Ele separa a interpretação dos escritos sagrados da tradição, do magistério e da Igreja. Toda pessoa pode, sob a luz do Espírito Santo, interpretar as Escrituras; é o princípio da "inspiração verbal". O Concílio de Trento, contrapondo-se a essa afirmação, demarca como princípio hermenêutico que a interpretação das Escrituras não pode acontecer independentemente da tradição e do magistério da Igreja Católica. Além de não poder fazer uma interpretação pessoal da Bíblia, o Concílio não permite interpretações contrárias à doutrina cristã, ou seja, aos ensinamentos do magistério da Igreja Católica.

Os tópicos abordados mostram como a hermenêutica fez parte constante da construção teológica cristã. Entretanto, esta investigação se direciona a pensar a hermenêutica teológica do século XX, pois influenciará, de maneira direta, a reflexão de Claude Geffré. Os dois autores que deram uma contribuição ímpar para essa temática foram Karl Barth e Rudolf Bultmann, sobre cujos pensamentos a reflexão se debruçará.

---

[77] O texto bíblico em Lucas 24,27 diz: "E começando por Moisés e todos os profetas, ele lhes *explicou* em todas as Escrituras o que lhe concernia". Esse texto retrata Jesus Cristo, aparecendo, após a ressurreição, aos discípulos que se dirigiam a Emaús, e no caminho *explica* ou *interpreta* tudo o que tem a seu respeito no Primeiro Testamento. E no versículo 32: "E disseram um ao outro: 'Não ardia em nós o nosso coração quando ele nos falava no caminho e nos *explicava* as Escrituras?'".

[78] Henri de Lubac irá desenvolver os quatro sentidos de exegese medieval: literal, alegórico, tropológico, analógico. Para aprofundamento, ver: LUBAC, H. de. *Exégèse médiévale*: les quatre sens de l'écriture. Paris: Aubier, 1959, v. 1.

1.3.1. Barth: a teologia dialética

A reflexão de Karl Barth (1886-1968) se situa, a princípio, no interior da teologia liberal.[79] Ele foi aluno de Adolf von Harnack (1851-1930), teólogo e historiador da Igreja, um dos grandes representantes e defensores do método histórico-crítico[80] e da teologia liberal. Barth não rejeita esse método, mas relativiza-o. No prefácio da primeira edição de sua *Carta aos romanos*, escreve:

> O método histórico-crítico, aplicado ao estudo da Bíblia, prepara a mente ao que é sempre útil; porém, se eu fora constrangido a optar entre este método e a arcaica doutrina da inspiração eu, decididamente, escolheria esta, pois ela é, de direito, maior, mais profunda e mais importante; porque a inspiração visa ao próprio processo do entendimento sem o que toda e qualquer estruturação do raciocínio se torna vã. Sinto-me feliz por não precisar escolher entre essas duas formas. No entanto apliquei toda a minha atenção para observar os fatos através da história, no espírito da Bíblia, que é o Espírito Eterno.[81]

Segundo Barth, o método histórico-crítico[82] é uma preparação para o intérprete poder compreender com maior profundidade o que a narrativa sagrada tem a dizer. Entretanto, sente-se tranqüilizado por não ter de fazer

---

[79] "O termo *liberalis theologia* encontra-se já no teólogo de Halle, Johann Salomo Semler (1725-1791), que tencionava indicar com isso um livre método de investigação histórico-crítica das fontes da fé e da teologia, que não se sentisse vinculado aos dados posteriores da tradição dogmática. A teologia liberal (*liberale Theologie*) nasce do encontro do liberalismo — como autoconsciência da burguesia européia do século XIX — com a teologia protestante." Cf. GIBELLINI, Rosino. *A teologia do século XX*. São Paulo: Loyola, 1998. p. 19.

[80] "A expressão 'método histórico-crítico' já está em uso há uns 200 anos aproximadamente. Suas conotações, ao longo deste período, têm sido relativamente estáveis: é um método filologicamente erudito, crítico (em oposição a 'dogmático') e dedicado à interpretação e história científicas (em oposição a 'pré-críticas'). Durante os primeiros dois terços deste período de dois séculos o trabalho 'histórico-crítico' seguiu, de modo geral, a tradição hermenêutica e histórica inaugurada por Benedito Spinoza (1632-1677)." Cf. MEYER, Ben F. Os desafios do texto e do leitor ao método histórico-crítico. *Concilium*, Petrópolis, v. 233, n. 1, 1991, p. 16.

[81] BARTH, Karl. *Carta aos romanos*. São Paulo: Novo Século, 2003. p. 13.

[82] A pesquisa histórico-crítica articula o filológico e o histórico e, por sua vez, os métodos histórico-críticos comportam diversos métodos articulados ou não. Hoje eles são reconhecidos como sendo: "A crítica textual (reconstrução do texto originário), a crítica das fontes (identificação das fontes escritas que contribuíram para a formação do texto; tal operação geralmente é denominada 'crítica literária' nas obras que apresentam os métodos histórico-críticos, uma terminologia que contudo se mostra ambígua e não corresponde mais ao trabalho efetivo dos exegetas), a crítica dos gêneros literários (cujo objetivo é comparar um texto com textos estruturalmente idênticos ou análogos e, com base nas coincidências estruturais, inseri-lo em um grupo de textos — denominado 'gênero literário' — ancorado em situações e instituições socioculturais típicas), o método comparativo (que visa confrontar certo sistema religioso com outro sistema religioso para descobrir semelhanças e diferenças), a história das tradições (identifica as tradições subjacentes ao texto e estuda a história da transmissão destas), a história da redação (parte do texto em sua redação final para patentear o objetivo perseguido, a posição assumida ou a orientação teológica do redator final)". Cf. VECCHIA, F. Dalla. Método histórico-crítico. In: VV.AA. *Dicionário teológico enciclopédico*. São Paulo: Loyola, 2003. p. 489.

nenhuma opção metodológica naquele instante. Barth era teólogo e pastor protestante na cidade de Safenwil, na Argovia, da Igreja Reformada, atento à realidade a sua volta e às contradições sociais, e com uma preocupação acentuada com a pregação, de forma que fosse compreendida por seus ouvintes. Para ele, "a questão hermenêutica compreende a questão última em teologia: quem é Deus e quem sou eu?".[83] Isso levaria a uma teoria adequada para interpretar os textos bíblicos.

A Primeira Guerra Mundial (1914-1918) marca a reflexão de Barth, pois representará o fracasso da teologia liberal — vários de seus professores liberais alemães a apoiavam — e a crise de seus princípios políticos atrelados ao socialismo cristão.[84] Dessa forma, ele, com seu amigo Eduard Thurneysen, se dedicam ao estudo dos textos bíblicos, sobretudo às cartas de são Paulo, buscando a originalidade da revelação, da fé e da moral cristã. Como resultado desse estudo entre 1916 e 1918, publica em 1919 a primeira edição da *Carta aos romanos*. Revela "Deus como Deus" que escapa à especulação humana.

Na edição de 1919, a interpretação paulina de Barth representou uma reação evangélica contra o racionalismo de seus professores e, portanto, apresentava a revelação cristã às pessoas humanas como a incompreensível oferta de sentido e de redenção, da parte de Deus, através de Jesus Cristo; os homens, por sua vez, podem acolher essa oferta somente colocando de lado os princípios da razão e entregando-se à sabedoria do Espírito Santo.[85]

---

[83] JEANROND, Werner G. *Introduction à l'herméneutique théologique*: développement et signification. Paris: Cerf, 1995. p. 181. Geffré afirma que, "depois de Karl Barth, a teologia é uma hermenêutica que se esforça para fazer falar a Palavra de Deus para os dias de hoje". Cf. GEFFRÉ, C. Du savoir à l'interpretation. In: KANNENGIESSER, Charles (Dir.). *Le point théologique*: le deplacement de la théologie. Paris: Beauchesne, 1977, v. 21. p. 54.

[84] "Não posso esquecer, escreve ele [Barth], o dia sombrio do início de agosto de 1914 em que 93 intelectuais alemães afirmam publicamente seu acordo com a política guerreira do Imperador Guilherme II e seus conselheiros; para minha profunda estupefação, constatei que entre eles figuravam igualmente os nomes de todos os professores de Teologia que até então eu havia respeitado e ouvido com confiança. Considerando que se haviam enganado tão grosseiramente em seus *ethos*, só uma conclusão se me impunha: não mais me era possível segui-los em sua Ética e em sua Dogmática, em sua exegese da Bíblia e em sua maneira de ensinar História: em resumo, a partir deste momento a Teologia do século XIX, pelo menos para mim, não podia mais ter futuro." Cf. BARTH, K. *La théologie évangélique au XIXe siècle*, p. 13 apud DUMAS, André; BOSC, Jean; CARREZ, Maurice. *Novas fronteiras da teologia*: teólogos protestantes contemporâneos. São Paulo: Duas Cidades, 1969. pp. 30-31.

[85] ROSATO, Philip J. Karl Barth. In: LATOURELLE, René; FISICHELLA, Rino (Dir.). *Dicionário de teologia fundamental*. Petrópolis: Vozes, 1994. p. 105.

Deus, através de Jesus Cristo, é um "sim" solene ao mundo pecador que quer dizer constantemente "não" a ele. Em 1922, Barth lança a segunda edição da *Carta aos romanos*, totalmente revisada. Se na primeira edição o centro de referência era o Reino de Deus, agora será o próprio Deus compreendido como Totalmente Outro.[86] O Deus *absconditus* (de Lutero) e o Totalmente Outro (de Rudolf Otto) é aquele infinitamente diferente de sua criatura. Ele nega a possibilidade de essa criatura, por ela mesma, chegar até Deus, seja pela via religiosa, histórica ou metafísica. Retoma a posição originária do protestantismo em que Deus é que vai ao encontro da humanidade. Ele é o iniciador e o propiciador desse encontro, cujo lugar real de concretização é a pessoa de Jesus Cristo. Por este, a humanidade pode conhecer e amar a Deus e chegar, escatologicamente, junto dele.

Ao refletir sobre a história da salvação e sobre a história humana, Barth percebe que esta é, incessantemente, história de crise (etimologicamente, "em juízo"), pois a revelação de Deus coloca em juízo a história humana por ela ser marcada pelo pecado e pela morte. Emerge aqui a sua teologia dialética, pois o "não" de Deus à história de pecado humano está superado pelo seu "sim" na encarnação de Jesus Cristo. A graça de Deus elimina o pecado humano, o velho mundo dá lugar ao novo mundo. "Numa relação dialética rigorosa vemos, juntos, Adão e Cristo, mundo velho e mundo novo, a soberania da morte e a soberania da graça; uma em oposição à outra, garantindo-se e se legitimando nessa polarização."[87] Barth demarca a superioridade de Deus e a inferioridade do humano que só consegue adquirir sentido em Deus. Ele desenvolve tanto essa polarização que acaba não encontrando suficientes imagens para descrever a diferença entre o divino e o humano. Algumas polarizações: criador e criatura; homem novo e homem velho; mundo novo e mundo velho; céu e terra; graça e pecado. "A teologia da crise não nasce *da* crise da época, mas sim *na* crise da época, de um reencontro com a Bíblia em meio à crise da época."[88] Durante a crise de seu tempo histórico ele percebe que a revelação de Deus coloca em crise a realidade intra-mundana.

---

[86] GIBELLINI, *A teologia do século XX*, p. 20.

[87] BARTH, *Carta aos romanos*, p. 289.

[88] ZAHRNT, Heinz. *A vueltas con Dios*: la teología protestante en el siglo XX. Zaragoza: Hechos y Dichos, s.d. p. 26. (Original foi publicado em 1966.)

Em Barth, a teologia da crise se apresenta como uma teologia dialética e vice-versa. Pois, a maneira humana de expressar a revelação e a verdade de Deus é somente através de proposição e contraposição. Ao falar da revelação de Deus, deve-se falar também de seu ocultamento; ao falar que o humano é criação de Deus e semelhante a ele, deve-se falar também de sua propensão ao mal e de seu ser pecador. Esse movimento dialético contínuo de opostos é que possibilita ao ser humano falar de Deus. "O método dialético deve expressar a inadequação de toda afirmação humana sobre Deus, a disparidade entre a linguagem teológica sobre Deus e a linguagem divina mesma."[89]

Ao final de 1921, antes do lançamento da segunda edição da *Carta aos romanos*, Barth é convidado para dar aulas de teologia dogmática em Göttingen, na Alemanha. Ao preparar suas aulas, modifica mais uma vez as suas idéias "sobre a revelação e a fé, não considerando mais a encarnação como um evento enigmático que esconde Deus, mais do que o revela".[90] Jesus Cristo é automanifestação de Deus revelada à humanidade, e Deus é compreendido como Totalmente Outro.

A teologia dialética estrutura-se, sobretudo, como aquela reflexão que enfatiza a soberania e a transcendência de Deus em relação ao mundo humano. Ela não descarta a história humana, mas prioriza a ação divina ante essa história. A estrutura dialética de sua composição demarca sua característica de contrapor os opostos, pois Deus coloca em constante crise (em juízo) a realidade humana. Outros teólogos, que são simpatizantes desta maneira de fazer teologia, são Friedrich Gogarten, Eduard Thurneysen, Georg Mertz, Emil Brunner e Rudolf Bultmann.

Em 1927, Barth publica o primeiro volume de *Dogmática Cristã* e, em 1933, dá início à *Dogmática Eclesial*. Muda o nome e justifica o porquê:

> Porque, tendo eu combatido muito o uso demasiado fácil que se faz do título "cristão", quis começar por dar eu próprio o exemplo; depois, e este é o ponto decisivo, porque queria chamar a atenção, desde o início, para o fato de que a dogmática não é uma ciência "independente"; ela está ligada ao âmbito da Igreja e só assim torna-se possível como ciência e adquire todo o seu sentido.[91]

---

[89] ZAHRNT, *A vueltas con Dios*, p. 30. Ao converter a dialética em método, esse autor aponta as críticas que Barth recebeu de Urs von Balthasar e Paul Tillich, que dizem que a supressão dialética dela mesma acaba por suprimi-la (p. 31).

[90] ROSATO, Karl Barth, p. 105.

[91] BARTH, K. *Dogmatique* 1, XI apud GIBELLINI, *A teologia do século XX*, p. 27.

A obra toda será publicada em francês, em 26 tomos, com o título de *Dogmatique* (*Dogmática*), com a aprovação de Barth. A *Dogmática* tem três concentrações teológicas: revelação divina e *analogia fidei*; Deus trinitário e concentração cristológica e a ética cristã.[92] Barth continua afirmando a diferença qualitativa entre mundo divino e mundo humano, por isso recusa a teologia natural, aquela que quer conhecer a Deus através da razão humana ou da história. Para ele, a única maneira de ter conhecimento de Deus é através da revelação de Jesus Cristo e utilizando analogias humanas. O método adotado é a analogia da fé (*analogia fidei*) e não a analogia do ser (*analogia entis*). Esta última firmava uma certa capacidade da pessoa humana em perceber a verdade e o amor de Deus predispondo-a para a fé em Jesus Cristo. Barth não só rejeita como critica essa maneira de pensar a teologia, pois, para ele, a iniciativa é sempre divina. Também demarca que a reflexão teológica cristã tem de ser um ato eclesial responsável e não somente uma investigação filosófica.

A concepção trinitária de Deus que perpassa sua obra provém da encarnação e revelação de Deus em Jesus Cristo, daí a sua concentração cristológica. Em suas palavras:

> Uma dogmática eclesial deve ser cristológica em sua estrutura fundamental, como em todas as suas partes, se é verdade que seu único critério é a palavra de Deus revelada, atestada pela Sagrada Escritura e pregada pela Igreja, se é verdade que essa palavra de Deus revelada é idêntica a Jesus Cristo. Uma dogmática que não procura desde o começo ser uma cristologia coloca-se sob um jugo estranho e está bem perto de deixar de ser um serviço para a Igreja [...]. A cristologia deve ocupar todo o espaço em teologia [...]. A cristologia ou é tudo, ou nada é.[93]

A revelação de Deus se desvela em Jesus Cristo e o Espírito Santo é quem permite que essa compreensão aconteça no interior da Igreja, possibilitando, assim, o desenvolvimento da comunidade eclesial. Do reconhecimento de Jesus Cristo verdadeiramente homem e verdadeiramente Deus ele desenvolve uma teologia da Palavra concebida como "cristologia conseqüente".

A concepção de ética cristã que Barth defende provém totalmente da revelação cristã. Obedecer aos mandamentos de Deus é viver de acordo com sua graça, e a forma da sua lei são os evangelhos. Os evangelhos retratam a vida

---

[92] Cf. COLLANGE, Jean-François. Karl Barth. In: LACOSTE, Jean-Yves. (Dir.) *Dicionário crítico de teologia*. São Paulo: Paulinas/Loyola, 2004. pp. 244-245.

[93] BARTH, *Dogmatique*, I/2 apud COLLANGE, Karl Barth, p. 245.

de Jesus Cristo, que é o "sim" de Deus ao mundo. O axioma "Deus é Deus" conduz a sua reflexão teológica e postula que "Deus se revela, ele mesmo, em Jesus Cristo para manifestar aos nossos olhos seu amor eterno por nós, os seres humanos".[94] Conformar-se com os evangelhos é viver, portanto, de acordo com esse "sim" de Deus.

Karl Barth também esteve preocupado com a "promoção do diálogo ecumênico entre católicos e protestantes, no decurso do século XX, pelo fato de ter posto em relevo, de maneira aguda, tanto os pontos de acordo quanto as diferenças existentes entre eles".[95] Estimulou os protestantes a também atribuírem valor central à Escritura e à Tradição como a teologia católica atribui, e aos católicos convidou a darem prioridade à palavra de Deus ante qualquer outra mediação para orientar a vida eclesial.

E Rudolf Bultmann, que contribuição dá para a hermenêutica teológica cristã?

1.3.2. Bultmann: a teologia existencial

Filho de pastor luterano e neto de missionário, Rudolf Bultmann (1884-1976) se dedica, desde cedo, aos estudos de teologia. De 1921 a 1951 é professor de "Novo Testamento" em Marburg, Alemanha, onde publica trabalhos na área de exegese, história das religiões e dogmática. Em sua reflexão ele articula historiografia, hermenêutica e teologia. Como K. Barth, ele também fora formado no interior da teologia liberal, mas posteriormente a critica e rompe com essa maneira de fazer teologia, por estar centrada no humano e não no divino e por atrelar a reflexão teológica somente à pesquisa científica. Não nega a razão científica, mas ela deve prestar um serviço à fé. Adere ao movimento da teologia dialética e, em 1922, escreve um artigo favorável à *Carta aos romanos*, de Barth.

O seu grande entusiasmo com a História das Formas proporcionará à exegese bíblica um salto qualitativo na maneira de conhecer e compreender os evangelhos, bem como o contexto em que nasceram tais narrativas. É um

---

[94] JEANROND, *Introduction à l'herméneutique théologique*, p. 188.

[95] ROSATO, Karl Barth, p. 107. "Foram sobretudo as obras de Küng, Urs von Balthasar e Henri Bouillard que levaram muitas pessoas a tomar consciência de que a teologia barthiana é extremamente importante sob o ponto de vista ecumênico. Esse interesse desenvolvia-se em duas direções: no campo da metodologia ecumênica e no do conteúdo teológico". Cf. WILLEMS, Bonifac. Qual a contribuição de Karl Barth para o movimento ecumênico? *Concilium*, Petrópolis, n. 4, 1996, p. 41.

dos primeiros a demonstrar a comparação dos evangelhos sinóticos (Mateus, Marcos e Lucas) e a mostrar que as narrativas não são contínuas. Procura analisar os meios e as etapas que constituem as construções dessas narrativas até chegar à forma como os evangelhos se apresentam na atualidade bíblica. Isso possibilitou descobertas inovadoras para a reflexão teológica.

Ao participar do debate sobre o "Jesus histórico" (o Jesus de Nazaré) e o "Cristo da fé" (o ressuscitado, o exaltado), Bultmann irá propor a retomada do querigma (proclamação, anúncio), pois o início do cristianismo é centrado no querigma da comunidade primitiva.[96] Para ele, é muito difícil ou quase impossível construir, a partir da historiografia, uma biografia de Jesus Cristo. Por isso ele propõe uma hermenêutica do querigma. Como "os métodos historiográfico-críticos impedem qualquer tentativa de fazer uma 'biografia' de Jesus (motivo de método: não se *pode*, de fato); mas, além disso, essa impossibilidade prática se converte em ilegitimidade (motivo teológico: não se *deve*)".[97] Como "não *se pode*", logo "não *se deve*" querer construir uma biografia de Jesus Cristo. Para ele, não há dúvida de que Jesus existiu historicamente. A questão se encontra na maneira como os evangelhos apresentam a vida de Jesus, pois eles misturam elementos históricos com elementos míticos, tornando impossível conhecer, de forma consistente, a verdade histórica de Jesus. Por isso, deve-se partir para uma hermenêutica desmitologizante, pois os evangelhos são confissões de fé e não narrativas historiográficas.

O ponto de partida da reflexão de Bultmann é, na sua percepção, o único fundamento da fé cristã: o querigma pós-pascal. A fé não necessita de comprovações oriundas da historiografia para se estruturar. É uma adesão pessoal. E mais, uma maneira de compreender-se a si mesmo. Jesus, que no tempo pré-pascal (em sua vida histórica) pregou com gestos e palavras, agora, no tempo pós-pascal (depois de sua ressurreição), é pregado por seus apóstolos. Essa proclamação pós-pascal (os evangelhos) é a atualização, em seu tempo, da sua mensagem. É, segundo Bultmann, nesse querigma pós-pascal que a fé cristã deve buscar sua autenticidade. Entretanto, "a imagem de Jesus que

---

[96] Uma reflexão sobre a questão do Jesus histórico, ver: PALÁCIO, Carlos. *Jesus Cristo*: história e interpretação. São Paulo: Loyola, 1979. pp. 23-54. Ele apresenta a reflexão de Albert Schweitzer, Karl Barth, Rudolf Bultmann, Ernst Käsemann, Günther Bornkamm e Eduard Schweizer. Para uma síntese da questão, ver: PANASIEWICZ, Roberlei. *Diálogo e revelação*: rumo ao encontro inter-religioso. Belo Horizonte: Face-Fumec/Com Arte, 1999. pp. 116-121.

[97] PALÁCIO, *Jesus Cristo*: história e interpretação, p. 32. E continua: "Bultmann chegará até a falar de 'cristologia implícita' no Jesus histórico. Mas não nos enganemos, o interesse de Bultmann não se dirige à singularidade da pessoa de Jesus e de seu mistério, mas sim ao caráter existencial que está implicado na decisão exigida por Jesus" (p. 33).

eles [os evangelhos] propõem é em boa parte 'mitizada' pela comunidade primitiva".[98] Será necessário uma "demitização" ou "desmitologização" para uma verdadeira compreensão do querigma.[99]

Durante vinte anos Bultmann estuda, debate, responde interpelações e escreve o *Manisfesto da demitização*, de 1941. Entretanto, a obra foi editada em quatro redações: *Novo Testamento e a mitologia* (1941), *A respeito da demitização* (1952), *Jesus Cristo e a mitologia* (1958) e *A respeito do problema da demitização* (1961). "O *Manifesto* é um texto programático, no qual confluem o Bultmann biblista, que se interroga sobre o que diz realmente o Novo Testamento, e o Bultmann teólogo, que se interroga sobre o que o Novo Testamento tem a dizer ao homem de hoje."[100] A linguagem e a imagem que perpassam o texto bíblico, sobretudo o Segundo Testamento, a que ele dedica mais atenção, refletem os recursos de sua época para comunicar ao homem e à mulher daquele tempo. A linguagem mitológica expressa a imagem mítica do mundo que se tinha e que seus leitores conseguiam compreender. O mundo moderno, marcado pela racionalidade científica, tem outra maneira de ler e compreender a realidade. Portanto, para o Segundo Testamento continuar a dizer, de forma significativa, ao homem e à mulher modernos, ele tem de ser demitizado:

> A teologia liberal pretendeu demitizar, eliminando o mito, caracterizado como casca de um núcleo perene de "asserções" éticas. Demitizar, em vez, significa interpretar, e precisamente dar uma interpretação antropológica, ou antes existencial, dos enunciados do Novo Testamento, de forma a tornar evidente, para além de toda representação figurativa mítica, a palavra escatológica, quer dizer, decisiva e definitiva, que Deus pronuncia em Cristo e captar assim a incomparável possibilidade de existência autêntica, que eles contêm para o homem, inclusive para o homem de hoje.[101]

Diferentemente da teologia liberal, Bultmann propõe reinterpretar a linguagem mítica do Novo Testamento para que seja significativa ao mundo moderno. Não considera satisfatório o termo "demitização", porém é o que encontra para efetivar a sua compreensão hermenêutica e possibilitar que a

---

[98]   LATOURELLE, René. Rudolf Bultmann. In: LATOURELLE, René; FISICHELLA, Rino (Dir.). *Dicionário de teologia fundamental*. Petrópolis: Vozes, 1994. p. 117.

[99]   Os termos "demitização" ou "desmitologização" estão apresentados como equivalentes.

[100] GIBELLINI, *A teologia do século XX*, p. 34. É importante frisar que seu "programa de demitização" reflete "condições hermenêuticas particulares, notadamente que concerne ao horizonte ou a visão de mundo próprio à sua época, horizonte em torno do qual se prendem os textos do Novo Testamento". Cf. JEANROND, *Introduction à l'herméneutique théologique*, p. 201.

[101] GIBELLINI, *A teologia do século XX*, p. 36.

mensagem bíblica seja assimilada pelo homem e pela mulher modernos. Ele quer demitizar para interpretar existencialmente o texto sagrado. E ainda mais: demitizar para entrar na profundidade da mensagem que perpassa o texto bíblico, pois a maneira mítica não atinge a transcendência divina. "Resulta que o mito fala dessas forças de um modo insatisfatório e insuficiente."[102] É a linguagem humana abarcando o divino e Deus agindo de forma humana, porém com poderes sobrenaturais. A linguagem mítica "não quer dar uma imagem objetiva do mundo que permita dominá-lo, mas ao contrário, o que quer é expressar que o homem se sente dependente no mundo de forças incontroláveis".[103] Demitizar, portanto, para resgatar o sentido profundo do texto e torná-lo significativo para o ser humano. Isso se faz através da interpretação existencial.

Se o processo de "demitização" representa para o processo hermenêutico seu aspecto negativo, a "interpretação existencial" representa seu aspecto positivo. Este é o momento da construção do sentido para o sujeito intérprete. O conceito de "interpretação existencial" surge, em Bultmann, a partir da filosofia de Martin Heidegger, com o qual se relacionou de 1923 a 1929, na universidade de Marburg. É por sua "existência" que o ser humano é um *Dasein* (ser aí), é um ser-aí-no-mundo, isso implica ser com os outros e estar consciente disso significa ser histórico. "Compreender-se e decidir-se a partir das coisas do mundo é existir inautenticamente; compreender e decidir-se a partir de si mesmo é existir autenticamente."[104] Na linguagem do Segundo Testamento, a existência autêntica é dispor a própria vida a partir da fé, e a existência inautêntica é viver a partir do pecado. A cruz e a ressurreição de Jesus Cristo são possibilidades dadas às pessoas de viverem de forma autêntica, ou seja, interpretarem sua vida à luz da fé e terem uma existência com sentido. Em Bultmann há uma concentração antropológico-existencial da revelação de Deus à humanidade. Ou seja, a palavra de Deus acontece como luz para a existência humana.

Dois discípulos de Bultmann que se debruçaram sobre a teologia hermenêutica e propuseram avanços para ela foram Ernst Fuchs e Gerhard Ebeling. Para Fuchs (1903-1983), o problema hermenêutico emerge no momento da

---

[102] ZAHRNT, *A vueltas con Dios*, p. 251. E ainda: "O Novo Testamento fala com uma linguagem mitológica, inclusive de seu objeto próprio, o acontecimento salvífico. Apresenta Cristo como um ser divino preexistente, que aparece na terra como homem, realiza milagres, expulsa demônios, morre na cruz como expiação pelos pecados dos homens, ressuscita ao terceiro dia, volta ao céu e retornará sobre as nuvens do céu para, mediante catástrofes cósmicas, mediante a ressurreição dos mortos e o juízo, inaugurar um novo céu e uma nova terra" (p. 248).

[103] ZAHRNT, *A vueltas con Dios*, p. 252.

[104] GIBELLINI, *A teologia do século XX*, p. 38.

tradução de um texto, pois se estabelece aí um *círculo hermenêutico* entre texto e intérprete. Interpretar é permitir que o texto indique a direção. "O círculo hermenêutico define a correta relação entre intérprete e texto: o intérprete interroga o texto e se deixa, por sua vez, interrogar pelo texto, e isso é possível se o intérprete é movido pela pergunta sobre o fundamento da própria existência."[105] A interpretação existencial possibilita que o texto comunique diretamente ao intérprete, pois ele se permite ser interrogado pelo texto.

Para que um texto se revele, segundo Fuchs, é preciso descobrir o *princípio hermenêutico* do qual brota a verdade do texto. Ele dá o exemplo do gato e diz que, para conhecer um gato, é preciso colocar um rato diante dele, pois assim irá se revelar como ele realmente é, "de verdade". "Podemos, pois, dizer que um princípio hermenêutico indica aquilo que confere ao compreender a força e a verdade de um *processo real*. É a *força* do compreender na qual nasce *a linguagem que dá nome à verdade*. O princípio hermenêutico indica 'o lugar' da verdade."[106] No caso do ser humano, o princípio hermenêutico é a liberdade. Essa permite ao ser humano se revelar como humano.

Fuchs faz uma articulação entre ser e linguagem, pois ao mesmo tempo em que o ser é a condição da linguagem, a linguagem é que justifica o ser. Mesmo que o ser exista antes da linguagem, é a linguagem que torna o ser acessível e compreensível. E mais, a linguagem é que possibilita ao ser conhecer-se a si próprio. Por isso, revelação e fé são "eventos da linguagem". Com relação ao Segundo Testamento, Jesus é a linguagem, a palavra de Deus. E fé significa dar uma resposta a essa Palavra. Jesus é, portanto, a razão de ser dos que seguem o cristianismo, pois é a palavra de Deus encarnada. Essa Palavra nutre e sustenta a fé. Por isso Fuchs dará relevância ao Jesus histórico e não somente ao querigma primitivo (os evangelhos). Para ele, a hermenêutica teológica é a doutrina da linguagem da fé, pois a fé provém da linguagem (Segundo Testamento), se estrutura e vive a partir dela. Por sua vez, essa linguagem, o Segundo Testamento, se originou da fé dos discípulos de Jesus.

Gerhard Ebeling (1912-2001) concebe a hermenêutica como sendo tarefa da teologia. A hermenêutica é a "doutrina da compreensão" e, como tal, articula-se em linguagens e palavras. Como Fuchs e outros discípulos de Bultmann, Ebeling considera que existe uma articulação entre a palavra de Jesus (histórico)

---

[105] GIBELLINI, *A teologia do século XX*, p. 66.

[106] FUCHS, *Ermeneutica*, 1957, p. 171 apud GIBELLINI, *A teologia do século XX*, p. 65.

e a palavra da Igreja (querigma). Para ele, a palavra da Igreja remete à palavra de Jesus, pois esta é o fundamento daquela. E Jesus, enquanto palavra de Deus, é que torna este mesmo Deus humanamente compreensível. A encarnação e o evento da palavra é que possibilitam e fundamentam a teologia cristã.

É nesse horizonte que "a teologia hermenêutica quer estar a serviço da teologia, a fim de que o originário evento da palavra conserve aberta toda a sua potência hermenêutica diante da existência e a palavra da pregação aconteça, de novo, como evento da palavra".[107] A teologia hermenêutica deve manter vivo, com significado para o ser humano e de maneira responsável, o "evento da palavra", tanto como anúncio acontecido (teologia histórica) quanto como anúncio que deve acontecer (teologia dogmática). Em sua teologia hermenêutica, Ebeling procura articular as tarefas destas outras duas teologias, a histórica e a dogmática, pois compreende a teologia como sendo a linguagem da fé, uma linguagem que fala de Deus. Essa articulação favorece a interpretação da palavra de Deus. Para sua prática hermenêutica, ele estabelece quatro elementos estruturais para uma teoria geral da linguagem, "autorização, responsabilidade, exigência de compreensão e entendimento: esses quatro conceitos estabelecem as dimensões decisivas do problema de uma teoria abrangente da linguagem".[108] A sua teologia hermenêutica se estrutura em torno de uma teologia da linguagem teológica.

A hermenêutica, tanto na perspectiva filosófica quanto teológica, com esses e outros autores, teve grande desenvolvimento, sobretudo no último século, e possibilitou a evolução da teologia cristã de maneira ímpar. Entretanto, sua aceitação não foi, nem continua sendo unânime, nem na reflexão teológica cristã, nem em outras reflexões teológicas. Houve algum movimento que se contrapôs e ainda se contrapõe à reflexão hermenêutica?

---

[107] GIBELLINI, *A teologia do século XX*, p. 74.

[108] EBELING, *Introduzione allo studdio Del linguagio teológico*, p. 22 apud GIBELLINI, *A teologia do século XX*, p. 78.

Capítulo II

A negação da hermenêutica: o fundamentalismo

O compreender hermenêutico no horizonte filosófico e teológico teve grande desenvolvimento com as críticas e os debates internos às próprias ciências. Grande exemplo dessa querela foi o debate entre Gadamer e Habermas.[1] Entretanto, agora irá emergir uma situação nova: a negação do pensar hermenêutico! Essa negação surge no contexto do protestantismo, mas pode ser constatada em todas as tradições religiosas. Há uma negação da hermenêutica em relação aos textos bíblicos e também em relação às doutrinas eclesiais.

Este capítulo visa estruturar essa negação apontando o sentido do fundamentalismo religioso; sua origem histórica; como ele perpassa as religiões e as implicações teológicas de tal movimento e posicionamento religiosos.

2.1. O que é fundamentalismo

O termo fundamentalismo tem sido vastamente utilizado nos últimos anos e muitas vezes de maneira imprecisa, pois tem servido para justificar atitudes religiosas fanáticas, um retorno à sociedade pré-moderna ou mesmo práticas violentas. É imprescindível que esse termo seja usado no plural, por-

---

[1]   Cf. nota 76 do capítulo I.

que existem diferentes fundamentalismos. Se sua origem histórica se encontra no universo religioso, a sua abrangência na sociedade atual ultrapassa esse universo e ocupa o espaço da política e da economia, carregando consigo um traço claramente ideológico. Ter consciência de sua pluralidade é resguardar as várias especificidades que o fenômeno vem produzindo.

Mesmo no interior das diversas religiões o fundamentalismo se diferencia. Dificilmente os fundamentalistas encontrariam uma referência teológica comum para abordar a revelação de Deus que servisse como ponte para iniciar um diálogo. "Cada um [fundamentalismo] existe, entre outras coisas, para que seus líderes e membros possam tomar distância e fazer oposição às afirmações de outras crenças religiosas."[2] Aqui não existe abertura ao diferente, mas oposição. O diferente acaba sendo uma ameaça a sua maneira de compreender a religião, a política, a economia e a sociedade. Por isso, a melhor atitude é a de se opor como forma de resguardar a própria verdade. Esta será uma das compreensões para o termo fundamentalismo: são os que se *opõem* a toda e qualquer prática religiosa, política, econômica e social, pois a sua forma de abordar é a única possível. *Opõem-se*, portanto, a todo dizer sobre a verdade, pois a sua apreensão da verdade é absoluta e a defendem de maneira radical.

Leonardo Boff, buscando definir este conceito, diz:

> Não é uma doutrina. Mas uma forma de interpretar e viver a doutrina. É assumir a letra das doutrinas e normas sem cuidar de seu espírito e de sua inserção no processo sempre cambiante da história, que obriga a contínuas interpretações e atualizações, exatamente para manter sua verdade essencial. Fundamentalismo representa a atitude daquele que confere caráter absoluto ao seu ponto de vista.[3]

Fundamentalista é aquele, portanto, que está muito mais interessado em guardar a letra da doutrina do que em fazer vivificar o seu espírito. A interpretação atualizada é um risco para uma mente fundamentalista, pois pode vir a perder sua verdade original, primitiva. Assim, a sua maneira de ler a "letra da doutrina" é que deve ser preservada. Nessa perspectiva, se sua forma de apreender a verdade é absoluta, significa que ninguém mais poderá chegar à verdade, a não ser através da sua forma de apreendê-la. Essa compreensão

---

[2] MARTY, Martin E. O que é fundamentalismo: perspectivas teológicas. *Concilium*, Petrópolis, v. 241, n. 3, 1992, p. 14. O que demarca a atitude fundamentalista é a oposição ao outro diferente.

[3] BOFF, L. *Fundamentalismo*: a globalização e o futuro da humanidade. Rio de Janeiro: Sextante, 2002. p. 25.

gera intolerância e desprezo do outro e das outras maneiras de compreender a verdade, provocando, inclusive, práticas violentas.

Pensando o fundamentalismo na ação política, pode-se dizer que um político que tenha a visão fundamentalista irá acreditar que a verdade de seu partido é a única verdade que possibilitará à cidade, ao estado ou ao país se desenvolver, e nenhuma outra. Também irá considerar que as verdades inspiradoras dos primeiros escritos de seu partido é que deverão pautar a prática política de todos os tempos, senão é desviar das suas origens fundacionais e, portanto, da verdade em que seu partido está estabelecido.

Na prática religiosa, o que demarca a prática fundamentalista é a constante referência a um livro sagrado. A proximidade entre o crente e o livro é que traça o perfil desse movimento religioso. Há quatro elementos essenciais que permitem caracterizar esse fenômeno fundamentalista em suas várias formas. São eles: o princípio da inerrância, o princípio da astoricidade, o princípio da superioridade e o primado do mito da fundação da identidade de um grupo.[4] O *princípio da inerrância* postula que o livro sagrado deve ser assumido em sua totalidade de sentido e significado e que, portanto, não se podem selecionar algumas partes e desprezar outras, pois esse livro não contém erros. O *princípio da astoricidade* propõe que a verdade do livro deve ser mantida em sua forma original, pois a razão humana não tem competência para interpretar e atualizar a mensagem religiosa. O *princípio da superioridade* estabelece que a lei divina é muito superior à lei terrena e que, por isso, deve-se deduzir do livro sagrado um modelo de sociedade perfeita para conduzir a sociedade humana nesta edificação. O *primado do mito da fundação da identidade de um grupo* (ou de um povo) define a coesão que une todos os crentes a um sistema de crenças capaz de reproduzir na cidade terrena o modelo de sociedade proposto no livro sagrado.

Esses elementos mostram a importância que os fundamentalistas atribuem ao livro sagrado e a afeição que o crente deve ter com ele. Como esse livro não possui erros e a mente humana não pode interpretá-lo, cabe aos crentes construírem uma cidade terrena baseada no modelo superior de sociedade descrito no livro sagrado. Essa percepção do livro é que faz com

---

4 Essas características encontram-se em: PACE, E.; STEFANI, P. *Fundamentalismo religioso contemporâneo*. São Paulo: Paulus, 2002. pp. 20-21.

que os fundamentalistas estejam interagidos com as ações políticas e busquem ocupar cargo de poder para fazer vislumbrar suas simbologias religiosas.

Com relação à modernidade, o fundamentalismo é uma via de "mão dupla". De um lado, ele é resultado de uma modernidade crítica, secularizada, individualizante e pluralizada. De outro lado, é uma reação à modernidade ocidental, liberal e tecnocrática. Para compreender essa articulação, há que recorrer a um paralelo entre modernidade e fundamentalismo, organizado por Thomas Meyer:

> A modernidade é cunhada pela dependência de toda a experiência do mundo da ciência; o fundamentalismo, em contrapartida, é caracterizado pela inimizade à ciência e à razão. Na modernidade valem formas universalistas de fundamentações morais e jurídicas; os fundamentalistas não têm escrúpulos em estender as pretensões de vigência das suas normas para além do círculo da sua confissão. Na modernidade as artes são autônomas; no fundamentalismo elas são conduzidas pelas rédeas de uma moral definida em termos religiosos. Na modernidade gerencia-se e administra-se conforme padrões formal-racionais; a economia e a administração política são organizadas sob a dominação fundamentalista, segundo critérios da tradição. Na modernidade as orientações religiosas são privadas; os fundamentalistas utilizam os princípios religiosos sem mediações para o dimensionamento da ordem público-política. A modernidade é caracterizada pela criação do indivíduo por si mesmo; os fundamentalistas querem reintegrar o indivíduo numa ordem estamental previamente dada pela tradição.[5]

Não se trata de fazer uma apologia da modernidade em detrimento do fundamentalismo, mas de demarcar alguns traços característicos de ambos. O fundamentalismo tem sido um movimento crítico às construções estabelecidas pela modernidade a partir de uma fonte sagrada e de um monopólio de interpretação balizado pela religião.

Nessa perspectiva, a obra de Machen apresenta a contraposição entre doutrinas bíblicas e as pretensões teológicas do liberalismo. Diz:

> A Bíblia exalta a "extrema transcendência de Deus"; o liberalismo aplica o nome de Deus ao "processo do mundo". A Bíblia ensina que "o homem é um pecador sob a justa condenação de Deus"; o liberalismo acredita que "sob as grosseiras feições exteriores do homem [...] é possível descobrir abnegação suficiente para servir de fundamento à esperança da sociedade". A Bíblia proclama Jesus Cristo como objeto

---

[5] MEYER, Thomas. *Fundamentalismo, rebelião contra a modernidade* (1989) apud DUBIEL, Helmut. O fundamentalismo da modernidade. In: BONI, Luiz A. de (Org.). *Fundamentalismo*. Porto Alegre: EDIPUCRS, 1995. p. 15.

divino e humano da fé; o liberalismo vê nele um exemplo humano de fé. A mensagem central da Bíblia é a salvação da culpa do pecado pelo sacrifício expiatório de Cristo, o Filho de Deus; o liberalismo ensina que a salvação vem pelos próprios seres humanos, vencendo sua preguiça para fazer o bem. O "missionário cristão" prega a salvação das almas humanas pela obra redentora de Cristo; o "missionário do liberalismo procura expandir os benefícios da civilização cristã".[6]

Enquanto o fundamentalismo defendia as verdades bíblicas e negava a presença de erros no livro sagrado, o liberalismo se apoiava na inconstância humana e nas modificações advindas dessas irregularidades. O fundamentalismo é um "movimento antimodernista que é obrigado a atuar *no chão da modernidade*".[7] Ao estar e atuar na modernidade, ele tanto faz críticas à modernidade cultural e à modernização tecnológica, como usufrui dessas produções.

Com relação à modernidade cultural, "o fundamentalismo é anti-hermenêutico".[8] Ele não aceita que o texto possa ter mais de um sentido, mesmo que seu entendimento não seja claro ou que contenha aparentes contradições. A tarefa do teólogo é de ordenar sistematicamente os dados bíblicos e não de interpretá-los e atualizá-los. O fundamentalismo também não aceita nem o pluralismo, nem o relativismo. "O pluralismo, isto é, a permissão e a capacidade de ouvir as diversas e provavelmente legítimas opiniões, teve como corolário inevitável, aos olhos dos fundamentalistas, um endosso do relativismo."[9] Para o fundamentalista, as palavras relativismo e pluralismo estão articuladas e por isso as duas são rejeitadas, pois o pluralismo leva ao relativismo. Faz oposição também ao desenvolvimento da teoria da evolução. "A teoria da evolução na ciência — aos olhos dos fundamentalistas — trouxe explicações repugnantes, antiescriturísticas e, por conseguinte, patentemente falsas sobre as origens do universo, inclusive sobre a condição humana."[10] Aqui o debate se estendeu entre os criacionistas e os evolucionistas.

Em contrapartida, há sinais característicos da modernidade no interior do fundamentalismo. Como a reação fundamentalista à modernidade ocorreu

---

[6]   MACHEN, J. Gresham. *Christianity and liberalism* (1923) apud VOLF, Miroslav. O desafio do fundamentalismo protestante. *Concilium*, Petrópolis, v. 241, n. 3, 1992, p. 129. Machen era considerado porta-voz do fundamentalismo.

[7]   DUBIEL, O fundamentalismo da modernidade, p. 19.

[8]   MARTY, O que é fundamentalismo, p. 16.

[9]   MARTY, O que é fundamentalismo, p. 20.

[10]   MARTY, O que é fundamentalismo, p. 21.

no cerne dela mesma, o movimento incorporou alguns traços modernistas. O primeiro traço é o *individualismo*. "Os fundamentalistas compartilham o individualismo soteriológico com boa parte do protestantismo original [...]. É claro que a Igreja é importante para os fundamentalistas, mas só como meio de salvação e edificação de indivíduos renascidos."[11] A libertação da alma é uma tarefa individual. Tanto o crente quanto o funcionário religioso devem se ocupar desse trabalho. Outro traço que o fundamentalismo absorveu da modernidade foi o *racionalismo científico*, de modo indutivo. "Apesar de sua tendência para simplificar demais as coisas, o fundamentalismo não é antiintelectualista nem anticientífico."[12] Ele aceita a ciência baseada no senso comum (modelo baconiano). É utilizando desse racionalismo que será feita a sistematização dos dados bíblicos e serão traçadas as convicções fundamentais da fé, embora sem a prática hermenêutica.

Com relação à modernização tecnológica, os fundamentalistas utilizam desses artifícios com menos crítica e buscando o maior benefício para o movimento. Sem inibição ante a moderna tecnologia, usam o rádio, a televisão, os serviços postais de massa, como também listas de seguidores potenciais, elaboradas com tecnologia de processamento de dados; técnicas de liturgia de massas, calculadas segundo os métodos da terapia de grupo e referidas ao estilo da televisão, que, de resto, não mudaram apenas o estilo da mobilização política, mas também o da publicidade comercial.[13] Sobretudo nas últimas décadas, eles têm usufruído com muita agilidade e consciência dos modernos meios de comunicação social.

Por fim, os fundamentalistas defendem o milenarismo apocalíptico. Alimentam "a visão apocalíptica do combate final entre o bem e o mal, interpretando uma necessidade social emergente entre os indivíduos: o medo de perder as próprias raízes, de perder a identidade coletiva".[14] O mal assume várias dimensões e fisionomias, e necessita ser combatido. Rejeitam as visões não milenaristas por não darem certeza quanto ao rumo da história. Essas visões possibilitam aos fundamentalistas ter um domínio sobre o futuro, sabendo que Deus tem o controle da história. "Como acerca dos primórdios

---

[11] VOLF, Miroslav. O desafio do fundamentalismo protestante. *Concilium*, Petrópolis, v. 241, n. 3, 1992, p. 131.

[12] VOLF, O desafio do fundamentalismo protestante, p. 132.

[13] Cf. DUBIEL, O fundamentalismo da modernidade, p. 20; VOLF, O desafio do fundamentalismo protestante, p. 131.

[14] PACE; STEFANI, *Fundamentalismo religioso contemporâneo*, p. 22.

e dos fins, os fundamentalistas também estão cientes do sentido no tempo intermediário. Especificamente no caso dos muçulmanos, judeus e cristãos, eles se vêem como eleitos, escolhidos e chamados como povo com uma visão messiânica."[15] Eles sentem-se impulsionados a converter aqueles que não conhecem este "tempo sagrado" e vivem somente no tempo ordinário. Eles têm certeza de que irão partilhar desse apocalipse quando o tempo se realizar.

Como surgiu esse movimento fundamentalista?

2.2. As origens históricas do fundamentalismo

O nascimento do movimento fundamentalista se insere no centro da modernidade. A modernidade foi o emergir da consciência autônoma, da consciência histórica e do espírito crítico. Esse novo cenário possibilitou o desenvolvimento de novos métodos para a compreensão do texto bíblico. "O que houve, de fato, durante séculos, foi uma leitura das histórias bíblicas sem nenhuma crítica histórica aos fatos nela contados. Até a época da Reforma, a Sagrada Escritura foi tida como documento sem erros da revelação divina."[16] Lentamente começam a emergir, na modernidade, maneiras diferentes de ler e compreender o texto bíblico. A exegese bíblica vai se tornando histórica e, posteriormente, crítica. No método histórico, no "acréscimo da palavra 'crítica' manifesta-se o intuito de distinguir entre histórias puramente imaginadas, inventadas, e histórias reais, verificáveis".[17] Esse método histórico-crítico procurará ler as narrativas sagradas buscando saber se os fatos narrados realmente aconteceram e se aconteceram da forma como estão narrados.

No universo protestante europeu, no final do século XIX e começo do século XX, começa a despontar uma teologia que quer entrar em diálogo com a modernidade. Sobretudo teólogos como Albert Ritschl, Otto Pfleiderer, Adolf von Harnack e Ernst Troeltsch irão desenvolver a teologia liberal. Esse liberalismo teológico parte do seguinte postulado fundamental: "O cristianismo deve reconciliar-se com o mundo moderno, isto é, com o seu naturalismo científico, com o seu racionalismo moral, com a sua democracia política. O

---

[15]   MARTY, O que é fundamentalismo, p. 23.

[16]   HARTLICH, Christian. Estará superado o método histórico-crítico?, *Concilium*, Petrópolis, v. 158, n. 8, 1980, p. 5.

[17]   HARTLICH, Estará superado o método histórico-crítico?, p. 7. Sobre o método histórico-crítico e a teologia liberal: conferir as notas 78, 79 e 81do capítulo I.

cristianismo deve assimilar todo o valor positivo da modernidade, o que o tornará mais puro, mais autêntico".[18] Nesta busca de tornar o cristianismo moderno, irão usufruir de todo racionalismo possível para interpretá-lo de forma que passe a dizer algo significativo e verdadeiro a este novo homem e a esta nova mulher modernos.

Essa teologia liberal provocou reações por parte de outros teólogos. Ainda no mundo europeu e no universo protestante, surgem teólogos como Karl Barth, Friedrich Gogarten, Emil Brunner, Eduard Thurneysen, Georg Mertz e Rudolf Bultmann, que irão apresentar objeções fundamentais a essa teologia, dando origem a uma nova teologia: a dialética. Dirão que

> a teologia liberal fala do homem e não fala de Deus. O seu interesse é o homem religioso e cristão e não Deus. A essa redução de Deus a um fenômeno humano, a teologia dialética responde de modo radical: Deus é a negação do homem. Pois o núcleo do cristianismo, a realidade de Deus, é a cruz. O liberalismo não coloca o escândalo da cruz no centro da sua consideração, e, por conseguinte, ele é incapaz de formular uma teologia. O que chama de teologia é antropologia.[19]

Se teólogos liberais concordavam, por exemplo, que um conhecimento mais aprimorado da história levava a um conhecimento mais verdadeiro de quem foi Jesus Cristo, os representantes da teologia dialética, de maneira especial Bultmann, consideravam que o conhecimento da história poderia levar a saber mais sobre as comunidades cristãs primitivas, mas não sobre Jesus Cristo. Esse debate teológico seguiu propiciando o surgimento de novas teologias e enriquecimento para a reflexão teológica. Gogarten, por exemplo, irá, posteriormente, lançar a teologia da secularização, retomando temas da teologia liberal.

Nos Estados Unidos, teólogos protestantes conservadores também se posicionavam contrários à teologia liberal e à utilização do método histórico-crítico para interpretar os escritos sagrados. Em 1895, em Niagara Falls, teólogos conservadores afirmam solenemente cinco pontos que servirão, posteriormente, como base do fundamentalismo.[20] São eles:

---

[18] COMBLIN, José. *Teologia da libertação, teologia neoconservadora e teologia liberal.* Petrópolis: Vozes, 1985. p. 33.

[19] COMBLIN, *Teologia da libertação, teologia neoconservadora e teologia liberal,* p. 42.

[20] Estes pontos encontram-se em: PACE; STEFANI, *Fundamentalismo religioso contemporâneo,* p. 28. A primeira conferência em Niagara Falls ocorreu em 1883. Schweitzer diz que "o protestantismo norte-americano é amplamente plural. Possui várias correntes, mas as suas raízes estão no puritanismo inglês, importante movimento espiritual do século XVII. Puritanos, presbiterianos (isto é, reformados), congregacionistas ou batistas, desejavam para a Inglaterra uma Reforma mais radical do que a Reforma da Igreja anglicana e mais parecida com a Reforma continental, principalmente em sua versão calvinista. Expulsos da Inglaterra, muitos se instalaram na América do

a) A absoluta inerrância do texto sagrado.

b) A reafirmação da divindade de Cristo.

c) O fato de que Cristo nasceu de uma virgem.

d) A redenção universal garantida pela morte e ressurreição de Cristo.

e) Ressurreição da carne e a certeza da segunda vinda de Cristo.

Para esses teólogos, o método histórico-crítico colocava em risco as verdades afirmadas e defendidas pelo cristianismo durante todos os séculos. A Bíblia passa a ser um livro fechado às várias interpretações e a segunda vinda de Cristo será amplamente pregada. Essas idéias passaram a ser defendidas pelos teólogos conservadores até que, entre 1909 e 1915, foi publicada uma série de volumes com o título *The Fundamentals: A Testimony to the Truth* (Os Princípios Fundamentais: Um Testemunho da Verdade). Sua edição foi financiada por Lyman Stewart, fundador da *Union Oil Company*.[21] É o título dessa coleção que irá qualificar esse movimento de fundamentalista, pois ele quer fixar os *fundamentos* da fé cristã. Para se ter idéia do conteúdo publicado nesses volumes, seguem nove pontos que buscam condensar esta reflexão:[22]

a) A inspiração e a inerrância da Bíblia.

b) A Trindade.

c) O nascimento virginal e a divindade de Cristo.

d) A queda do homem e o pecado original.

e) A morte expiatória de Cristo para a salvação dos homens.

f) A ressurreição corporal e a ascensão.

Norte e foram elementos constitutivos essenciais para a cultura e a tradição norte-americana." Cf. SCHWEITZER, Louis. O fundamentalismo protestante. In: ACAT. *Fundamentalismos, integrismos*: uma ameaça aos direitos humanos. São Paulo: Paulinas, 2001. p. 32. (ACAT – Ação dos Cristãos pela Abolição da Tortura.)

[21] "Ele [Lyman Stewart], como outros homens do petróleo e fazendeiros que apoiavam generosamente os fundamentalistas, considerava sua ajuda econômica como um 'investimento lucrativo contra o evangelho social'" (p. 168). E, ainda, queriam fazer frente à "crítica bíblica moderna, a teologia liberal e o reformismo do 'evangelho social', que eram os verdadeiros motivos da controvérsia. Tratava-se de lutar contra tudo e contra todos os que eram causa de preocupação para os protestantes tradicionalistas, sobretudo nas Igrejas Batista e Presbiteriana dos Estados do Norte; de fazer com que os EUA recuperassem sua identidade cristã bíblica, que muitos evangélicos acreditavam estar perdida, sobretudo como conseqüência da Primeira Guerra Mundial; de dissipar os temores de revolução social, denunciando especialmente o perigo do comunismo; de neutralizar o impacto social e moral produzido pelas imigrações das últimas décadas, tanto mais que com elas haviam chegado ao país muitos católicos romanos." Cf. GALINDO, Florencio. *O fenômeno das seitas fundamentalistas*. Petrópolis: Vozes, 1995. p. 169.

[22] Cf. SCHWEITZER, O fundamentalismo protestante, p. 34.

g) O retorno pré-milenar de Cristo.

h) A salvação pela fé e o novo nascimento.

i) O juízo final.

Esses pontos expressam verdades que devem ser aceitas e não debatidas, pois estão na Bíblia e ela não contém erros. Tudo que está na Bíblia foi inspirado por Deus e, portanto, deve ser acatado, pois é para o bem e felicidade do ser humano. Se o que está escrito na Bíblia foi inspirado por Deus, qualquer interpretação da mente humana é, para os fundamentalistas, ofensiva a Deus. Por isso a teologia liberal, o método histórico-crítico e a hermenêutica foram duramente criticados e negados pelos fundamentalistas.

Em 1919 os fundamentalistas decidem criar a World Christian Fundamentals Association (Associação Mundial Fundamentalista Cristã) com a intenção de reconquistar o mundo moderno secularizado e descristianizado. Para isso, buscam "retomar a hegemonia no seio das diferentes e mais influentes Igrejas protestantes, ocupação de lugares influentes no mundo dos *media*, organização de grupos de pressão política para obter fundos estatais para financiar escolas confessionais ou outras atividades religiosas".[23] Abrem seminários, escolas confessionais e investem na criação de rede radiofônica e televisiva. O desenvolvimento do fundamentalismo ocorreu em várias etapas. As quatro etapas a seguir ajudam a compreender esse processo.[24] São elas:

1º) Conflito intelectual-religioso dentro do evangelicalismo americano, que culmina na formação de duas correntes opostas, a fundamentalista e a "modernista": final do século XIX até 1918;

2º) Luta para impor-se como movimento social nas instituições oficiais, sobretudo na educação; triunfo dos "modernistas" e eclipse parcial do fundamentalismo: 1918-1930;

3º) Reorganização, caracterizada por rompimento com as Igrejas históricas tradicionais e divisão interna em: (neo)fundamentalistas (radicais) e (neo)evangelicais (moderados): 1930-1957;

---

[23] PACE; STEFANI, *Fundamentalismo religioso contemporâneo*, p. 32.

[24] Cf. GALINDO, *O fenômeno das seitas fundamentalistas*, p. 170. O texto apresenta uma reflexão pormenorizada das etapas, pp. 171-190.

4º) Nova fase de mobilização militante, caracterizada pela coordenação de uma vasta rede de recursos, a entrada em cena da "Igreja eletrônica" e a participação aberta na atividade política: início da década de 1960 até hoje.

O movimento fundamentalista tem articulado religião e política como uma forma de fazer valer os valores cristãos a partir de sua concepção teológica. É dessa maneira que é possível compreender a sua forma mais atual: o neofundamentalismo:

> O neofundamentalismo apresenta-se não só como movimento de tipo religioso, mas também como verdadeiro sujeito político, cuja intenção é reagir contra a presumível perda de valores da sociedade americana e contra a degeneração da democracia, inquinada pela tolerância laxista da imoralidade, pela fragilização do papel tradicional da família e por tantas "heresias" civis que se foram difundindo (os direitos dos gays, os casais homossexuais e, sobretudo, a legislação do aborto).[25]

O fundamentalismo ganhou divulgação pública sobretudo com o debate sobre a proibição aos professores de biologia de ensinarem, nas escolas, a teoria evolucionista de Charles Darwin. Foi um debate acirrado, pois os fundamentalistas defendiam o ensino da teoria criacionista bíblica, ou seja, que Deus criou o mundo em seis dias e no sétimo descansou, no sexto dia criou o homem e de sua costela criou a mulher e não que o homem e a mulher são evoluções de um ancestral comum com os macacos, do *homo sapiens*, como acredita a teoria evolucionista. E todas as disciplinas deveriam fazer referência a essa maneira de tratar a criação. Outra batalha fundamentalista foi pela implantação da oração nas escolas públicas. Eles estão convictos de que a palavra de Deus é verdade, portanto ela deve reinar onde for possível. Por isso, "é desejável que os conceitos considerados bíblicos sejam impostos ao conjunto da sociedade e a Bíblia seja a base da ordem social".[26] A criação de escolas dirigidas pela Igreja e por fundamentalistas possibilita um estreito laço entre religião, família e escola.

Como o fundamentalismo tem-se implantado no interior do catolicismo, do islamismo e do judaísmo?

---

[25] PACE; STEFANI, *Fundamentalismo religioso contemporâneo*, p. 36.

[26] SCHWEITZER, O fundamentalismo protestante, p. 35.

2.3. O integrismo católico e os fundamentalismos islâmico e judaico

A atitude fundamentalista no interior do catolicismo é conhecida como atitude integrista ou integralista. O termo surge "na Espanha no final do século XIX para designar uma corrente política que pretendia impregnar com catolicismo intransigente toda a vida da nação e recusava qualquer tipo de separação entre profano e sagrado, entre laico e confessional".[27] Por isso *integral*, pois rejeita o liberalismo e sua tentativa de reduzir o religioso ao espaço privado e, com esta finalidade, acaba por ter uma atitude intransigente. Pode-se dizer que a prática integrista ocorreu em duas fases: *ad extra* e *ad intra*. A fase *ad extra* foi o momento do final do século XIX e primeira metade do século XX, sobretudo no início do século, quando a Igreja Católica se posiciona contrária à modernidade cultural e ao liberalismo. A fase *ad intra*, segunda metade do século XX, precisamente após o Concílio Vaticano II (1962-1965), quando a Igreja Católica absorve certos valores modernos e terá uma reação de vários de seus representantes oficiais, provocando inclusive um cisma no seu interior (é o caso de dom Lefèbvre).

Em 1864, o papa Pio IX publica um documento, *Syllabus*, contendo um conjunto de sentenças contra os principais erros do mundo moderno (Sílabo significa coletânea ou conjunto de sentenças). Era um documento que dava aos católicos "uma guia e norma segura para precaver-se das doutrinas errôneas e perniciosas que o liberalismo moderno pretendia infiltrar na sociedade, como princípios novos, reclamados pelo progresso da ciência e da civilização".[28] Em 1907, o papa Pio X publica a encíclica *Pascendi dominici gregis*, apresentando uma solene condenação do modernismo e apontando ser ele a causa de todas as heresias. Nela o papa faz apelo à "Infalibilidade do Romano Pontífice", definida em 1870 no Concílio Vaticano I. "*Pascendi* favoreceu o surgimento e desenvolvimento do *integrismo católico* que pôs em obra um verdadeiro serviço secreto de espionagem, para detectar e denunciar modernistas."[29] Essa encíclica propicia a aprovação dos conservadores e a crítica dos teólogos mais abertos ao mundo moderno.

---

[27] FOUILLOUX, Étienne. Integrismo católico e direitos humanos. In: ACAT, *Fundamentalismos, integrismos*. São Paulo: Paulinas, 2001. p. 11.

[28] MATOS, Henrique C. J. *Caminhando pela história da Igreja*. Belo Horizonte: O Lutador, 1986, v. III, p. 105.

[29] MATOS, *Caminhando pela história da Igreja*, p. 137.

A NEGAÇÃO DA HERMENÊUTICA: O FUNDAMENTALISMO

Em 1962 começa o Concílio Vaticano II, concílio que pode ser visto como um divisor de águas, pois abrirá a Igreja Católica à modernidade, diferenciando-se da postura até então assumida. Para além das querelas internas da Igreja Católica com relação à modernidade cultural, o Concílio Vaticano II apresenta a Igreja como "Povo de Deus", Igreja consciente, dinâmica e que vive em uma história, portanto, deve aprender e ensinar com ela. Esse concílio produziu 16 documentos procurando articular a vida interna da Igreja (sobretudo as inovações teológicas e a reforma litúrgica) e sua relação com o mundo externo, a modernidade.

Alguns representantes oficiais da Igreja ou mesmo movimentos já constituídos não aprovaram os resultados do Concílio e provocaram reações. É o caso do bispo Marcel Lefèbvre, que chegou a exercer o cargo de arcebispo de Dakar, no Senegal. Ele condena o Concílio Vaticano II por ser o causador da crise interna da Igreja Católica e propõe reter a totalidade íntegra da identidade tridentina (do Concílio de Trento – 1545-1563). Ele acaba por provocar um cisma na Igreja Católica e funda, em 1971, a "Fraternidade Sacerdotal São Pio X", com sede na Suíça. No Brasil, o bispo de Campos, Rio de Janeiro, dom Antônio de Castro Mayer, também cismático, e o bispo de Diamantina, Minas Gerais, Dom Geraldo de Proença Sigaud, embora sem se tornar cismáticos, seguem essa mesma trilha aberta por Lefèbvre. Dois movimentos que também irão reagir contra as inovações desse Concílio, embora sem sair da Igreja e com proposições diferentes, são a "Opus Dei", de origem espanhola, e a "Comunione e Liberazione", de origem italiana. "Em termos de política eclesiástica, essas correntes seguem uma orientação papista e extremamente tradicionalista, e devem a sua forma atual em grande parte à luta contra as inovações promovidas pelo Segundo Concílio Vaticano."[30] Nos Estados Unidos surgem, em 1965, o movimento Catholic Traditionalist Movement (Movimento Católico Tradicionalista), fundado pelo padre De Pauw, e, em 1973, o Orthodox Roman Catholic Movement (Movimento Ortodoxo Católico Romano), fundado pelo padre Francis Fenton. O primeiro era crítico às inovações do Concílio, mas não era radical; já o segundo era radical. "Francis Fenton acusava os bispos favoráveis ao Concílio Vaticano II de serem 'comunistas e maçônicos'."[31] Por isso queria restaurar a integridade perdida da Igreja.

---

[30]   DUBIEL, O fundamentalismo da modernidade, p. 13.

[31]   PACE; STEFANI, *Fundamentalismo religioso contemporâneo*, p. 132.

Dessa forma, o integrismo ou integralismo católico vai-se configurando como um movimento contrário às inovações proporcionadas pelo Concílio Vaticano II. O integrismo também é conhecido como "movimento de restauração", pois quer restaurar a antiga ordem da Igreja Católica na qual havia uma articulação entre o poder político e o poder eclesial. Essa restauração visa à integração de toda a sociedade sob a hegemonia da Igreja Católica, liderada pelo papa.

Para Leonardo Boff, esse movimento integrista católico pode ser dividido em fundamentalismo doutrinário e fundamentalismo ético-moral.[32] O fundamentalismo doutrinário sustenta que a única Igreja de Cristo é a Igreja Católica, as outras Igrejas possuem apenas elementos eclesiais; o catolicismo é a única religião verdadeira e as outras tradições religiosas devem-se converter a esta. Alguns outros elementos que ajudam a caracterizar esse fundamentalismo são a concepção da centralização patriarcal do poder sagrado apenas nas mãos do clero, o autoritarismo do magistério papal, a discriminação das mulheres com referência ao sacerdócio e aos cargos de direção na comunidade eclesial, pelo simples fato de serem mulheres, a infantilização dos leigos, por não serem portadores de nenhum poder sacramental.

O fundamentalismo ético-moral se caracteriza por orientar de forma fechada e conservadora a vida das pessoas, sobretudo de seus fiéis. São contrários ao uso de contraceptivos, de preservativos, da fecundação artificial, da interrupção da gravidez, julgam como pecaminosa a masturbação e o homossexualismo, proíbem as segundas núpcias após um divórcio, o diagnóstico pré-natal e a eutanásia.

A diferença entre o fundamentalismo centrado nas Escrituras (tanto protestante quanto uma ala católica) e o integrismo, nas palavras de Geffré, é que

> no caso do fundamentalismo escriturístico, haverá uma certa sacralização da letra da Escritura como testemunha fiel da palavra de Deus; no caso do integralismo doutrinal haverá uma quase sacralização da tradição dogmática da Igreja e uma recusa do que o Vaticano II chamava *hierarquia das verdades*, e portanto a vontade de colocar no mesmo plano todos os ensinamentos da Igreja, quer se trate dos ensinamentos que dizem respeito à fé como tal ou de um certo número de doutrinas que dependem mais de uma certa tradição teológica católica.[33]

---

[32] BOFF, *Fundamentalismo*, pp. 18-19.

[33] GEFFRÉ, *Croire et interpréter*, p. 57.

A NEGAÇÃO DA HERMENÊUTICA: O FUNDAMENTALISMO

O fenômeno do fundamentalismo no universo islâmico deve ser percebido a partir da palavra árabe *nahda*, que significa "renascimento". Após uma crise política, cultural, religiosa e de colonização européia, surgem movimentos que procuram traçar uma identidade fundamental. "Ser muçulmano num mundo sujeito a transformações de todo tipo sem renunciar às características originárias da própria cultura."[34] *Nahda* é expresso através de movimentos que buscam uma ruptura e combate contra o colonialismo europeu e demarcação da identidade muçulmana. Possuem três fundamentais necessidades.[35] São elas:

a) Necessidade de um retorno às origens, às formas puras, aos fundamentos originários do islamismo.

b) Necessidade de reafirmar uma identidade perdida ou ameaçada, esforçando-se por adaptar o islamismo à modernidade (ocidental), sem se deixar destruir definitivamente por ela.

c) Necessidade radical de reconstruir na terra um Estado ético-religioso, fundado sobre a lei de Deus.

O fundamentalismo islâmico também questiona a possibilidade de a razão humana poder interpretar o livro sagrado onde está presente a revelação de Deus através do profeta Muhammad ibn Abdallah (Maomé). A interpretação pode levar ao risco de violar a verdade que Deus quis comunicar ao ser humano.[36] A atitude fundamentalista pode levar a dois comportamentos distintos:

> Pode favorecer o conservadorismo e o desinteresse pela problemática do poder legítimo, restringindo suas ambições à questão moral e da "reislamização" da sociedade a partir de baixo. Ou, ao contrário, pode suscitar a vontade de "islamizar" a sociedade de cima, isto é, investindo na esfera do Estado, depois de uma releitura "crítica" ou

---

[34]   PACE; STEFANI, *Fundamentalismo religioso contemporâneo*, p. 51.

[35]   PACE; STEFANI, *Fundamentalismo religioso contemporâneo*, p. 53.

[36]   "Ao contrário da Torá, porém, que de acordo com a versão bíblica foi revelada a Moisés numa única sessão no monte Sinai, o Corão foi revelado a Maomé aos poucos, linha e versículo por versículo, num período de 23 anos. As revelações continuaram sendo uma experiência dolorosa. [...] O livro não veio a Maomé na ordem em que o lemos hoje, mas de uma forma mais aleatória, como ditavam os fatos e à medida que ele escutava seu sentido mais profundo. À medida que cada segmento era revelado, Maomé, que não sabia ler nem escrever, recitava-o em voz alta, os muçulmanos o decoravam, e os poucos alfabetizados anotavam-no." Cf. ARMSTRONG, Karen. *Uma história de Deus*: quatro milênios de busca do judaísmo, cristianismo e islamismo. São Paulo: Companhia das Letras, 1995. pp. 146-147 e 148.

65

até "revolucionária" do Corão, de modo que se estabeleçam as bases de uma nova ordem social e política.[37]

Os movimentos de cunho fundamentalista querem reformar a sociedade muçulmana a partir de uma leitura política e radical do islamismo. Esses movimentos podem ser chamados de integristas também na medida em que buscam a integralidade da mensagem religiosa e procuram impor à sociedade e ao Estado sua visão teocrática, totalitária, intolerante, indiferente à pluralidade cultural, filosófica, política e social presente em toda sociedade. Esses movimentos podem ser divididos em três blocos.[38] São eles:

a) Os movimentos do despertar islâmico: estes buscam a reafirmação do caráter rigidamente monoteísta (*tawhid*) do islamismo (retorno à pureza das origens); a decisão de abandonar (*hijra*) os territórios em que a presença dos infiéis, dos politeístas e dos pagãos é predominante e a necessidade de reconquistar as terras do islamismo que tinham sucumbido ao domínio do infiel ou que tinham recaído num estado de "ignorância" da fé através da *jihad* (combate na via de Deus). Esses movimentos começam a se organizar a partir do século XVIII.

b) Os movimentos reformistas: procuram modernizar o islamismo, a partir dos elementos que consideram positivos do mundo moderno, para poder "islamizar" a modernidade. Esses movimentos começam a se organizar a partir do século XIX.

c) Os movimentos radicais: querem reler a tradição e reinterpretar o livro sagrado utilizando uma hermenêutica viva, traduzindo a tradição em vida concreta e aplicando radicalmente os conceitos teológicos à vida social e política. Contrapõem-se, cultural e ideologicamente, ao Ocidente. Querem um modelo de Estado coerente com o modelo ideal presente no Alcorão e na tradição. Há também o radicalismo armado que assume diferentes características. Esses movimentos começam a se organizar a partir do século XX.

O fundamentalismo islâmico não é um bloco monolítico. Pelo contrário, ele apresenta uma característica plural. Há tanto os que praticam o proselitismo pacífico como os que defendem o ativismo sociocultural e político, chegando à prática extremamente violenta. O problema está em demarcar a

---

[37] LAMCHICHI, Abderrahim. Fundamentalismos muçulmanos e direitos humanos. In: ACAT. *Fundamentalismos, integrismos*. São Paulo: Paulinas, 2001. p. 52.

[38] PACE; STEFANI, *Fundamentalismo religioso contemporâneo*, pp. 55-83.

A NEGAÇÃO DA HERMENÊUTICA: O FUNDAMENTALISMO

identidade do islamismo, a partir da "volta às origens" reveladas no Alcorão, com os desafios da modernidade ocidental.

No universo religioso judaico, o fundamentalismo também se encontra presente. Nesse fundamentalismo há igualmente a crença na inerrância do texto sagrado, o princípio da astoricidade, a superioridade da lei religiosa e a necessidade de fundar a legitimidade do Estado sobre a lei de Deus. "Ser fundamentalista, neste caso, significa afirmar uma identidade étnica e reclamar que essa identidade deve ser reconhecida e manifestada num determinado território."[39]

Pode-se dividir o judaísmo contemporâneo em dois grandes grupos. O grupo dos integracionistas e o grupo dos segregacionistas. Os integracionistas proclamavam que "os judeus deveriam ser judeus e, ao mesmo tempo, algo mais, por exemplo, cidadãos do país onde nasceram, parte da vida cultural desse país, integrados plenamente e de todas as formas na vida social local".[40] Essa idéia começa a se fazer presente, a partir do final do século XVIII, para a maioria dos judeus espalhados por várias partes do mundo. Brota neles um desejo de ser mais do que um simples judeu segregado. E, a partir do século XIX, surgem vários judaísmos com discursos integracionistas.

Os segregacionistas é que irão caracterizar o fundamentalismo judaico. Há discursos de ultra-ortodoxos e os que defendem o sionismo. Os ultra-ortodoxos (*charedim*, "os que tremem perante a palavra de Deus") "são judeus que consideram irrenunciável, no novo Estado, a observância integral de todos os mandamentos divinos, *mitzwot*, derivados da Torá escrita (Pentateuco) e o *Talmud* (a lei transmitida oralmente)".[41] O Estado deve estar ordenado a partir da palavra de Deus. O Estado moderno e a modernidade secularizada são inaceitáveis para eles, pois violam a palavra de Deus revelada no livro sagrado. O movimento sionista "representa a tentativa conseguida de transformar o desejo de resgate e o sonho do regresso à Terra Prometida num projeto concreto de construção de um Estado de hebreus para hebreus, após a dolorosa secular diáspora e, sobretudo, após a tragédia da *Shoà*".[42] Em 1948 conseguem estabelecer o Estado de Israel. Como nos outros fundamentalismos, os judaísmos segregacionistas apre-

---

[39] PACE; STEFANI, *Fundamentalismo religioso contemporâneo*, p. 87.

[40] NEUSNER, Jacob. Qual é o desafio do fundamentalismo judeu contemporâneo? In: ACAT, *Fundamentalismos, integrismos*. São Paulo: Paulinas, 2001. p. 116.

[41] PACE; STEFANI, *Fundamentalismo religioso contemporâneo*, p. 88.

[42] PACE; STEFANI, *Fundamentalismo religioso contemporâneo*, p. 88.

sentam grande diversidade. Entretanto, podem-se estabelecer alguns traços que os caracterizam.[43] São eles:

a) Todos rejeitam qualquer forma de relação com o mundo exterior: nos Estados Unidos alguns segregacionistas vão ao trabalho em ônibus especial, vivem em bairros exclusivos, possuem lojas próprias e recorrem aos próprios serviços profissionais.

b) Todos têm uma visão exclusiva da verdade: vêem o judaísmo como a única comunicação válida de Deus com a humanidade e, entre os judaísmos, eles têm exclusividade.

c) Todos rejeitam a idéia de política enquanto prática com objetivos comuns a diversas pessoas: eles vêem o mundo político como um meio de melhorar a sua própria situação ou como uma fonte de ameaças para a autonomia e a integridade da comunidade.

O fenômeno fundamentalista tem ocupado as grandes religiões da atualidade. Há grande diversidade, mesmo no interior de uma religião, devido tanto aos contextos onde se situam os movimentos como aos interesses ali proclamados. Entretanto, todos apresentam grande dificuldade com a hermenêutica e, sobretudo, quando se trata da hermenêutica aplicada aos textos sagrados de sua prática religiosa. Outro problema é o da relação entre religião e política. Querem manter superioridade e legitimidade da religião sobre a política devido ao seu fundamento sagrado, esbarrando na concepção de política moderna, que prefere excluir tal iniciativa. São movimentos surgidos na modernidade secularizada e que atestam as contradições e os rompimentos de pactos ético-político-sociais.

Como Claude Geffré pensa o problema do fundamentalismo, sobretudo no interior da religião católica? Quais são as causas desse movimento fundamentalista e quais as implicações teológicas que essas concepções ocasionam?

---

[43] Esses traços podem ser conferidos em: NEUSNER, Qual é o desafio do fundamentalismo judeu contemporâneo?, pp. 117-118.

2.4. As causas e as implicações teológicas do fundamentalismo

Como o movimento fundamentalista é um fenômeno bastante complexo e implica uma diversidade de análises, pois é diverso em sua forma de existir, a reflexão que se segue será baseada em pistas apresentadas por Claude Geffré. Ele diferencia fundamentalismo escriturístico, representado por aqueles que recusam os resultados da exegese crítica, e o fundamentalismo doutrinal, representado por "aqueles que manifestam uma fidelidade escrupulosa ao ensinamento da Igreja, à própria letra dos fundamentos da fé, isto é, à tradição dogmática da Igreja".[44] Para Geffré, as causas do fundamentalismo no universo católico, sobretudo para o de corte escriturístico, se orientam em três direções, que denomina: o contragolpe da renovação bíblica, uma experiência de conversão e uma necessidade angustiante de certeza.[45] Pormenorizando essas direções:

a) O contragolpe da renovação bíblica: o fundamentalismo escriturístico foi uma forma de contrabalançar o entusiasmo que se vivenciava em torno da redescoberta do texto bíblico. Os católicos encontram importância na leitura da Bíblia após a Segunda Guerra Mundial e antes do Concílio Vaticano II, momento de debate a partir da chamada "nova teologia". Em 1943, o papa Pio XII publica a encíclica *Divino Afflante Spiritu*, que, em certo sentido, enfrenta a modernidade cultural ao reconhecer a legitimidade em discernir sobre os gêneros literários na Escritura. E, em 1953, há o lançamento da Bíblia de Jerusalém com a técnica da exegese moderna. O que foi libertador para uma maioria de fiéis tornou-se escândalo para outros. Por isso, o fundamentalismo pode ser um efeito paradoxal da renovação da leitura da Bíblia e de uma iniciação a uma leitura crítica dos textos bíblicos.

b) Uma experiência de conversão: o que, para alguns, foi a possibilidade de redescobrir Deus e a Igreja, para outros, os que possuíam um preconceito não-crítico sobre a inerrância da Escritura inspirada por Deus, foi um escândalo. A orientação foi no sentido de voltar a se firmar em uma leitura que excluísse a hermenêutica.

c) Uma necessidade angustiante de certeza: há nos fundamentalistas uma busca obstinada de um fundamento seguro. Há o medo e o quase

---

[44] GEFFRÉ, *Croire et interpréter*, p. 53.

[45] Cf. GEFFRÉ, *Croire et interpréter*, pp. 63-69. Será apresentada uma síntese de sua reflexão.

pânico de refugiar-se em uma fé que tivesse perdido seus motivos de credibilidade. A expressão bíblica que ilustra essa idéia são as palavras de Maria Madalena em frente ao túmulo de Jesus Cristo no dia da ressurreição: "Tiraram o meu Senhor e eu não sei onde o puseram" (Jo 20,13). Na experiência do cristianismo, o que é relevante é a pessoa de Jesus Cristo como Messias, o Filho de Deus encarnado, e não detalhes históricos. Esses devem ajudar a compreender a experiência de Jesus Cristo. A credibilidade em Jesus Cristo vem da primeira comunidade cristã e essa fé é de domínio da pesquisa histórica.

A maneira como os fundamentalistas escrituristas lêem o texto sagrado também traz implicações para a reflexão teológica. Geffré aponta três: uma concepção ingênua da inspiração, a rejeição da instância hermenêutica na leitura da Escritura e o desconhecimento da história e o esquecimento do Espírito Santo. Compreendendo as implicações:

2.4.1. Uma concepção ingênua da inspiração

Para Geffré, "os fundamentalistas consideram os textos bíblicos como diretamente ditados pelo Espírito de Deus a um autor sagrado que é apenas o transmissor passivo da palavra de Deus".[46] É a idéia da inspiração verbal, ou seja, as palavras mesmas contidas na Escritura Sagrada foram ditadas por Deus. Dessa inspiração emerge a concepção de "inerrância" do texto sagrado, pois, se o texto é ditado por Deus, não pode conter erros de nenhuma espécie. Essa credibilidade leva o fundamentalista a não perceber e, portanto, a desconhecer, no relato bíblico, um gênero literário. E, se este lhe for apresentado, a sua inclinação é para não acreditar.

Outra percepção importante é que "os fundamentalistas têm a tendência de historicizar o que não tem pretensão de historicidade".[47] É a distinção entre o fato bruto, vivido em determinado momento histórico, e o fato elaborado teologicamente pela comunidade cristã primitiva e escrito tempos depois. A distância entre uma realidade e outra não é admitida pelos fundamentalistas, que compreendem tudo como um fato histórico único. Não aceitam a distinção entre "Jesus terrestre", o que viveu em determinado momento da

---

[46] GEFFRÉ, *Croire et interpréter*, p. 69.

[47] GEFFRÉ, *Croire et interpréter*, p. 70.

história, e "Jesus histórico", aquele que foi reconstruído pela comunidade primitiva. É toda a comunidade que é inspirada pelo Espírito de Deus para interpretar o evento salvífico e não somente um autor. Um irá escrever o que foi comunicado e debatido por todos.

2.4.2. A rejeição da instância hermenêutica na leitura da Escritura

Para um fundamentalista, o texto inspirado ou ditado por Deus traz consigo um sentido literal que corresponde à mensagem mesma que Deus quis transmitir. Portanto, não é preciso interpretá-lo. "A idéia de que um texto da Escritura só toma seu sentido à luz do conjunto das Escrituras, e a idéia comum hoje em dia em lingüística e em hermenêutica de que um texto é sempre susceptível de várias leituras, isto continua estranho aos fundamentalistas".[48] Para estes, não é preciso articular, nem relacionar um texto com outro, pois cada afirmação tem seu sentido próprio.

Para Marty, os fundamentalistas desconhecem a hermenêutica moderna ou se opõem, conscientemente, a ela. Ele diz:

> A noção de que os símbolos são multivocais e de que os pressupostos que os leitores trazem ao texto impregnam as suas interpretações desses textos; a percepção de que a interpretação do todo pode desvirtuar a versão de cada parte de um texto e de que cada "passagem" da Escritura deve ser vista à luz da interpretação do conjunto mais amplo — elementos fundamentais na hermenêutica moderna — se perdem entre os fundamentalistas ou são ocasião de resistência e oposicionismo.[49]

Há o grande medo de perder a fé com a entrada da hermenêutica, por isso a atitude de oposição. A percepção de que as convicções nascem da experiência, se alojam no interior humano, e de que a reflexão articulada entre uma convicção e outra possibilita novas interpretações sobre o fato é negada pela mente fundamentalista, sobretudo em se tratando de textos sagrados. Com relação ao cristianismo, não existe só uma distância entre a atualidade e os textos fundadores. Há uma distância na própria construção do texto, pois entre o fato Jesus Cristo e o emergir da narrativa escrita (os evangelhos) houve uma narrativa oral. Por isso se faz necessária uma articulação das partes com o todo

---

[48] GEFFRÉ, *Croire et interpréter*, p. 71.

[49] MARTY, O que é fundamentalismo, p. 16.

para que o texto se revele em profundidade e supere as possíveis contradições. No cristianismo, portanto, "os próprios textos já são uma interpretação que nos leva hoje a um novo ato de interpretação".[50] Ter consciência dessa dinâmica do texto bíblico e saber fazer suas articulações é possibilitar que o texto continue a revelar a novidade bíblica ao homem e à mulher contemporâneos.

2.4.3. O desconhecimento da história e o esquecimento do Espírito Santo

Para a religião cristã, ter clareza quanto à distância entre a narrativa oral e a narrativa escrita é de fundamental importância para a compreensão situada do texto bíblico. Entretanto, "é um traço típico do fundamentalismo exigir o recuo da história até a fonte imediata dos textos".[51] A partir daí o texto é lido como se a narrativa escrita transmitisse literalmente os acontecimentos históricos, como se as palavras de Jesus Cristo, descritas nos evangelhos, fossem a transmissão literal de suas palavras, não levando em consideração o tempo decorrido entre história vivida e história escrita (cerca de trinta e cinco anos de narrativa oral, para os primeiros escritos evangélicos). Para Geffré, "este achatamento da história não é apenas um desconhecimento da história, que sempre é uma recriação ulterior das palavras e dos fatos do passado", é muito mais que isso. No caso do cristianismo, "é uma negação da mediação da comunidade crente e interpretante ao mesmo tempo, e é uma ignorância, um desconhecimento do papel do Espírito como Espírito de Cristo, que é a verdadeira fonte da Escritura".[52] Negar que a comunidade primitiva cristã foi também interpretante das palavras e gestos de Jesus Cristo, a partir de sua nova condição histórica, é negar a ação do Espírito de Cristo que continuava presente e inspirando a comunidade crente na recordação, interpretação e escrita de sua memória.

Para a religião cristã, saber que a mensagem de Jesus Cristo foi guardada em forma de narrativa oral por uma comunidade e depois foi escrita, em outro momento histórico, por essa mesma comunidade é estar consciente de que essa narrativa escrita é plural e reflete uma diversidade de teologias.

---

[50] GEFFRÉ, *Croire et interpréter*, p. 76.
[51] GEFFRÉ, *Croire et interpréter*, p. 77.
[52] GEFFRÉ, *Croire et interpréter*, p. 77.

Por isso as várias narrativas dos evangelhos e, nelas, divergências na maneira de apresentar alguns fatos. Nesse sentido, houve uma tradição (comunidade interpretante) na formação dos textos sagrados cristãos e há uma outra tradição (Igreja) na transmissão histórica desses mesmos textos sagrados ao longo dos séculos. Essa consciência possibilita manter viva a historicidade do texto bíblico e o Espírito de Cristo que continua inspirando novas interpretações. Isso possibilita a revelação de Deus continuar sendo atual.

Para os hermeneutas, essa percepção é verdadeira e necessária para que se possa compreender o texto bíblico. Entretanto, para os fundamentalistas isso causa escândalo. E o escândalo, para Geffré, "provém de uma concepção insuficiente da inspiração e da inerrância, e também de um desconhecimento da natureza da historicidade dos eventos relatados na Bíblia". E, continua ele, "falando de inerrância, não se quer dizer que a Escritura não contém nenhum erro científico ou histórico. O que é inspirado e garantido pelo Espírito de Deus é a mensagem religiosa, ou seja, a mensagem sobre Deus e sobre a relação do ser humano com Deus".[53] Propiciar o discernimento entre o que é próprio da mensagem religiosa enquanto verdade salutar para o ser humano e as maneiras culturais de essa mensagem ser comunicada a esse mesmo ser humano é a tarefa da hermenêutica. O método histórico-crítico auxilia neste objetivo, pois "o que ele faz é apenas aplicar metodicamente às afirmações históricas do passado as condições de que o homem dispõe para conhecer a realidade".[54]

É preciso resguardar o círculo hermenêutico existente entre realidade atual, fé e história bíblica. O crente que vive nos dias atuais, ao ler os escritos sagrados, o faz com todo o seu contexto histórico (sua história de vida pessoal e comunitária, sua condição sociocultural e econômica). A história sagrada também deve ser lida no âmbito histórico em que foi escrita (sabendo que também houve um contexto histórico específico da comunidade que viveu e da pessoa que escreveu aquele texto). Ir para o texto bíblico e ser remetido à própria realidade, resguardando os contextos históricos, de onde foi escrito e de onde está sendo interpretado, é permitir que a mensagem divina continue viva, dinâmica, criativa, revelante e estimule a fé.

Como Claude Geffré pensa a hermenêutica e como ela possibilitou uma virada na reflexão teológica, distanciando-se da reflexão dogmática?

---

[53] GEFFRÉ, *Croire et interpréter*, p. 79.

[54] HARTLICH, Estará superado o método histórico-crítico?, p. 11.

Capítulo III

A teologia hermenêutica em Claude Geffré

A reflexão teológica de Claude Geffré (nascido em 1926) insere-se nesse contexto de afirmação e negação da hermenêutica, tanto no seu desenvolvimento filosófico quanto teológico.[1] Sendo teólogo católico e padre da Ordem dos Pregadores (Dominicanos), traz essa reflexão para o universo cristão, particularmente católico. É a partir dessa convicção e nesse cenário que ele propõe suas reflexões e inovações. A teologia dogmática, para a religião católica, foi durante séculos a maneira correta de fazer teologia. Entretanto, é a partir de uma razão teológica que prioriza não a *especulação*, mas sim a *compreensão histórica*, que Geffré proporá sua compreensão de teologia hermenêutica. Essa nova teologia será concebida como um destino cuja razão teológica não poderá fugir.

O capítulo está dividido em três momentos. O primeiro explicita a teologia dogmática e a passagem para a teologia hermenêutica; depois as conseqüências e as tarefas dessa nova maneira de fazer teologia; por fim, as implicações dessa compreensão para a teologia das religiões.

---

[1] No dizer de D. Tracy, "Claude Geffré é um dos principais teólogos *hermeneutas* de nossa época." Cf. TRACY, David. L'herméneutique de la désignation de Dieu: hommage à Claude Geffré. In: JOSSUA, Jean-Pierre; SED, Nicolas-Jean. *Interpréter*: hommage amical à Claude Geffré. Paris: Cerf, 1992. p. 49.

3.1. Da teologia dogmática à teologia hermenêutica

3.1.1. Um saber definido pela autoridade

A Reforma Protestante[2] e as mudanças na sociedade, ao final da Idade Média, advindas, sobretudo, da ciência, da política e da própria filosofia, irão provocar um grande movimento de fechamento da Igreja Católica à sociedade da época e a todo o movimento da modernidade. O modelo teológico que começa a ganhar corpo, a partir desse momento, será chamado de Teologia Dogmática ou Escolástica Pós-Tridentina.[3] A Igreja Católica não entrou em diálogo com as novas tendências do momento e preferiu o caminho da defesa, buscando a proteção nas afirmações doutrinárias da teologia patrística (séculos I a VII) e, sobretudo, da teologia escolástica (séculos VIII a XV).

A teologia hegemônica no início da época moderna, e que se estenderá por toda ela, caracteriza-se, de maneira especial, por sua submissão ao magistério da Igreja Católica. Esse resguardar-se-á pela força da tradição e do dogma. Ela irá se desenvolver em três grandes áreas: a teologia fundamental, na qual prevalece a apologética, as demonstrações do testemunho dado à revelação por Jesus Cristo e sua Igreja; a teologia moral, que se estrutura a partir da lei — divina, natural e positiva — e dos dez mandamentos; e a teologia dogmática, que se organiza através da elaboração de manuais que seguem o *método regressivo*. Neste, há, primeiramente, o enunciado da *tese*.

---

[2] No dia 31 de outubro de 1517, Martinho Lutero fixa na entrada da Igreja e do castelo da Universidade de Vitemberga (Alemanha) as 95 teses sobre o valor e a eficácia das indulgências e outros temas como penitência, culpa, pena, purgatório, primado. Em 9 de novembro de 1518, a Santa Sé publica uma bula sobre as indulgências, a inovação religiosa e o primado. Em 15 de junho de 1520, 41 de suas teses foram condenadas como heréticas ou como falsas e escandalosas; foi ordenada a sua destruição. Lutero e seus adeptos foram ameaçados de excomunhão se não se submeterem à Santa Sé. Ele não se retrata e escreve, em novembro do mesmo ano, "Contra a bula do Anticristo" pedindo um concílio ecumênico. Também escreve *De libertate christiana*, que é uma suma sobre a fé, a justificação e as obras, e envia ao papa. Em 10 de dezembro queima na praça da cidade de Vitemberga, como "inimigos de Deus", os livros do *Corpus iuris canonici* e a bula papal que o ameaçava de excomunhão. Em 3 de janeiro de 1521, Lutero foi formalmente excomungado. De 13 de dezembro de 1545 a 4 de dezembro de 1563, a Igreja Católica faz a sua Contra-Reforma com um concílio na cidade de Trento (Itália). Cf. BIHLMEIER, Karl; TUCHLE, Hermann. *História da Igreja*. São Paulo: Paulinas, 1965, v. 3.

[3] Esse modelo dogmático de teologia passa a vigorar a partir do Concílio de Trento, 1545. Nas palavras de Geffré, "depois do concílio de Trento, a teologia católica foi dominada por um modelo que chamei dogmático ou dogmatista." Cf. GEFFRÉ, *Croire et interpréter*, p. 16. "O dogmatismo é uma teologia da Contra-Reforma, com preocupação apologética, obsessionada em manter a ortodoxia doutrinária." Cf. VILANOVA, Evangelista. *Para compreender a teologia*. São Paulo: Paulinas, 1998. p. 186.

Depois vem a *explicação*, na qual emergem os ensinamentos do magistério eclesiástico atual, particularmente o Concílio de Trento; e, por fim, trata-se de *provar*, mostrando como esse ensinamento está presente na Escritura, nos Santos Padres e na teologia medieval. Este momento é o especulativo.[4]

Geffré irá afirmar que a "teologia dogmática se definia como um comentário fiel do dogma, isto é, do que a Igreja sempre compreendera e ensinara; e a Escritura entrava apenas a título de prova do que já estava estabelecido"[5] ou com relação ao "ensinamento que era comunicado diretamente pelo magistério da Igreja".[6] Ele aponta uma distinção interessante entre as verdades em são Tomás de Aquino e as verdades na Teologia Dogmática. Enquanto em são Tomás as "proposições externas à fé, as dos concílios, dos teólogos e dos bispos são verdadeiras somente quando expressão da verdade divina no livre evento de sua revelação", com a teologia dogmática "as proposições de fé, das quais procede o raciocínio teológico, funcionam com a evidência dos primeiros princípios e a sua verdade depende unicamente da autoridade do magistério".[7]

A verdade divina, que tinha sua força de expressão na revelação, sobretudo no evento Jesus Cristo, passa a estar subordinada à força e à vontade da autoridade religiosa. Ele termina por afirmar que esse *sistema autoritário* acaba por substituir a autoridade da Escritura. A leitura dogmatista, "quer dizer, uma leitura não-crítica, que procura somente na Escritura e na Tradição apoios textuais para confirmar uma posição já estabelecida por outros caminhos,"[8] irá demarcar uma maneira de fazer teologia que produzirá sistemas teológicos fechados e resultará, por sua vez, em formulações dogmáticas.

Numa perspectiva eclesiológica, essa forma dogmática de fazer teologia será conhecida como Igreja-Instituição.[9] Esse modelo tinha a preocupação de demonstrar o desenvolvimento contínuo entre a Escritura, os Santos Padres e os ensinamentos do magistério. O destinatário imediato dessa *produção*

---

4   Cf. LIBANIO, João Batista; MURAD, Afonso. *Introdução à teologia*: perfil, enfoques, tarefas. São Paulo: Loyola, 1989. p. 137.

5   GEFFRÉ, Claude. *Como fazer teologia hoje*: hermenêutica teológica. São Paulo: Paulinas, 1989. p. 66. (Título original: *Le christianisme au risque de l'interpretation*. Paris: Cerf, 1983.)

6   GEFFRÉ, *Croire et interpréter*, p. 16.

7   GEFFRÉ, *Como fazer teologia hoje*, p. 66.

8   GEFFRÉ, *Croire et interpréter*, p. 28.

9   Reflexão atual mostrando ainda esta influência nos dias de hoje foi feita por Cipolini. A Igreja e seu rosto histórico. *Reb* 244, 2001, pp. 825-853.

teológica era o clero, tanto religioso quanto diocesano, pois esses eram os encarregados diretos para *fazer valer* a autoridade do magistério. Cabia aos leigos escutar e cumprir o que a autoridade determinava, pois a autoridade religiosa "falava em nome de Deus". A liberdade laical no interior da Igreja Católica estava restrita a seguir o comando da autoridade do magistério.

Na trilha de Geffré[10] podemos demarcar algumas características do modelo teológico dogmático:

a) possuía um conjunto de proposições imutáveis da fé;

b) o *intellectus fidei*[11] era entendido como um ato da razão especulativa no sentido clássico do pensamento metafísico;

c) a reflexão teológica contentava-se com expor e explicar os dogmas imutáveis da fé católica em contínuo acordo com as Escrituras, com os Santos Padres e com a Tradição teológica.

A grande vantagem dessa teologia dogmática é a de possibilitar segurança e clareza da verdade de fé a seus seguidores, pois estava cravada numa rígida estrutura organizacional, centrada na autoridade do magistério da Igreja Católica. Em contrapartida, o grande perigo dessa teologia é de se transformar em ideologia[12] a serviço do poder institucional, isto é, toda a inteligência teológica a serviço do interesse do magistério eclesial. Se o discurso teológico se degradar em ideologia, ele passa a ser "um ensinamento oficial que justifica as decisões do magistério seja qual for a resistência dos textos escriturários e das tradições interpretativas dos textos".[13] Seu maior limite é ser fechada em si mesma e centralizadora, criando um abismo entre hierarquia e laicato, e

---

[10] GEFFRÉ, *Como fazer teologia hoje*, cap. I.

[11] Há dois momentos internos à teologia que a tradição chamou de *auditus fidei*, momento da escuta, e *intellectus fidei*, momento da reflexão. Este é um movimento de reflexão especulativa sobre o dado coletado, *auditus fidei*. Busca-se, com este método especulativo — raciocínios, deduções, reflexões teóricas... — que a revelação seja mais acessível à inteligência. Cf. LIBANIO, João Batista; MURAD, Afonso. *Introdução à teologia*: perfil, enfoques, tarefas. São Paulo: Loyola, 1989. pp. 93-97.

[12] Para Geffré, "a ideologia se apresenta como sistema de representações, de idéias e de valores, com seu rigor próprio, ao passo que seu móvel efetivo se encontra na vontade de satisfazer os interesses de determinado grupo." Cf. GEFFRÉ, *Como fazer teologia hoje*, p. 238. Podemos pensar, sinteticamente, a ideologia em três sentidos. Primeiro, sentido geral: ideologia como consciência racional dos conflitos de interesse; depois, no sentido negativo (visão de Marx): ideologia como falseamento da realidade; e, por fim, no sentido positivo (visão de Lênin): ideologia propriamente revolucionária. Para aprofundamento, ver: LIBANIO, João B. *Ideologia e cidadania*. 2. ed. reform. São Paulo: Moderna, 2004. 160 p.

[13] GEFFRÉ, *Croire et interpréter*, p. 16.

não possibilitando outras interpretações das Escrituras a não ser a estabelecida pela autoridade eclesiástica.

É possível o pensamento teológico ter outra forma para refletir sobre a verdade da Escritura, dos Santos Padres e da Tradição?

3.1.2. Um saber construído pela interpretação

Contrapondo-se ao modelo teológico dogmático, Geffré propõe o modelo teológico hermenêutico. Este será "um novo paradigma, um novo modelo, uma nova maneira de fazer teologia".[14] Afirma que "o termo *hermenêutica* evoca movimento de pensamento teológico que, pondo em relação viva o passado e o presente, expõe-se ao risco de interpretação nova do cristianismo para hoje". E prossegue dizendo que "esta instância hermenêutica da teologia nos leva a uma concepção não tradicional da tradição e uma noção plural da verdade cristã".[15] Esse modelo será uma nova maneira de pensar a Escritura e a teologia patrística e medieval. Será também uma nova maneira de buscar a originalidade da verdade cristã, obscurecida pelo centramento na autoridade do magistério. Agora a verdade estará "sob o signo do devir",[16] ela estará constantemente sendo construída na articulação entre passado e presente, tarefa imprescindível da hermenêutica. Geffré irá destacar que "a teologia de orientação hermenêutica não é uma corrente teológica dentre outras, mas o destino mesmo da razão teológica no contexto do pensamento contemporâneo".[17]

O destino da razão teológica é inseparável do destino da razão filosófica. Entretanto, ela toma distâncias tanto da metafísica, sobretudo da metafísica da substância, quanto dos filósofos do sujeito, fundados sobre a primazia da consciência, "por considerar o ser sobre a realidade lingüística"[18] e, ao fazer essa ruptura epistemológica, aproxima a razão teológica "de um *compreender*

---

[14] GEFFRÉ, *Croire et interpréter*, p. 11. Em outro momento já havia afirmado que "não há teologia viva sem *hermenêutica*". Cf. GEFFRÉ, C. As correntes atuais da pesquisa teológica. In: REFOULÉ, F. et al. *Futuro da teologia*. São Paulo: Duas Cidades, 1970. p. 52.

[15] GEFFRÉ, *Como fazer teologia hoje*, pp. 63-64.

[16] GEFFRÉ, *Como fazer teologia hoje*, p. 59.

[17] GEFFRÉ, *Croire et interpréter*, p. 7.

[18] GEFFRÉ, *Croire et interpréter*, pp. 7 e 12. Em sua opinião, a tendência da filosofia moderna é tornar-se mais uma filosofia de linguagem.

histórico no sentido de Heidegger e no sentido de Gadamer".[19] Trata-se de pensar a diferença entre uma compreensão metafísica e uma compreensão histórica da realidade. Assim, "a teologia tende a se compreender não simplesmente como um discurso sobre Deus, mas como um discurso que reflete a linguagem sobre Deus, um discurso sobre a linguagem que fala humanamente de Deus".[20] A linguagem é uma forma privilegiada de captar a realidade, de maneira especial, a realidade transcendente, pois a linguagem pode transcender-se a si própria.[21]

Alguns pontos característicos que irão marcar este novo modelo teológico, segundo Geffré,[22] são:

a) seu ponto de partida é a pluralidade das estruturas compreendidas dentro do campo hermenêutico aberto pelo evento Jesus Cristo;

b) o *intellectus fidei*[23] pode ser identificado com um "compreender histórico", sendo aí a compreensão do passado inseparável da interpretação de si e da atualização criativa voltada para o futuro;

c) ela procura manifestar a significação sempre atual da palavra de Deus, em sua forma escriturística, dogmática ou teológica, em função das novas experiências históricas da Igreja e do homem de hoje;

d) esta teologia alimenta-se de uma *circum-incessão* incessante entre a Escritura e a Tradição, que continuam sendo os lugares privilegiados de toda teologia. Procura uma nova inteligência da mensagem cristã, respeitando o círculo hermenêutico entre Escritura e Dogma.

A nova teologia passa a ser não metafísica, não autoritária e hermenêutica por excelência.[24] Se o modelo dogmático tem seu ponto de partida no ensinamento do magistério e na tradição da Igreja, "a Escritura e a tradição

---

[19] GEFFRÉ, *Croire et interpréter*, p. 13. A hermenêutica filosófica dá a Geffré a possibilidade de reconfigurar a sua hermenêutica teológica.

[20] GEFFRÉ, *Croire et interpréter*, p. 14.

[21] Para Gadamer, a linguagem é a possibilidade de universalidade da hermenêutica. "Habermas aprendeu de Gadamer que a linguagem pode transcender-se a si própria, manifestando nisso o potencial de uma razão." Cf. GRONDIN, *Introdução à hermenêutica filosófica*, p. 216.

[22] GEFFRÉ, *Como fazer teologia hoje*, pp. 68-69.

[23] Para Geffré, "não há inteligência da fé sem reinterpretação criadora". Cf. GEFFRÉ, *Croire et interpréter*, p. 7.

[24] "Ao risco de simplificar, eu diria que a teologia tende a ser uma teologia *não metafísica*, uma teologia *não autoritária* e uma teologia *hermenêutica*." Cf. GEFFRÉ, C. Déclin ou renouveau de la théologie dogmatique? In: KANNENGIESSER, Charles (Dir.). *Le point théologique*. Paris: Beauchesne, 1971, v. 1, p. 27.

interpretativa dos textos intervêm somente a título de provas em relação a este ensinamento que é comunicado diretamente pelo magistério oficial da Igreja",[25] o modelo hermenêutico tem seu ponto de partida no texto. "Quem diz hermenêutica não diz simplesmente a compreensão em geral, mas o tipo de compreensão que está engajado na leitura dos textos, quer ser trate da Escritura, quer das releituras dessas Escrituras na tradição."[26] Ou seja, a interpretação de um texto é sempre feita no interior de uma tradição lingüística. Geffré afirma que tem aumentado a consciência, no âmbito teológico, de que a "palavra de Deus não se identifica nem com a letra da Escritura, nem com a letra dos enunciados dogmáticos" e, ainda, que "a Revelação não é a comunicação a partir do alto de um saber fixo de uma vez por todas".[27]

A teologia hermenêutica não passou a ser *adogmática*; simplesmente passou a considerar com seriedade epistemológica a historicidade das verdades, mesmo da verdade revelada. Bem como passou a reconhecer a historicidade do sujeito que, hoje, reflete sobre a mensagem cristã, procurando torná-la significativa e atual. "Graças ao método histórico, o teólogo irá discernir a verdade de fé de uma definição dogmática e, em seguida, a letra da definição, quer dizer, sua formulação, que é condicionada pelo sistema de representações de uma época."[28] Tanto o texto bíblico quanto as definições dogmáticas trazem as verdades de fé envoltas na realidade de seu tempo.

A teologia hermenêutica percebe que o escrito sobre o acontecimento Jesus Cristo é também ato de interpretação feito pela comunidade cristã. Por isso, sua maneira de ler a Escritura deve levar em conta este dado, como também o contexto histórico no qual está sendo lido. Assim, o texto fundador acaba por produzir um novo texto e novas figuras históricas. "É fidelidade criativa"[29] ou "fidelidade criadora"[30] que produz uma nova prática teológica e eclesiológica. Essa expressão faz com que se resguardem a originalidade e

---

[25] GEFFRÉ, *Croire et interpréter*, p. 16.

[26] GEFFRÉ, *Croire et interpréter*, pp. 16-17. E ainda: "Como sublinha Gadamer, é porque me inscrevo na mesma tradição que suscitou o texto, que posso tentar compreendê-lo" (p. 17).

[27] GEFFRÉ, Du savoir a l'interpretation, p. 52.

[28] GEFFRÉ, *Croire et interpréter*, p. 43.

[29] GEFFRÉ, *Como fazer teologia hoje*, p. 69.

[30] GEFFRÉ, *Croire et interpréter*, p. 40. Também usa a expressão "reinterpretação criativa". Cf. GEFFRÉ, C. Le christianisme face à la pluralité des cultures. Disponível em: <http://www.op.org/international/francais/Documents/Artic/htm>. Acesso em: 20 mar. 2004.

historicidade do texto — fidelidade —, ao mesmo tempo em que propicia uma *re-interpretação* sempre nova e atual — criatividade.

Qual a boa situação hermenêutica que favoreça a interpretação justa da mensagem cristã dentro de sua originalidade? Geffré responde dizendo que é a "correlação crítica entre a experiência cristã, da primeira comunidade, e nossa experiência histórica de hoje",[31] entendendo esta como sendo o ponto de reencontro entre um espaço da experiência que me precede e um horizonte de espera na direção do qual me projeto. Por isso, faz parte dessa hermenêutica discernir quais textos[32] são relevantes para minha própria linguagem, a partir de meus esquemas de pensamento, de forma a tornar o acontecimento Jesus Cristo sempre atual.

Para reencontrar-se com a experiência cristã fundamental, é essencial usar dos recursos da exegese, ou seja, da crítica histórica, crítica textual e crítica literária, porque a experiência que foi única foi expressa numa pluralidade de linguagens. E não há como separar experiência, linguagem e hermenêutica, pois a linguagem escrita já traz consigo uma interpretação do acontecimento primordial. Ter consciência desse fato é de extrema importância para chegar, mais proximamente, à experiência fundante do cristianismo. E possibilitar o discernimento dos elementos fundamentais e da experiência cristã será tarefa da hermenêutica.

O texto, que reflete um *acontecimento primordial* (o evento Jesus Cristo), foi mantido durante anos em forma de *testemunho* e *palavra* e passado de umas para outras pessoas (tradição oral).[33] Quando, por fim, foi *escrito*, já estava acumulada à experiência fundante uma série de dados que refletem não só os acontecimentos originais, mas outros momentos e episódios socioculturais. Não há, portanto, uma narração literal das palavras e gestos de Jesus Cristo. Assim, "nós sempre nos confrontamos com múltiplos testemunhos sobre a vida, os gestos, as palavras de Jesus que vão ser relidos pela primeira comunidade cristã à luz do evento pascal".[34] Pode-se afirmar, portanto, que os

---

[31] GEFFRÉ, *Croire et interpréter*, p. 20.

[32] Geffré, seguindo a trilha de David Tracy, diz que um texto clássico é aquele que "manifesta sempre uma pluralidade de sentidos e que resiste também a uma interpretação definitiva, uma interpretação fechada, uma interpretação que coloca fim à pluralidade de interpretações." Cf. GEFFRÉ, *Croire et interpréter*, p. 15. E o privilégio particular de um texto clássico é seu alcance universal.

[33] "A testemunha está sempre implicada no que diz e é sempre visado um destinatário, no qual ela quer despertar a fé", Cf. GEFFRÉ, *Como fazer teologia hoje*, p. 112.

[34] GEFFRÉ, *Croire et interpréter*, p. 27.

evangelhos *narram interpretando e interpretam narrando* o evento fundante da religião cristã.[35] Ou seja, os evangelhos, por um lado, ao narrarem a vida de Jesus Cristo, apresentam situações e interpretações próprias da comunidade que guardou a palavra e o gesto fundante. E, por outro lado, ao interpretarem a vida e a mensagem de Jesus Cristo, narram traços particulares de sua vida e de sua mensagem:

> Trata-se do testemunho das primeiras testemunhas, da pregação apostólica ou da confissão de fé dos crentes, estamos na presença de expressões diferentes de experiência comum, na qual a atestação histórica, a fé e o poder do Espírito estão implicados de maneira indissociável.[36]

Geffré, ao pesquisar a ressurreição de Jesus, mostra que *testemunho, narração* e *interpretação* se articulam propondo uma maneira própria de comunicar o evento da ressurreição. "A ressurreição de Cristo é diferente de *fato bruto*. Ela é *evento interpretado* que só pode ser atingido a partir da linguagem da fé pascal."[37]

Isso invalida, diminui ou descaracteriza a experiência religiosa daquela comunidade? Coloca em crise a fé em Jesus Cristo? Para Geffré, não. Antes, pelo contrário! O texto escrito apresenta a riqueza da experiência inicial e atesta quão marcante foi tal acontecimento que possibilitou a superação de tantos desafios e a busca de transformar a experiência feita em palavra escrita para que outros pudessem chegar ao mesmo evento primordial. Cabe à hermenêutica, segundo Geffré, procurar, dentro da mensagem cristã, o que é significado permanente e o que representa significantes ou esquemas

---

[35] Nas palavras de Geffré em sua pesquisa sobre a ressurreição "[...] as narrações evangélicas apessoais sobre as aparições são expressão de experiência pessoal imediata e de reinterpretação crente dessa experiência". Cf. GEFFRÉ, *Como fazer teologia hoje*, p. 112. E ainda, "os diversos testemunhos dos primeiros testemunhos já são uma certa interpretação da experiência-fonte, sobretudo quando ele se torna uma escritura." Cf. GEFFRÉ, *Croire et interpréter*, p. 21.

[36] GEFFRÉ, *Como fazer teologia hoje*, p. 113.

[37] GEFFRÉ, *Como fazer teologia hoje*, p. 114. Continua seu pensamento dizendo que "a reflexão teológica sobre a ressurreição, preocupada unicamente com estabelecer a historicidade das aparições, muitas vezes faz como se fosse possível chegar ao 'fato histórico' fora da interpretação crente das primeiras testemunhas. As aparições são inseparavelmente eventos reais e 'eventos de linguagem'. Podemos falar das aparições como sinais *históricos* da ressurreição. Mas elas são precisamente *sinais* e não provas demonstrativas. [...] Não há fé pascal sem testemunhas e, portanto, sem linguagem. Mas a fé pascal não é redutível a nenhuma de suas linguagens. [...] Trata-se da linguagem da ressurreição ou da linguagem da vida, é sempre grande o perigo de manter-se numa representação imaginária do retorno de Cristo à vida anterior. [...] Essa nova interpretação da realidade da ressurreição nos ajuda a compreender a distância entre o milagre da ressurreição como retorno de um cadáver à vida e o mistério da ressurreição como exaltação à direita de Deus e entrada na glória" (pp. 116-117).

culturais. É distinguir os significantes ligados ao conteúdo da mensagem e os significantes ligados à cultura histórica contingente dos escritos da tradição apostólica.[38] A teologia compreendida como hermenêutica faz uma ruptura com o pensamento fechado da teologia dogmática, marcado pela autoridade do magistério, mas não pode nem renuncia ao significado ontológico que perpassa os textos bíblicos e à forma como a tradição teológica os compreendeu. Para Geffré, "uma teologia da palavra de Deus tem como pressuposto a função *ontophanique* da linguagem, é dizer, sua manifestação do ser [...] e em teologia a manifestação da verdade é uma manifestação em devir".[39] Isto é, a verdade nunca pode estar pronta, fixa e segura pela força da autoridade, seja religiosa ou não. O que caracteriza a verdade é a sua força de *vir-a-ser*, seu poder de tornar-se, de ir se construindo como verdade e, numa perspectiva escatológica, crendo que a plenitude desta verdade está mesmo em Deus. Isso possibilita uma "consciência da historicidade de toda verdade, mesmo revelada, e de todo conhecimento, mesmo teológico".[40] A mensagem revelada necessita ser interpretada para ser sempre atual.

Quais são, portanto, as conseqüências e as tarefas deste modelo hermenêutico para a teologia?

3.2. As conseqüências e as tarefas da teologia hermenêutica

3.2.1. As conseqüências do modelo hermenêutico para a teologia

A hermenêutica irá representar um momento novo para a reflexão teológica. Possibilitará descobertas, articulações, perspectivas e, sobretudo, um diálogo com a

---

[38] Cf. GEFFRÉ, *Croire et interpréter*, p. 18. "Este trabalho de discernimento histórico recorre ao que se pode chamar de uma *hermenêutica crítica* que se interroga sobre as condições de produção dos textos do passado." Cf. p. 28. Geffré afirma que alguns autores anglo-saxões se opõem a esta hermenêutica crítica e sugerem o que se poderia traduzir como *hermenêutica de reapropriação*. Ele questiona essa hermenêutica do sentido de ser idealista, pois imagina que a reapropriação das verdades do passado é fiadora do mesmo significado. Sugere articular a hermenêutica crítica com a hermenêutica de reapropriação e que elas se interroguem sobre a ocasião e a condição de produção do texto do passado.

[39] GEFFRÉ, *Croire et interpréter*, p. 19.

[40] GEFFRÉ, *Como fazer teologia hoje*, p. 30.

cultura moderna. Esse diálogo será expresso, mesmo com as tensões internas à Igreja Católica, no Concílio Vaticano II[41] e novas propostas serão aí apresentadas.

Uma primeira grande conseqüência deste novo momento teológico será com relação aos lugares tradicionais de fazer teologia: a Escritura e a Tradição. Esses lugares serão tratados mais "no sentido de referência do que de 'autoridades'".[42] Por isso é que

> poderíamos descrever a teologia como fenômeno de escritura. De fato, como no caso de toda escritura, trata-se sempre de "reescritura". Em cada época de sua história, a teologia se atribui a tarefa de tornar mais inteligível e mais falante a linguagem já constituída da revelação. Essa linguagem é privilegiada e normativa para toda a fé da Igreja. Mas não podemos contentar-nos com repeti-la passivamente. Ela deve ser, sem cessar, reatualizada de maneira viva, em função de situação histórica nova e em diálogo com os recursos inéditos de dada cultura. A teologia é, pois, "reescritura" a partir de escrituras anteriores, não somente da Escritura-fonte dos dois testamentos, mas também das novas escrituras suscitadas por ela ao longo da vida da Igreja.[43]

A Escritura Sagrada, por ser um livro que narra a experiência de fé de um povo e, ao mesmo tempo, ser estímulo e suscitar fé a outras pessoas e povos, deve ser, constantemente, lida e relida buscando maior objetividade ao texto. Objetividade que não se encerra nas palavras escritas do texto, mas deve navegar rumo às potencialidades desconhecidas e que possibilitaram a sua elaboração. Essas descobertas suscitarão diretrizes novas para a comunidade de fé que hoje lê o texto, percebido como sagrado. Este novo contexto da comunidade de fé estimulará, por sua vez, maneiras diferentes de se aproximar do texto, tornando-o vivo e eficaz para a vida da comunidade. Aí se completa o círculo hermenêutico entre Escritura–Comunidade–Teologia. A teologia, para ser "um discurso sobre uma linguagem que fala humanamente de Deus,"[44] deve estar intimamente ligada a uma comunidade de fé para poder suscitar *reescrituras* a partir da escritura-fonte e da tradição da Igreja. Assim, "esta dialética do texto e do leitor fornece progressivamente o justo horizonte que vai me permitir atingir a verdade da qual o texto é portador".[45]

---

[41]   Ver, de maneira especial, a constituição pastoral *Gaudium et Spes*. Para o diálogo com as outras tradições religiosas, ver os decretos *Unitatis Redintegratio* e *Orientalium Ecclesiarum*, e as declarações *Dignitatis Humanae* e *Nostra Aetate*.

[42]   GEFFRÉ, *Como fazer teologia hoje*, p. 23.

[43]   GEFFRÉ, *Como fazer teologia hoje*, p. 65.

[44]   GEFFRÉ, *Croire et interpréter*, p. 14.

[45]   GEFFRÉ, *Croire et interpréter*, p. 21.

O hermeneuta deve estar consciente de que *interpreta* uma interpretação e que "esta interpretação nos reenvia a uma experiência que ela mesma é uma experiência interpretante do acontecimento que a suscitou".[46] O texto bíblico apresenta, por exemplo, uma multiplicidade de testemunhos sobre o modo de viver de Jesus Cristo que serviram de luz para a comunidade primitiva depois do acontecimento pascal. Geffré insiste na *hermenêutica textual* que possibilita ao teólogo um distanciamento "tanto em relação aos preconceitos ou ilusões positivas de uma objetividade textual como em relação à ilusão romântica de uma congenialidade entre o leitor de hoje e o autor de um texto do passado".[47] Entretanto, resgata Schleiermacher e diz ser possível conhecer um texto melhor do que seu próprio autor o teria compreendido.

Outra conseqüência desse modelo teológico, afirma Geffré, será a releitura da tradição. O conflito entre teólogos e magistério traduz uma "oposição entre a leitura histórica e a leitura dogmática da Escritura".[48] Esta última, a teologia dogmática, apresenta "as verdades de fé de maneira autoritária, como garantidas unicamente pela *autoridade* do magistério ou da Bíblia, sem nenhuma preocupação com a verificação crítica concernente à verdade testemunhada pela Igreja".[49] É fechada em sua certeza de que, mais do que ter compreendido a revelação, ela era o próprio *depósito da revelação* viva para a humanidade, e qualquer interpretação da revelação não aprovada por ela não seria digna de ser dita e acreditada. A teologia hermenêutica, ao contrário, é aberta ao *risco de interpretação*, tanto da Escritura quanto da Tradição. E uma de suas tarefas é "discernir a experiência histórica subjacente a certas formulações teológicas e que foram mais tarde consagradas por definições dogmáticas".[50] Questionar as condições de produção do texto e seu discernimento histórico é papel da hermenêutica.

Uma leitura que busque a reinterpretação da tradição ou de um enunciado dogmático pode conduzir a reformulações. Para Geffré, essas releituras interpretativas são fundamentais para a atualização constante do dogma, pois o que foi assumido no passado tem hoje outro significado semântico. Essa *mudança de*

---

[46] GEFFRÉ, *Croire et interpréter*, p. 26.

[47] GEFFRÉ, *Croire et interpréter*, p. 23.

[48] GEFFRÉ, *Croire et interpréter*, p. 27.

[49] GEFFRÉ, *Como fazer teologia hoje*, p. 63.

[50] GEFFRÉ, *Croire et interpréter*, p. 28. "Nem a autoridade do magistério papal nem o apelo à tradição podem tornar supérflua a atividade hermenêutica, cuja tarefa é defender o sentido razoável do texto contra toda imposição." Cf. GADAMER, *Verdade e método*, p. 417.

formulação não é por bel-prazer do teólogo, mas para "ser fiel à visão permanente de uma afirmação de fé".[51] Não é uma adaptação atualizada de uma afirmação da tradição, mas sim para "re-situar" e "re-interpretar" a verdade de fé.

Daqui se origina uma terceira conseqüência, que é a articulação entre a Escritura e o dogma. A Escritura não pode simplesmente servir para justificar os ensinamentos dogmáticos do magistério, nem os dogmas serem maneiras fechadas de manifestar a percepção da revelação cristã. Deve-se, portanto, ultrapassar uma teologia positiva, que se limitava a registrar os documentos do passado, bem como uma teologia especulativa, que se entregava ao trabalho de mera construção teórica das verdades da fé. A teologia hermenêutica se propõe a uma "leitura atual da Escritura que nos conduz a uma re-interpretação dos enunciados dogmáticos, levando em conta a situação de questão e de resposta que foi ocasião de sua formulação".[52] Os textos da Escritura e dos dogmas têm de ser lidos no contexto de sua produção histórica, percebendo que um sustenta o outro.

Por fim, temos a quarta conseqüência, que é a emergência de um novo lugar para fazer teologia, *a prática cristã*.[53] A teologia, enquanto saber teórico, se constitui por ser a reflexão sobre a prática da fé. E mais, não existe teologia cristã sem prática eclesial de fé. Esta, suscitada pelo Espírito de Deus, convida o teólogo a captar, com mais profundidade, a revelação de Deus manifesta na livre atuação da comunidade de fé, pois "a liberdade humana é a porta para a novidade da intervenção divina no mundo".[54] Deus continua a agir em sua criação e a forma privilegiada de fazer essa atuação é a liberdade humana. Daí a exigência para o teólogo de perceber, nos vários exercícios da liberdade humana, de modo especial, na atuação comunitária da fé, a presença revelada de Deus. À luz dessa nova realidade, o teólogo é convidado a reinterpretar a palavra de Deus e atualizá-la, proporcionando que ela fale algo significativo para a comunidade de fé. Este novo lugar de se fazer teologia irá produzir também, em contrapartida, um pluralismo de teologias, pois as realidades culturais são variadas, bem como suas interpretações. Isto, mais do que risco

---

[51] GEFFRÉ, *Croire et interpréter*, p. 49.

[52] GEFFRÉ, *Como fazer teologia hoje*, p. 25.

[53] GEFFRÉ, *Como fazer teologia hoje*, p. 28. Na construção da teologia latino-americana o "primado da práxis" tem seu lugar assegurado. Cf. BOFF, Clodovis. *Teologia e prática*: teologia do político e suas mediações. 2. ed. Petrópolis: Vozes, 1982. Em especial a terceira seção, pp. 273-289.

[54] TORRES QUEIRUGA, *Recuperar a criação*: por uma religião humanizadora. São Paulo: Paulus, 1999. p. 135.

de identidade, leva a uma nova percepção da identidade, a identidade como estando sempre em construção.[55]

Este novo lugar (prática) irá propiciar que constantemente se faça hermenêutica (teoria) do texto sagrado, possibilitando que a comunidade o compreenda com sentido. Ao fazer isso, irá dar outra disposição para o agir, provocando, assim, uma nova prática eclesial. Para Geffré, a hermenêutica teológica, mais do que a hermenêutica filosófica, não procura ser unicamente uma hermenêutica do sentido, ou seja, somente interpretação dos textos. Ela se preocupa com transformar o agir dos homens e das mulheres. Ele compreende a *razão prática* não no sentido kantiano, como obrigação moral, mas "no sentido da prudência aristotélica (*a phronésis*), ou, ainda, do julgamento prático ao sentido de Paul Ricoeur, isto é, aquilo que está no ponto de encontro entre a liberdade individual e das instituições".[56] A hermenêutica dos sentidos ou dos textos conduz a uma nova prática eclesial, social e política, pois propicia um *certo fazer*. Para ele, a Teologia da Libertação é um bom exemplo de hermenêutica prática. Nela há uma reinterpretação da salvação cristã a partir da situação de opressão, e a mensagem dos textos bíblicos é interpretada a partir desse contexto. O lugar teológico de fazer hermenêutica, para a teologia da libertação, é a história compreendida como história dos oprimidos e dos empobrecidos. "A prática é uma matriz de sentido. Ela é, no fundo, um lugar teológico"[57] e propicia sempre novas interpretações.

Qual a tarefa da teologia e do hermeneuta neste novo horizonte teológico?

---

[55] Paul Ricoeur tem grande contribuição a dar a esse tema da identidade em seu livro *O si mesmo como um outro*. Papirus: Campinas, 1991. Ele inicia a sua reflexão diferenciando a identidade *idem* da *ipse* e acaba por consolidar a sua articulação dialética. Esclarece que a identidade *idem* caracteriza a idéia de "o mesmo", tratada como "mesmidade" (latim: *idem*), e refere-se à noção de identidade como "permanência no tempo", fixa. Pode-se afirmar que diz respeito à tradição. A identidade *ipse* caracteriza a idéia de "o próprio", tratada como "ipseidade" (latim: *ipse*) e refere-se à noção de identidade como processo de construção, portanto, nunca acabada e nunca estática, mas em construção. Ver a articulação deste tema com o diálogo inter-religioso em: PANASIEWICZ, Roberlei. *Diálogo e revelação*: rumo ao encontro inter-religioso. Belo Horizonte: Face-Fumec/Com Arte, 1999. pp. 152-155.

[56] GEFFRÉ, *Croire et interpréter*, p. 31.

[57] GEFFRÉ, *Croire et interpréter*, p. 32. A Teologia da Libertação tem por mística a percepção de que Deus sofre no rosto do empobrecido e está gritando por libertação. Para reparar tal opressão, ela dá atenção especial à prática, entretanto não à prática isolada, mas inserida num método. Este possui três mediações: mediação socioanalítica (ver), mediação hermenêutica (julgar) e mediação prático-pastoral ou dialética teoria-práxis (agir). Para aprofundamento: BOFF, Clodovis. *Teologia e prática*: teologia do político e suas mediações. Petrópolis: Vozes, 1982. 407p.; BOFF, Leonardo; BOFF, Clodovis. *Da libertação*: o teológico das libertações socioistóricas. Petrópolis: Vozes, 1982. 114p.; releituras a partir dos trinta anos de teologia na América latina: SUSIN, Luiz Carlos (Org.). *O mar se abriu*. São Paulo: Loyola/Soter, 2000. 294p.

3.2.2. A tarefa da teologia e do teólogo

A participação da hermenêutica no interior da reflexão teológica irá contribuir para alterar substancialmente a maneira de ler e compreender as Escrituras e a Tradição. O *depósito da fé*, ponto de partida da atividade teológica clássica, não sendo mais percebido como fixo, fechado e guardado pela autoridade do magistério, abre-se para a interpretação histórica e lingüística. Num horizonte de fé, essa nova abordagem epistemológica irá contribuir para novas descobertas do mistério *tremendum* e *fascinans* que atravessa a experiência transcendental. Sem perder a originalidade do texto escrito, haverá um estímulo à criatividade de quem o interpreta.

A teologia terá uma função tremendamente nova e atual para os que assumirem esse novo horizonte hermenêutico. Segundo Geffré, ela não terá mais as características de sua atuação tradicional. Não será mais um "prolongamento do magistério", tarefa entendida como "transmitir e explicar o ensinamento do magistério, elaborando-o e justificando-o cientificamente".[58] Esta visava a uma atitude de defesa e de legitimação do magistério junto aos seus fiéis. Também não irá se considerar a "tematização da vivência de uma comunidade particular ou mesmo de uma Igreja local,"[59] pois esta tende a se tornar lei universal sem nenhum diálogo com as interpretações de outras comunidades eclesiais, também dignas de consideração. Por fim, a teologia, "entendida como tradução da doutrina oficial da Igreja numa linguagem mais adaptada,"[60] irá somente facilitar a compreensão, por parte dos fiéis, e mesmo dos clérigos, dos ensinamentos do magistério e não suscitará nada de novo.

Geffré acredita que a teologia não tem a vocação de guardiã, nem de tradutora da linguagem dogmática da Igreja institucional. Ele prefere conceber a teologia como "reinterpretação criativa da mensagem cristã".[61] Assim, teologia e teólogo estão juntos nesta atividade criativa de interpretar a mensagem cristã. O ministério do teólogo consiste "em refletir sobre a fé para dar-lhe elaboração científica, usando, para isso, os instrumentos críticos da história, da filosofia e das ciências humanas em função dos novos questionamentos apresentados pela situação histórica da Igreja e do mundo".[62]

---

[58] GEFFRÉ, *Como fazer teologia hoje*, p. 90.

[59] GEFFRÉ, *Como fazer teologia hoje*, p. 91.

[60] GEFFRÉ, *Como fazer teologia hoje*, p. 91.

[61] GEFFRÉ, *Como fazer teologia hoje*, p. 92.

[62] GEFFRÉ, *Como fazer teologia hoje*, p. 89.

Se a tarefa da teologia é ser criativa ou criadora, a missão do teólogo é ser hermeneuta.[63] Ele deve se apropriar dos instrumentos necessários para fazer uma leitura dos textos sagrados coerente com a verdade das narrativas testemunhadas nas palavras escritas e, ao mesmo tempo, estar atento à realidade a qual esta mensagem se dirige, a fim de que produza efeito *maiêutico*, ou seja, possibilite à comunidade, que reflete sobre os escritos, *dar à luz* novas perspectivas, direcionamentos e um encantamento novo com a vida. O hermeneuta não é só aquele que interpreta as Escrituras, aliás, ele não pode simplesmente interpretar um texto sagrado. Ele tem de propiciar que esse texto toque a vida e a existência de toda pessoa e comunidade que reflete sobre a palavra de Deus. Esse encantamento, necessariamente, tem de ser direcionado à felicidade, pois não há outra razão de ser para a vida do ser humano. A Escritura, ao narrar a história de fé de um povo e a crença explícita na pessoa de Jesus Cristo, como sendo o Verbo de Deus encarnado, não tem outro objetivo a não ser o de mostrar que a felicidade é possível e que deve começar a ser construída desde já. A dimensão escatológica da fé cristã não pode roubar o sentido histórico da felicidade humana. O Reino de Deus, pregado por Jesus Cristo, é a sua efetivação nestes dois horizontes histórico e escatológico: *já* e *ainda não*. Um sentido complementa o outro e não o anula.

É nessa perspectiva que se pode entender a expressão *fidelidade criativa ou criadora do teólogo* que Geffré utiliza. É essa fidelidade criativa que faz com que a teologia seja sempre "*produção* de linguagem inédita".[64] E, ao mesmo tempo, ligada à transformação na vida dos cristãos e das sociedades que compõem. Este é o sentido de *razão prática*. Rumo à felicidade, pessoal e coletiva, é que se deve direcionar todo ato hermenêutico. Essa é a grande vocação do teólogo.

A teologia não pode ser simples repetição do passado, nem ficar presa à tradição. A teologia é Tradição, não como passado estratificado, mas como passado que se atualiza em cada leitura vivificante da comunidade de fé. Geffré aponta três sentidos para a tradição. Um, retomando Paul Ricoeur, denota o sentido de tradicionalidade, enquanto processo mesmo de transmissão — a tensão entre a eficiência do passado, que nos afeta, e a recepção ativa do passado,

---

[63] Para uma compreensão sobre a cientificidade da Teologia e da Ciência da Religião, ver: TEIXEIRA, Faustino (Org.). *A(s) ciência(s) da religião no Brasil*: afirmação de uma área acadêmica. São Paulo: Paulinas, 2001. 346p.

[64] GEFFRÉ, *Como fazer teologia hoje*, p. 102.

do qual somos testemunhas. Outro, enquanto conteúdo mesmo daquilo que é transmitido, tradições que são transmitidas. Por fim, enquanto pretensão à verdade. É nesta articulação entre transmissão do passado, conteúdo propriamente dito e leitura ativa no presente que se encontra o teólogo. Assim,

> fidelidade ao passado é, necessariamente, fidelidade criadora, e o que é verdade em toda uma tradição é tanto mais verdade na tradição cristã, na medida em que o que é transmitido não é um texto do passado, nem simplesmente um evento no passado, mas um evento que não se repete, um evento atual, a saber, o evento (*ephapax*) da Ressurreição de Cristo.[65]

O teólogo é aquele que, ao compreender os evangelhos como *narração interpretativa* da primeira comunidade cristã do evento Jesus Cristo, ao perceber a tradição como retomada criadora da mensagem original e ao sentir a busca da comunidade atual, "arrisca uma reinterpretação da linguagem da fé".[66] Entretanto, Geffré alerta para o risco que apresenta a expressão "a tarefa do teólogo consiste em renovar a linguagem da fé", pois é ambígua. Pode levar a um rejuvenescimento ou mudança de linguagem gasta. "O problema não é só de tradução, adaptação ou acréscimos novos em relação a um núcleo doutrinal, que permaneceria imutável."[67] E afirma:

> Crer que se podem traduzir numa linguagem nova verdades tradicionais, sem proceder a uma reinterpretação dessas verdades, é permanecer numa concepção insuficiente da verdade e da linguagem. De um lado, é esquecer a historicidade radical de toda verdade, mesmo quando se trata de verdade revelada. Do outro, é permanecer numa concepção instrumental da linguagem como se ela fosse apenas o instrumento neutro do pensamento todo-poderoso e imutável e como se a invariância do sentido estivesse sempre garantida, fossem quais fossem suas expressões verbais.[68]

É a desafiante articulação entre linguagem e interpretação. De modo particular, com relação ao dogma, Geffré irá apresentar uma compreensão mais ampla da questão. "A simples reinterpretação da resposta num contexto novo como o nosso não é suficiente. Não devemos afastar a eventualidade de reformulação do dogma."[69] A repetição de uma fórmula tão aceita no

---

[65] GEFFRÉ, *Croire et interpréter*, p. 40.

[66] GEFFRÉ, *Como fazer teologia hoje*, p. 92.

[67] GEFFRÉ, *Como fazer teologia hoje*, p. 91.

[68] GEFFRÉ, *Como fazer teologia hoje*, p. 92.

[69] GEFFRÉ, *Como fazer teologia hoje*, p. 94 e *Croire et interpréter*, p. 49.

passado pode, hoje, acarretar tensões e atritos. Por isso, Geffré não recusa a possibilidade de ter que reinterpretar o dogma como maneira de continuar fiel à afirmação de fé. É um trabalho delicado, mas fundamental, se houver a intenção de que as fórmulas dogmáticas expressem algo significante aos homens e mulheres da atualidade.

Geffré entende o grau de dificuldade e apresenta como *prudência da Igreja Católica* as restrições que ela traz à reformulação dos dogmas, pois "a linguagem é o lugar mesmo do sentido e, quando mudamos a linguagem, mudamos o sentido".[70] A mudança na formulação do dogma ou em algumas expressões próprias da Idade Média pode fazer com que deixe de afirmar o que expressava no passado. Por exemplo, a afirmação dogmática da *consubstanciação* e da *transubstanciação*, que foi motivo de desavenças no passado e acusações de heresias, pode, ao tentar ser reformulada, para efeito de *inculturação*, não mais guardar o sentido próprio da afirmação de fé. Por isso, uma das resistências da Igreja Católica às mudanças. Por outro lado, com a intenção de guardar o mesmo sentido do passado, de quando o dogma foi formulado, corre-se o risco de não dizer nada de relevante na atualidade. Geffré acredita ser possível "guardar a unidade da fé numa diversidade de expressões, quer dizer, não somente um pluralismo teológico, mas um pluralismo de confissões de fé no interior de uma única Igreja de Cristo, para além das separações históricas [...]".[71] E mais, que "a história da tradição nos atesta, contudo, que divergências na expressão podem salvaguardar a unanimidade da fé".[72] Uma expressão lingüística não carrega a totalidade do sentido, entretanto, contribui para construí-lo.

Aqui está, de forma explícita, a tarefa dos teólogos e da teologia: estimular as várias interpretações da Escritura e da Tradição numa perspectiva de atualização constante, pois só assim elas poderão também cumprir sua função de continuar sendo o *depósito da fé*. Se esse depósito não revelar e não possibilitar novas apreensões de Deus, por parte da comunidade crente, não tem sentido ser guardado, a não ser como peça histórica ou obra de arte que está para ser admirada.

Entretanto, pode uma linguagem teológica não metafísica falar de Deus?

---

[70] GEFFRÉ, *Croire et interpréter*, p. 50.

[71] GEFFRÉ, *Croire et interpréter*, p. 50. Essa perspectiva será abordada na segunda parte deste trabalho, quando será enfocada a "teologia das religiões".

[72] GEFFRÉ, *Como fazer teologia hoje*, p. 94.

3.3. Da teologia hermenêutica à teologia das religiões

3.3.1. O caráter não metafísico da teologia

A temática da metafísica tem voltado a ocupar o espaço e o tempo nas reflexões filosóficas e teológicas da atualidade. Depois de ter passado séculos (Idade Média e parte da Idade Moderna) fundamentando o pensamento teológico e legitimando uma reflexão *justa* sobre Deus, a metafísica chega à época moderna não somente criticada, mas também desacreditada. Geffré faz uma reflexão pontual mostrando o "sentido e não-sentido de uma teologia não metafísica".[73] Se, por um lado, o fim da metafísica clássica trouxe a idéia de desmoronamento do pensamento teológico alicerçado em tal base, por outro, foi a possibilidade de a teologia se libertar para uma reflexão alicerçada na história. Pode-se perguntar, com toda a razão, se a crítica à reflexão teológica feita na modernidade, inclusive com a culminância nas expressões *"Deus morreu!"* e *"Deus não existe!"*, não se trata mais de conseqüências da linguagem metafísica clássica do que fruto da ausência da experiência do transcendente. Podemos afirmar com Geffré que o que houve na modernidade foi uma "crise da linguagem sobre Deus".[74]

O fenômeno da secularização,[75] que significou a crise do sentido do sagrado no mundo moderno, golpeou de forma radical a teologia dogmática e irá provocar um novo posicionamento da reflexão teológica, de uma estrutura dedutiva, na qual a Igreja definia teoricamente os princípios e, a partir deles, indicava a maneira correta de agir, tornando o ser humano manipulável e submetido a essas leis, ou seja, objeto da história, para uma estrutura, a princípio, indutiva, na qual a reflexão emergia a partir do particular e da prática para então chegar aos princípios gerais. Assim, o ser humano começa a configurar-se sujeito da história. Neste novo horizonte, as fórmulas dogmáticas irão responder negativamente não só a este novo humano que começa a irromper, mas também irão provocar insatisfação aos próprios membros da Igreja

---

[73] Ele publica um artigo na revista *Concilium,* v. 76, n. 6, pp. 783-792 e o mesmo fará parte de seu livro *Un nouvel âge de la théologie,* pp. 67-81, ambos publicados em 1972.

[74] GEFFRÉ, Claude. *Un nouvel âge de la théologie.* Paris: Cerf, 1972a. p. 68.

[75] Esse tema será desenvolvido na segunda parte.

Católica, sobretudo aos teólogos mais críticos. A teologia dogmática acaba por ficar reduzida à "teologia acadêmica, circunscrita ao gueto dos teólogos e das faculdades de teologia. Ela não ocupa mais seu ofício essencial na Igreja Católica: o serviço da proclamação da fé".[76] Assim, a teologia dogmática irá ocupar com dificuldades o papel de *mediadora* da graça divina, pois a tarefa de justificar e explicar os enunciados tradicionais da fé, com força na autoridade, será questionada. A pretensão que a teologia tinha de ser a *rainha das ciências*, própria de seu período anterior, por estar hierarquicamente organizada e possuir o seu método e sua linguagem, não será suficiente ante a nova concepção de ciência que está sendo gestada.

Geffré trabalha com a hipótese de que a teologia não possui uma linguagem unitária e que "o objeto material da teologia é muito diversificado e é inevitável que ela utilize diversas linguagens".[77] E pensa que é justamente no diálogo com a filosofia e com as ciências que ela poderá justificar seus procedimentos, seus métodos, suas linguagens e seus critérios:

> Prefere-se hoje renunciar a designar a teologia como uma ciência. Mas, a exemplo das ciências hermenêuticas, ela pode pretender legitimamente a um *statut scientifique* na medida em que ela tende de maneira metódica e crítica a um conhecimento ordenado do seu objeto. Entretanto, a fraqueza constitutiva do discurso teológico em relação ao ideal de uma sistematização conceptual perfeita tem, na própria natureza do seu objeto, um Deus que não está na região de ente, e o fato de que ele fale do homem em sua maior generalidade. Mas esta fraqueza faz a grandeza da teologia. Eu diria mesmo que ela justifica o lugar insubstituível da teologia no seio da universidade: é seu papel de manter a abertura de todos os saberes particulares.[78]

Se a teologia dogmática não possuía disposição estrutural para poder dialogar com as ciências na modernidade, a teologia hermenêutica, que foi construída neste novo horizonte, estará aberta e disposta ao diálogo. No entanto, será possível uma teologia não metafísica poder falar de Deus? Se Deus é transcendente e escapa ao empírico, só uma teologia metafísica é que dá conta dele? Essas são, portanto, perguntas pertinentes, pois pode-se cair em "puro modismo", isto é, aceitar as críticas vindas da modernidade para ser moderno, trocar a linguagem sobre o Transcendente e não conseguir

---

[76] GEFFRÉ, *Un nouvel âge de la théologie*, p. 45.

[77] GEFFRÉ, *Un nouvel âge de la théologie*, p. 46.

[78] GEFFRÉ, *Un nouvel âge de la théologie*, p. 47.

sustentar um discurso sobre Deus. Para querer facilitar um diálogo com as ciências, pode-se deixar de refletir e de falar sobre Deus. Assim, a teologia torna-se um discurso vazio, pois perde o seu sentido, e seu objeto de estudo fica esvaziado. Por isso, saber se uma linguagem não metafísica pode falar de Deus é de essencial importância para a reflexão teológica.

Primeiramente é preciso distinguir os termos. Teologia não é sinônimo de metafísica. A teologia é a maneira que a linguagem humana encontrou para falar de Deus e a teologia metafísica é uma particularização dessa linguagem. A grande perspectiva dessa teologia metafísica é a "explicação da revelação a partir de Deus concebido como fundamento absoluto do existente".[79] Para Geffré, essa teologia metafísica cai em uma "redução rigorosa dos atributos bíblicos de Deus, sobretudo quando expressos sob forma verbal, à atualidade pura do Ser". E, ainda, "a convertibilidade de Deus com o Ser absoluto torna-se o critério último da validade da linguagem sobre Deus".[80] Dessa forma, fica difícil conceber a revelação de Deus na história, pois ele fica muito distante da realidade concreta. As metáforas e a simbologia bíblica passam, em grande parte, despercebidas. A história da criação e a da encarnação serão lidas à luz deste Ser absoluto que faz e rege todas as coisas e acaba por "não mostrar suficientemente a nova inteligência da transcendência de Deus como Amor que a História da salvação nos proporciona".[81]

Mas como entender que, na época moderna, o ser humano possa ter "matado" este Ser absoluto? A resposta está em perceber que "a essência oculta da metafísica tradicional é a onto-teo-logia, isto é, a explicação do ente por seu ser e do ser por um ente supremo".[82] Se o ente supremo explicava todas as razões de ser do ente enquanto ser humano, na época moderna este ser humano irá se colocar no lugar do ente supremo, e, através do uso de sua razão, buscará explicar todas as coisas e, conseqüentemente, irá matar Deus (Nietzsche) e irá tornar-se o espírito de Deus (Hegel). Isto pôde ocorrer porque, "desde o início, Deus foi concebido como um Ente do qual o homem pode se assenhorear representando-o".[83] Na época moderna, mais do que

---

[79] GEFFRÉ, Claude. Sentido e não-sentido de uma teologia não-metafísica. *Concilium*, Petrópolis, v. 76, n. 6, jun. 1972b, p. 788.

[80] GEFFRÉ, Sentido e não-sentido de uma teologia não-metafísica, p. 788.

[81] GEFFRÉ, Sentido e não-sentido de uma teologia não-metafísica, p. 788.

[82] GEFFRÉ, Sentido e não-sentido de uma teologia não-metafísica, p. 786.

[83] GEFFRÉ, Sentido e não-sentido de uma teologia não-metafísica, p. 786.

representá-lo, o ser humano acaba por ocupar o lugar desse Ente supremo. E, assim, buscará substituí-lo. Esse movimento já está presente, de certa forma, no interior do pensamento metafísico quando quer explicar todo o real a partir da fundamentação no Ente Supremo. Toda afirmação radical traz consigo, inerente a seu processo, a possibilidade de sua negação.

Essa crise da metafísica na modernidade é percebida por Geffré como um novo momento da teologia cristã, em que deverá manter-se distinto o teológico como reflexão propriamente de Deus e o estritamente ontológico. A reflexão teológica deve explicitar o objeto mesmo da teologia metafísica, a saber, a explicação da revelação a partir de Deus concebido como fundamento absoluto do existente, buscando, para tanto, uma nova linguagem. Nesse sentido é que será construída uma nova linguagem, a linguagem da teologia hermenêutica, pois nem toda reflexão teológica conseguirá dar este salto positivo ao fazer uso da linguagem. Geffré apresenta uma crítica à teologia moderna, de corte existencialista, por querer superar o objetivismo conceitual da teologia metafísica. Entretanto, acaba caindo em uma orientação antropológica. A reflexão que propõe para a teologia hermenêutica é que seja não metafísica, mas que também não caia em um antropocentrismo das teologias existenciais modernas. Nessa perspectiva, Geffré afirma que

> a tarefa contínua da teologia como inteligência da fé será justamente a de elaborar uma nova linguagem que se apóie sempre nos conceitos fundamentais da revelação, mas que busque ultrapassá-los para tornar o conteúdo da fé mais inteligível em cada momento histórico.[84]

A crise da linguagem objetiva de Deus, própria do discurso metafísico, e o centramento em uma experiência subjetiva de Deus, própria da modernidade, irão colocar a teologia num impasse. Geffré irá ensaiar uma resposta dizendo que "o terceiro caminho seria o de uma teologia especulativa não objetivante que escapasse ao destino da metafísica tal como a compreende Heidegger". E, ainda, "a teologia não pode renunciar à sua ambição especulativa e sistemática, mas deve tomar a liberdade de dizer aquilo que na revelação lhe é confiado".[85] Em prol de uma lógica racional, a teologia cristã não pode renunciar a anunciar o que captou a partir da autocomunicação de Deus,

---

[84] GEFFRÉ, Sentido e não-sentido de uma teologia não-metafísica, p. 790.

[85] GEFFRÉ, Sentido e não-sentido de uma teologia não-metafísica, p. 791.

mas é óbvio que essa revelação não entra em contradição com a racionalidade humana. Ultrapassar não significa negar, nem contradizer. Assim, a revelação, mesmo ocorrendo na história, ultrapassa a linguagem da teologia especulativa, mas esta tem de fazer o possível para captar seu sentido. Em contrapartida, o saber histórico-crítico valoriza o acontecimento histórico, sem renunciar aos testemunhos da Escritura.

Ante a pergunta inicial sobre a possibilidade de uma teologia não metafísica poder ou não falar de Deus, a resposta, pelo que foi tratado, é extremamente positiva, pois a revelação, na perspectiva cristã, é um ato por excelência histórico. O ser humano é histórico, e Deus se faz humano em Jesus Cristo, para revelar a abrangência de seu amor. Portanto, uma linguagem que busque conhecer e aprofundar a dimensão divina que perpassa a historicidade de Jesus Cristo é profundamente teológica. A *teologia hermenêutica* busca esse conhecimento levando em consideração o dado histórico, a interpretação das testemunhas (oralidade e escrita), a leitura que a tradição fez e a leitura que se faz hoje a partir do contexto atual. Essa teologia irá compreender a revelação de Deus na história, levando em consideração a maneira humana de apreendê-la e interpretá-la. A teologia hermenêutica é uma forma particular de fazer teologia, que leva em consideração a perspicácia humana e, portanto, histórica de captar, interpretar e compreender o mistério divino.

E como entender a pluralidade religiosa dos dias atuais?

3.3.2. Pluralismo religioso, hermenêutica e teologia das religiões

A nova consciência da pluralidade religiosa que começou, institucional-mente, a fazer parte da vida eclesial, tendo seu marco referencial no Concílio Vaticano II,[86] teve várias leituras e reações. Essa nova consciência não veio, a princípio, com a teologia hermenêutica, mas esta irá possibilitar uma inter-pretação positiva desse fenômeno. Uma das primeiras tentativas de trabalhar a nova consciência da pluralidade religiosa de sistematizar o problema da teologia das religiões, segundo Gibellini, foi elaborada por Heinz Robert Schlette no ensaio *As religiões como tema da teologia*, em 1963. Schlette afirmava estar "diante de um terreno dogmaticamente novo, comparável às zonas em branco

---

[86] De maneira especial, ver a declaração *Nostra Aetate*, sobre as relações da Igreja Católica com as religiões não cristãs, e o decreto *Ad Gentes*, sobre a atividade missionária da Igreja. Diz a *Nostra Aetate*: "Por meio de religiões diversas procuram os homens uma resposta aos profundos enigmas para a condição humana" (n. 1).

dos antigos Atlas".[87] Gibellini sugere que "o tema próprio da teologia das religiões não é, pois, a possibilidade da salvação para cada pessoa que, embora não professando a fé cristã, vive uma vida honesta e moral, e sim o significado humano e o valor salvífico das religiões enquanto religiões".[88]

Nestas últimas décadas, a teologia das religiões tem suscitado a atenção de vários teólogos e cientistas da religião que buscam sua maior compreensão. Para Teixeira, por exemplo, "a teologia das religiões constitui um campo novo de estudo, e seu estatuto epistemológico vai sendo definido progressivamente".[89] E sinaliza alguns fatores que contribuíram para sua emergência, como, por exemplo, a relação de proximidade inédita do cristianismo com as outras religiões, favorecida pelo avanço das comunicações nos últimos tempos; o crescente dinamismo de certas tradições religiosas e seu poder de atração e inspiração no Ocidente; a nova consciência e sensibilidade em face dos valores espirituais e humanos das outras tradições religiosas e a abertura de novos canais de conhecimento sobre elas; uma nova compreensão da atividade missionária da Igreja Católica.[90] Dupuis entende a teologia das religiões como "parte integrante do discurso teológico da Igreja,"[91] pois ela se pergunta sobre "o que é religião e tenta interpretar, à luz da fé cristã, a experiência religiosa universal da humanidade".[92] Bürkle propõe definir como se tratando de um "estudo sistemático das religiões não-cristãs que visa relacionar seus conteúdos essenciais à verdade revelada no cristianismo".[93] A teologia da religiões vem-se demarcando como o estudo sobre a pluralidade religiosa a partir da reflexão teológica cristã.

Nessa busca de maior consciência sobre as religiões, Geffré defende uma tese de fundamental importância, de maneira particular, para a consciência

---

[87] SCHLETTE, Heinz. R. *Le religioni come tema della teologia*, p. 19 apud GIBELLINI, *A teologia do século XX*, p. 508.

[88] GIBELLINI, *A teologia do século XX*, p. 508.

[89] TEIXEIRA, Faustino. *Teologia das religiões*: uma visão panorâmica. São Paulo: Paulinas, 1985. p. 11.

[90] TEIXEIRA, *Teologia das religiões*, p. 11.

[91] DUPUIS, Jacques. *Rumo a uma teologia cristã do pluralismo religioso*. São Paulo: Paulinas, 1999. p. 17. E continua: "Enquanto as ciências da religião observam, avaliam e comparam os fenômenos religiosos exteriormente, com o distanciamento objetivo reivindicado pela ciência positiva, a teologia das religiões principia e continua em todas as fases, dentro de uma perspectiva de fé, com os pressupostos que esta implica" (p. 17). Ele inicia esse livro apresentando vários termos próprios da "teologia do pluralismo religioso" e aponta também obras que trabalham essa problemática. Cf. p. 25, nota 35.

[92] DUPUIS, *Rumo a uma teologia cristã do pluralismo religioso*, p. 21.

[93] BÜRKLE, Heinz. Teologia das religiões. In: LACOSTE, Jean-Yves. (Dir.). *Dicionário crítico de teologia*. São Paulo: Paulinas/Loyola, 2004. p. 1514.

teológica cristã. Irá afirmar que o pluralismo religioso é um novo *paradigma teológico*, por isso merece atenção especial. Ante a descrença religiosa e, mais que isso, ante a indiferença religiosa que marcou a época moderna, agora há um "retorno do religioso e a vitalidade das grandes religiões não-cristãs".[94]

Para Geffré, a "coexistência [do cristianismo] com as grandes tradições religiosas é uma questão quase mais temível que a questão do ateísmo e da indiferença religiosa".[95] Esse *mais temível* deve ser entendido numa perspectiva profética, pois irá provocar novas construções da fé cristã. Ante o ateísmo e a indiferença religiosa provocados pela ciência moderna na qual se localizava o "inimigo" da fé cristã, tem-se agora um "inimigo" disseminado em várias dimensões e, ainda, falando também de Deus e trazendo consigo uma experiência mística. Aqui não é possível recorrer somente à apologia; é preciso mais. O "inimigo" questiona a singularidade do referencial da fé cristã marcado pela pessoa de Jesus Cristo. Portanto, é preciso perguntar se é realmente "inimigo" a palavra que cabe a este interlocutor da fé cristã, que traz consigo uma experiência do transcendente às vezes similar, às vezes oposta à experiência cristã. É neste horizonte que a palavra *diálogo* começa a se destacar como uma nova exigência para a reflexão teológica que queira pensar a revelação de Deus presente na história e que a encarnação de Jesus Cristo, na perspectiva cristã, testemunhou de maneira constitutiva. É importante perceber como profundamente legítimo e vivificador o questionamento que as tradições religiosas fazem à fé cristã com relação a também poder ocupar um "lugar junto ao sol" que brilha para todos.

Os documentos do Concílio Vaticano II demonstram de maneira relevante a mudança ocorrida na forma como a Igreja Católica irá olhar as outras denominações e tradições religiosas. A declaração *Nostra Aetate*, sobre a relação da Igreja Católica com as tradições religiosas, tem um alcance, sobretudo na dimensão ética, considerável, em relação a documentos anteriores. Entretanto, "é ainda tímido do ponto de vista teológico".[96] Esse novo olhar da Igreja Católica foi favorecido pelo pluralismo religioso existente *de fato*. Por isso Geffré o coloca como uma nova questão para a reflexão teológica.

---

[94] GEFFRÉ, *Croire et interpréter*, p. 92. Essa temática será abordada a seguir.

[95] GEFFRÉ, *Croire et interpréter*, p. 92.

[96] GEFFRÉ, *Croire et interpréter*, p. 92.

O pluralismo religioso, por si mesmo, desinstala a Igreja Católica de sua posição tradicional e de sua certeza absoluta ante a concepção de revelação e de salvação advindas, sobretudo, da teologia dogmática. Se o ecumenismo, entendido até então como a busca do diálogo entre as tradições religiosas cristãs, "quebrou um certo absolutismo católico,"[97] esse novo paradigma teológico não só irá reforçar essa quebra de absolutismo, como também estimulará que a reflexão teológica caminhe rumo ao diálogo entre as tradições religiosas.

Geffré demonstra que essa consciência do pluralismo religioso será um convite "a reinterpretar a unicidade do cristianismo como religião de salvação entre as religiões do mundo".[98] E irá desenvolver uma reflexão pontual, que é a passagem de um *pluralismo religioso de fato*, como sendo a própria diversidade religiosa existente, para um *pluralismo religioso de princípio*,[99] como estando no próprio desígnio de Deus. E percebe como sendo esta uma nova questão que a teologia hermenêutica terá de afrontar, incentivando uma teologia das religiões aberta ao encontro das religiões. Esse pluralismo não significa *cegueira* da humanidade, mas "pode ser considerado como um destino histórico permitido por Deus cuja significação última nos escapa".[100] Para ele, a tarefa da teologia das religiões é

> procurar pensar a pluralidade insuperável das vias a Deus sem comprometer, sem queimar o privilégio único de religião cristã. Trata-se, em particular, de conciliar a afirmação fundamental da vontade universal de salvação de Deus com os textos do Novo Testamento, que atestam que não há salvação fora do conhecimento explícito de Jesus Cristo.[101]

Aqui está exposto um grande desafio para a teologia das religiões e somente uma teologia hermenêutica, que valorize a história e a liberdade humanas, conseguirá captar o sentido da diversidade religiosa sem colocar em risco o específico da identidade e da verdade das tradições religiosas. No caso específico do cristianismo, saberá compreender a singularidade da revelação acontecida em Jesus Cristo em uma perspectiva de abertura a outras

---

[97] GEFFRÉ, *Croire et interpréter*, p. 93.

[98] GEFFRÉ, *Croire et interpréter*, p. 94.

[99] Essa temática será desenvolvida na segunda parte deste trabalho no tópico sobre a "compreensão da teologia fundamental".

[100] GEFFRÉ, *Croire et interpréter*, p. 95.

[101] GEFFRÉ, *Croire et interpréter*, p. 97. Geffré prefere usar a expressão "teologia das religiões do mundo" a "teologia das religiões não-cristãs".

manifestações de Deus na história. Geffré defende que "a novidade da teologia moderna das religiões é interrogar-se sobre o *significado* das outras religiões não cristãs no desígnio de Deus".[102]

Aqui se concentra a tese deste trabalho de pesquisa: *a teologia das religiões que começa a emergir na reflexão teológica, fruto desta nova consciência da pluralidade religiosa, só pôde ser aberta ao diálogo, em Claude Geffré, por influência de sua teologia hermenêutica.* A contribuição de Claude Geffré é de grande valor tanto para a teologia hermenêutica quanto para a teologia das religiões. Essa teologia hermenêutica busca uma dinamicidade na maneira de interpretar um texto sagrado procurando compreender o texto em seu contexto e despertando o intérprete para que tenha consciência de que também lê o texto em um contexto particular. Ter clareza de que todo texto tem um contexto tanto em seu emergir como no momento de interpretá-lo é de fundamental importância para evitar leituras e práticas fundamentalistas. E mais, é compreender que a realidade, passada e presente, têm contextos históricos específicos. Fazer teologia hermenêutica, portanto, é testemunhar abertura ao *risco da interpretação.*

Entretanto, permanece a pergunta: de que maneira a teologia hermenêutica possibilitou uma teologia das religiões aberta ao Diálogo Inter-Religioso no interior da reflexão teológica de Claude Geffré?

---

[102] GEFFRÉ, *Croire et interpréter*, p. 99.

PARTE II

TEOLOGIA HERMENÊUTICA E TEOLOGIA DAS RELIGIÕES

Capítulo I

A compreensão da teologia fundamental: a questão do pluralismo de princípio

A teologia hermenêutica que Claude Geffré desenvolveu capacitou-o a ter uma compreensão inovadora do fenômeno do pluralismo religioso presente na sociedade atual. Sua reflexão propiciou uma ampliação na maneira de compreender a teologia das religiões. Concebe de forma nova o tema da secularização e do pluralismo religioso, percebido como pluralismo religioso de princípio ou de direito.

Assim, este capítulo discursará sobre o tema da secularização; a questão da mundialização e do pluralismo religioso; a partir daí emerge a compreensão do pluralismo religioso como um novo paradigma teológico; o significado e o sentido do pluralismo de princípio no universo da teologia das religiões; e, por fim, a exigência de um ecumenismo planetário.

1.1. Secularização: critério hermenêutico do dado cristão

A secularização foi instrumento motivador para a reflexão de muitos pensadores.[1] Geffré começa por designar a secularização como "o fenômeno

---

[1] Para aprofundamento dos sentidos na perspectiva dos vários autores, ver: MARTELLI, S. *A religião na sociedade pós-moderna*. São Paulo: Paulinas, 1995, especificamente o capítulo 3. Para o estudo sobre a teologia da

pelo qual as realidades do homem e do mundo tendem a se estabelecer numa autonomia cada vez maior, pondo de lado qualquer referência religiosa".[2] Seguindo as trilhas de P. Berger, pode-se pensar a secularização como a perda ou como o "fim do monopólio das tradições religiosas"[3], ou como perda da plausibilidade da religião, e as trilhas de G. Vattimo como sendo um processo de conservação, distorção e esvaziamento da religião.[4] Geffré entende que a secularização foi construída na modernidade e propõe uma espécie de etapas progressivas para que ela seja compreendida. A primeira etapa da secularização é a da *laicização*, que designa o processo de emancipação da sociedade moderna. A segunda etapa é a da *dessacralização*, momento em que o mundo e o humano perdem o seu valor sacral e readquirem valor mundano e natural. Por fim, a terceira etapa é a do *ateísmo*, que se refere ao processo de emancipação do homem e da mulher modernos em relação a Deus. Essas etapas apresentam uma negação crescente deste novo sujeito moderno. Primeiramente, nega-se a instituição Igreja (laicização), depois o simbólico sagrado (dessacralização) e, por fim, o próprio transcendente (ateísmo).

A secularização carrega consigo uma função ideológica que Geffré apresenta recuperando a teoria de Berger.[5] Este propõe um sentido objetivo e um sentido subjetivo para a secularização. No *sentido objetivo*, a secularização tanto representa a libertação da sociedade civil em relação ao domínio da autoridade eclesiástica quanto apresenta um retraimento das manifestações religiosas nos espaços culturais. A religião deixa de ser a única ou, pelo menos, a grande motivadora das construções culturais e, até mesmo, por exemplo, da estipulação dos feriados na elaboração dos calendários civis. Os saberes começam a se tornar independentes do poder religioso. A secularização

---

secularização, Geffré remete a vários estudos. Cf. GEFFRÉ, *Como fazer teologia hoje*. São Paulo: Paulinas, 1989, capítulo 11, nota 6. Este estudo tomará por base esse capítulo.

[2] GEFFRÉ, *Como fazer teologia hoje*. São Paulo: Paulinas, 1989. p. 236.

[3] BERGER, Peter. *O dossel sagrado*. São Paulo: Paulinas, 1985. p. 146. Em outro escrito, ressalta que: "Resumidamente, a tese básica dessa concepção, solidamente estabelecida na sociologia da religião como 'teoria da secularização', diz que a modernidade leva invariavelmente à secularização, no sentido de um dano irreparável na influência das instituições religiosas sobre a sociedade, bem como de uma perda de credibilidade da interpretação religiosa na consciência das pessoas. Assim nasce uma nova espécie histórica: 'o ser humano moderno' que acredita poder se virar muito bem sem religião tanto na vida privada como na existência em sociedade". Cf. BERGER, Peter; LUCKMANN, Thomas. *Modernidade, pluralismo e crise de sentido*: a orientação do homem moderno. Petrópolis: Vozes, 2004. p. 47.

[4] MARTELLI, Stefano. *A religião na sociedade pós-moderna*. São Paulo: Paulinas, 1995. p. 444.

[5] Trabalha com o texto, BERGER, P. *La religion dans la conscience moderne*. Paris: Centurion, 1971.

torna-se inseparável do pluralismo[6] que começa a se fazer presente. Objetiva e oficialmente, o pluralismo religioso é introduzido na reflexão da Igreja Católica somente no Concílio Vaticano II (1962-1964).[7] No *sentido subjetivo*, irá ocorrer uma secularização da consciência. Isso significa que se processará uma mudança não só no espaço cultural, mas também na estrutura interna da credibilidade dos sujeitos religiosos. O credo religioso, que era organizado pela autoridade religiosa tradicional, entra em conflito com o novo estado de consciência deste sujeito religioso moderno. Do paradigma clássico medieval, onde a *autoridade* eclesial determinava a maneira de agir, pensar e orar, para o paradigma moderno, onde a própria pessoa se torna *sujeito* do seu agir, pensar e orar. Neste último caso, quando fosse sujeito crente. A pessoa moderna passa a ser aquela que critica, que pesa os prós e os contras do que era proposto pelos antepassados, ou seja, o que a tradição impunha que se fizesse. Havendo sentido a partir da análise dessa nova consciência moderna, ela seguia os traços da tradição; do contrário, negava-os simplesmente. Portanto, moderno é todo aquele que passa a tradição pelo crivo da crítica.

Geffré argumenta apontando para as diferenças e divergências que podem ocorrer na análise feita sobre o fenômeno da secularização, entretanto "incontestável é a situação completamente nova criada para o homem moderno pela secularização".[8] Ela pode vir a se tornar "o critério hermenêutico da reinterpretação da mensagem cristã para hoje".[9] Isto será feito por teólogos como F. Gogarten, D. Bonhoeffer, H. Cox, através da teologia da secularização.[10] Esta será entendida, portanto, como a maneira cristã de reinterpretar seus dados de fé sob a luz das transformações propostas pela modernidade secularizada.

---

[6] M. Jayanth apresenta uma distinção entre pluralidade e pluralismo. Pluralidade é a variável externa, indica quantitativamente as diferenças que existem em uma sociedade e a origem das diferenças como religião, língua, etnia, casta e outras parecidas. O pluralismo é um coeficiente interno, refere-se a uma atitude específica que se desenvolve entre os grupos sociais em resposta ao fato da pluralidade. Cf. JAYANTH, M. De la pluralidad al pluralismo. *Selecciones de Teología*, Barcelona, n. 163, v. 41, 2002, p. 164.

[7] Os decretos e declarações que elucidam essa perspectiva são: os decretos *Unitatis Redintegratio* e *Orientalium Ecclesiarum*, sobre a prática do ecumenismo; o decreto *Ad Gentes*, sobre a atitude missionária; a declaração *Dignitatis Humanae*, que trata da liberdade religiosa, e a declaração *Nostra Aetate*, que trata da relação da Igreja Católica com as tradições religiosas não-cristãs.

[8] GEFFRÉ, *Como fazer teologia hoje*, p. 238.

[9] GEFFRÉ, *Como fazer teologia hoje*, p. 242.

[10] Ver: LIBANIO, J. B. *A religião no início do milênio*. São Paulo: Loyola, 2002. pp. 17-21, com excelente referência bibliográfica.

Gogarten, ao dialogar com a secularização e procurar fazer dela critério hermenêutico para a fé cristã, faz uma distinção entre secularização *legítima* e *ilegítima*. A primeira apresenta a distinção entre Deus e o mundo, resguardando as devidas competências. A segunda diz respeito ao humano moderno não se ver mais como criatura de Deus, brotando daí uma ideologia negativa e mesmo niilista; nega-se Deus para afirmar o humano e o mundo. Esta será chamada de *secularismo*. A secularização traz consigo, portanto, este *germe negativo* em sua estruturação.

Entendendo a secularização como dessacralização do mundo e como autonomia da razão humana, os teólogos da secularização percebem nesse fenômeno moderno "resultado do que se encontra em germe na revelação bíblica, a saber, a desdivinização do mundo por Deus".[11] Ou seja, "a revelação do Deus criador foi justamente ponto de partida de radical dessacralização do mundo antigo, que estava cheio de deuses".[12] A revelação do primeiro testamento foi o progressivo erigir do monoteísmo.

Assim, a originalidade da fé bíblica está em entregar o mundo à responsabilidade do ser humano e não em construir fórmulas para superar as deficiências ou responder aos questionamentos da vida. A teologia da secularização se desenvolve no horizonte moderno da distinção entre fé e religião. Distinção que será de fundamental importância para os teólogos dessa linha. A fé diz respeito à busca, à inquietação humana e ao comprometimento. É marcada pelo risco e pela insegurança, mas carrega consigo a certeza de que o ser humano está entregue a Deus. A religião é a busca da segurança, das respostas às angústias da vida, está entregue às construções que a mente humana produz. Por isso, toda e qualquer religião responde às três indagações da pessoa humana: De onde vim? Qual o sentido da vida? Para onde vou? Em outras palavras, a fé é a adesão do ser humano a Deus, é a credibilidade de que ele está sempre "segurando pela mão", ou, em última instância, que Deus virá em seu socorro. A religião é a institucionalização da experiência de fé, é a construção de estruturas que possibilitem ao ser humano certezas práticas dessa proteção e cuidado divinos. Por isso há criação de normas, rituais

---

[11] GEFFRÉ, *Como fazer teologia hoje*, p. 244.

[12] GEFFRÉ, *Como fazer teologia hoje*, p. 242. E acrescenta, citando A. Dumas, "o Deus de Israel não era nem o Deus da fecundidade, nem o Deus da imortalidade, nem o Deus da harmonia do universo, que são os lugares por excelência da manifestação do divino na história das religiões", p. 243.

e hierarquia.[13] Reflete, por sua vez, que o ser humano "é animal religioso",[14] busca o transcendente, mistério *tremendum* (medo) e *fascinans* (fascinação), que constantemente o seduz.

Na trilha de Karl Barth e Rudolf Bultmann, Geffré diz que a fé bíblica se opõe ao processo de institucionalização da religião, pois ela "dessacraliza o mundo, reconstitui o homem a ele mesmo, à sua autonomia e ao poder de dominação sobre o mundo".[15] A história do profetismo de Israel mostra a luta travada pelos profetas contra a degradação da fé em religião. Essa percepção da desdivinização do mundo operado pela fé dará aos teólogos, sobretudo os da secularização, a idéia de que o mundo é o lugar onde Deus nos fala e, assim, será relida a encarnação do Filho de Deus.

Dessa maneira, percebe-se que a expressão *secularização* é uma construção da modernidade, mas o seu sentido pode ser encontrado na experiência bíblica. Os teólogos da secularização têm essa percepção, pois a revelação bíblica retrata a desdivinização do mundo por Deus. A afirmação de são Paulo de que "tudo é vosso, o mundo, a vida, a morte, as coisas presentes e as futuras" (1Cor 3,22) retrata o ser humano livre para dominar e transformar. Entretanto, esta dimensão dinâmica e libertadora ficou adormecida no cristianismo histórico e foi despertada pela secularização.

Assim, a secularização exerceu uma função importante no processo de renovação e de *retorno às fontes* do cristianismo, de reinterpretar o dado da fé cristã à luz da cultura moderna. Porém, não se pode pensar em um cristianismo totalmente secularizado, pois ele perderia sua dimensão de mistério, algo específico da experiência religiosa.

Geffré propõe a superação da oposição entre fé e religião e sugere uma articulação entre ambas as experiências. Em sua percepção, essa articulação é possível devido à concepção de fé, pois esta se "enraíza no que poderia chamar de 'sagrado original' do homem como mistério de abertura e de comunhão".[16] O humano é o *lugar originário* da revelação do sagrado. Assim, a religião é

---

[13] "Nossa palavra 'religião' vem do latim *religare*, que quer dizer 'ligar de novo'. O homem de fato mereceu seu nome quando procurou ligar-se a seus mortos e, portanto, a um além da morte." Cf. DELUMEAU, Jean. *De religiões e de homens*. São Paulo: Loyola, 2000. p. 9.

[14] SAMUEL, Albert. *As religiões hoje*. São Paulo: Paulus, 1997. p. 5.

[15] GEFFRÉ, *Como fazer teologia hoje*, p. 243.

[16] GEFFRÉ, *Como fazer teologia hoje*, p. 252.

expressão do desejo e da criatividade do ser humano movido pelo "sagrado original" e será, sempre, produto cultural. Para ele, "é muito difícil falar em essência religiosa do homem".[17] Entretanto, "numa visão de fé, pode-se dizer que o homem criado à imagem de Deus é naturalmente religioso".[18] E, no entanto, necessita de mitos e ritos para dar evasão a essa pulsão interna. "Esses mitos e ritos são essencialmente um produto cultural."[19] A fé enquanto pulsão, desejo e criatividade propõe constantemente à religião que capte as várias manifestações do sagrado.

As expressões que se tornaram célebres para analisar a presença do sagrado na pós-modernidade, como, por exemplo, "retorno do sagrado" ou "ressurgimento do sagrado", também são questionadas por Geffré. Elas indicam, mesmo que inconscientemente, uma percepção de que a Igreja cristã ainda detém o monopólio do sagrado. Ele prefere falar em *metamorfoses do sagrado*.[20] Ou seja, o sagrado não desapareceu com a crítica da modernidade; o que entrou em transformação foi a maneira de percebê-lo. A experiência do sagrado[21] pode ser dividida em objetiva e subjetiva. A dimensão objetiva diz respeito aos objetos sacrais, por exemplo, uma vela, um cálice, o pão e o vinho. A dimensão subjetiva aponta para o sentido transcendente que transpassa esses objetos. Essa dimensão é que sacraliza tais objetos e dá a eles um caráter misterioso. Tal experiência é diferente da experiência de Deus. Nesta última, trata-se de evidenciar a experiência do sentido, da realização de vida, da construção da felicidade. A experiência do sagrado, através das dimensões objetiva e subjetiva, pode estimulá-la, mas isso não ocorre necessariamente. A experiência de Deus pode acontecer independentemente da experiência do sagrado.

O tema que por excelência a secularização despertou, para a teologia cristã, foi o da "mundanidade do mundo como conseqüência da encarnação".[22]

---

[17] GEFFRÉ, *Croire et interpréter*, p. 96.

[18] GEFFRÉ, *Croire et interpréter*, p. 96.

[19] GEFFRÉ, *Croire et interpréter*, p. 96.

[20] GEFFRÉ, *Como fazer teologia hoje*, p. 250.

[21] A experiência do sagrado na perspectiva de MESLIN, M. *A experiência humana do divino*: fundamentos de uma antropologia religiosa. Petrópolis: Vozes, 1992. p. 79. "Quando falamos do sagrado, evocamos de fato uma realidade dupla, oposta, mas complementar. Por um lado, o sagrado parece aos homens o lugar onde reside uma força eficaz, manifestação de um poder divino, uma energia substancial e criadora, que muitas vezes lhes é incompreensível e que eles julgam perigosa por essa razão. Por outro lado, os homens pretendem captar este poder, na prática concreta de sua sensibilidade como na ações rituais".

[22] GEFFRÉ, *Como fazer teologia hoje*, p. 256.

A secularização representou a valorização do mundo material, que era desconsiderado pela teologia tradicional, fruto da oposição sagrado e profano. A teologia moderna irá interpretar a encarnação do Filho de Deus como sendo uma valorização do mundo por parte de Deus. E mais, ao encarnar, dá ao mundo um caráter sagrado e permite acontecer a união objetiva entre a realidade divina e a realidade humana. Em Jesus Cristo, o mundo humano passa a ter valor espiritual. Por isso, a idéia de o mundo ser profano, de ser oposto ao sagrado, é reinterpretada na modernidade.

Como entender o pluralismo atual?

1.2. Mundialização e pluralismo religioso

O processo de mundialização, para Geffré, coincide com a era planetária que, por sua vez, incide com a busca do diálogo inter-religioso. A mundialização, por um lado, testemunha a favor da unidade do espírito humano e pela solidariedade e desenvolvimento entre os povos. Por outro lado, carrega o motor escondido do fenômeno da globalização. Este gera desenraizamento cultural, risco de alienação e de desumanização e miséria, buscando a uniformização das identidades antropológicas, culturais e religiosas. "A 'aldeia global' tende a se tornar um mercado global onde a necessidade do lucro máximo decide aquilo que deve ser produzido, onde e por quem."[23] Nesse mercado, as pessoas são percebidas não como seres humanos, mas como consumidores em potencial. O que passa a ser universalizado são padrões de consumo, valores materiais, noções de estética, de prazer e da maneira de como ter um belo corpo. O privilégio absoluto da imagem, através da tecnologia da informação e da comunicação, faz desaparecer a fronteira entre o mundo real e o mundo virtual.[24]

---

23 GEFFRÉ, Por um cristianismo mundial, p. 6. O autor também desenvolve esta reflexão no artigo: Pluralismo religioso y indiferentismo: el auténtico desafío de la teología cristiana. *Selecciones de Teología*, n. 158, v. 40, abril-jun. 2001, pp. 84ss.

24 Para Berger e Luckmann, o pluralismo moderno "é a razão básica principal de crises subjetivas e intersubjetivas de sentido". Ele tem gerado a atitude fundamentalista, que "pretende reconquistar a sociedade toda para os valores e tradições antigos", ou atitude relativista, que "desistiu de afirmar quaisquer valores e reservas de sentido comuns." Cf. BERGER, P.; LUCKMANN, T. *Modernidade, pluralismo e crise de sentido*, pp. 38 e 79. Faustino Teixeira, comentando Berger, afirma: "O pluralismo cria uma condição de incerteza permanente com respeito ao que se deveria crer e ao modo como se deveria viver; mas a mente humana abomina a incerteza, sobretudo no que diz respeito ao que conta verdadeiramente na vida". Cf. TEIXEIRA, F. Peter Berger e a religião. In: TEIXEIRA, F. (Org.). *Sociologia da religião*: enfoques teóricos. Petrópolis: Vozes, 2003. p. 238.

Esse fenômeno de mundialização pelo qual a humanidade vem passando também atinge as religiões e produz impactos nunca antes sentidos. Criam-se novas práticas religiosas, frutos de sincretismos e ecletismos com religiões existentes e desaparecidas, esotéricas e sapienciais, espiritualistas e filosóficas. Tanto o surgimento dos novos movimentos religiosos quanto a escolha, por parte do adepto, de uma religião específica, seguem um critério subjetivo. Aqui, "o critério de escolha, e, portanto, de verdade, é a *autenticidade* da experiência subjetiva na busca de uma salvação vista como bem-estar e realização máxima".[25] Por parte do adepto há compromisso não com uma prática religiosa, mas sim com o bem-estar subjetivo propiciado por essa participação. Isso gera um trânsito constante dos fiéis em busca da *salvação* almejada e, nas religiões, produz fragmentação e rivalidade, pois terão de lutar por novos adeptos no mercado mundial.

O fenômeno do pluralismo religioso atual testemunha que, no mundo ocidental, dizer secularização não significa automaticamente pensar em falta de religiosidade ou em descrença. Secularização indica dois momentos diferentes, mas muito reais. O primeiro momento da secularização pode ser demarcado com as três etapas anteriormente descritas: laicização, dessacralização e ateísmo. Corresponde à fase da negação das instituições, do simbolismo sagrado e de Deus propriamente dito. O segundo momento pode ser apontado como o do pluralismo religioso (retorno ou metamorfose do sagrado). Aqui a religiosidade humana expressa a sua busca em querer *ser mais*, em não ficar presa a rituais nem formas doutrinárias.

Há várias maneiras de entender esse fenômeno atual da religiosidade difundida em todos os cantos das cidades e do planeta e mesmo a erupção de *shoppings* religiosos. Uma delas é dizendo que o ser humano carrega consigo, com a natureza física, uma *natureza espiritual*, ou que ele tem um *existencial sobrenatural*.[26] Isso significa que, independentemente de etnia, cor, língua, sexo, poder econômico ou desejo, ao vir ao mundo, todo humano nasce com essa natureza, com esse existencial. Essa é a abertura ontológica que o

---

[25] GEFFRÉ, Por um cristianismo mundial, p. 7.

[26] RAHNER, K. *Curso fundamental da fé*. São Paulo: Paulus, 1989. p. 158. Diz: "A tese que afirma que o homem como sujeito é evento da autocomunicação de Deus é [...] afirmação que diz respeito a todos os homens, afirmação que expressa um existencial de toda e cada pessoa humana. Este existencial não se torna merecido ou devido e, nesta acepção, 'natural', pelo fato de estar dado a *todos* os homens como elemento permanente de sua existência concreta e pelo fato de estar previamente dado à sua liberdade, à sua autocompreensão e à sua experiência".

ser humano tem para com o transcendente. Ele, ao fazer uso de sua liberdade, pode desenvolvê-la ou não. É dom gratuito, dado por Deus a todo ser humano vivente.

Outra maneira de perceber a presença do sagrado nos dias atuais é mostrando as *metamorfoses do sagrado*.[27] O sagrado não se identifica com as maneiras como as culturas e as religiões se apropriam dele. Ele supera, e muito, as apreensões feitas na história. Portanto, a cada etapa da civilização, a cada momento histórico das culturas e das religiões, há maneiras próprias de captar a presença desse transcendente. Compreende-se melhor essa idéia entendendo a que se presta a estrutura religiosa:

> A intenção da religião não é explicar o mundo. Ela nasce, justamente, do protesto contra este mundo que pode ser descrito e explicado pela ciência. A descrição científica, ao se manter rigorosamente dentro dos limites da realidade instaurada, sacraliza a ordem estabelecida de coisas. A religião, ao contrário, é a voz de uma consciência que não pode encontrar descanso no mundo, tal como ele é, e que tem como seu projeto transcendê-lo.[28]

A religião é a busca de construir um mundo com sentido transcendental independentemente do sentido dado pela racionalidade moderna. Ela brota de onde emergem os desejos, as fantasias, os sonhos e as utopias. Ela é a expressão da religiosidade do ser humano. Na perspectiva de Blaise Pascal, essa religiosidade provém do *espírito de fineza*, ou seja, do coração humano, e não do *espírito de geometria*, quer dizer, da razão humana. Essa experiência tende à globalidade, quer atingir a totalidade da pessoa humana, ao mesmo tempo em que é um fenômeno que está presente em todas as culturas.

Os supermercados e os *shoppings* religiosos são frutos do mercado globalizado que percebe aí, seja na abertura do ser humano ao transcendente, seja nas metamorfoses do sagrado, uma grande fonte de lucro. A demanda religiosa é respondida com a confecção de produtos religiosos que visam atingir o bem-estar subjetivo dos sujeitos religiosos. A mídia tem papel ativo não apenas em divulgar esses produtos, mas, sobretudo, em criar novas necessidades espirituais.

Como Geffré compreende, teologicamente, o pluralismo religioso atual? Quais pistas ele indica para pensar uma teologia do pluralismo religioso?

---

[27] GEFFRÉ, *Como fazer teologia hoje*, p. 250.

[28] ALVES, R. *O enigma da religião*. Petrópolis: Vozes, 1975. p. 25.

1.3. Pluralismo religioso como novo paradigma teológico

Geffré tem uma maneira peculiar de pensar o pluralismo religioso atual. Para ele, este é um novo paradigma[29] para a reflexão teológica, tanto cristã quanto de qualquer tradição religiosa, pois propõe às tradições que reinterpretem a sua teologia sob uma nova luz. Esse pluralismo religioso tem feito, de forma particular, a teologia cristã repensar Jesus Cristo, a Igreja, a salvação e a missão. Ou seja, os grandes tratados teológicos estão sendo influenciados por este novo contexto histórico, que, para Geffré, é "um novo paradigma teológico".[30]

Esse pluralismo religioso fez emergir duas novas reflexões pontuais para a teologia: o *pluralismo de fato* e o *pluralismo de princípio* ou *de direito*. O pluralismo religioso *de fato* diz respeito à própria pluralidade ou diversidade de tradições religiosas existentes e, mesmo, aos movimentos religiosos que estão emergindo no final do século passado e princípio deste. Essa variedade religiosa, para Geffré, aponta para uma "questão teológica nova que uma teologia hermenêutica deve afrontar". E continua dizendo que "a questão que se coloca aqui, sob o ponto de vista teológico, é de saber se a partir de um pluralismo de fato [...] nós não somos teologicamente convidados a considerar um pluralismo de *princípio*".[31] Aqui Geffré propõe uma reflexão, em forma de questionamento, de fundamental importância para a teologia:

---

[29] Há dois sentidos, vindos de Kuhn, para compreendermos paradigmas. O sentido sociológico "indica toda a constelação de crenças, valores, técnicas etc., partilhados pelos membros de uma comunidade determinada" e o sentido filosófico "denota um tipo de elemento dessa constelação: as soluções concretas de quebra-cabeças que, empregadas como modelos ou exemplos, podem substituir regras explícitas como base para a solução dos restantes quebra-cabeças da ciência normal". O paradigma é, portanto, uma referência teórico-prática que dá luzes à comunidade científica. Quando esse referencial não responde às novas demandas, há necessidade de um novo paradigma. Esta mudança é compreendida por Kuhn como "revolução científica". Cf. KUHN, T. *A estrutura das revoluções científicas*. São Paulo: Perspectiva, 1987. p. 218. Cf. também esta reflexão articulada com a reflexão teológica de H. K. Küng sobre a mudança de paradigma em: PANASIEWICZ, R. *Diálogo e revelação*: rumo ao encontro inter-religioso. Belo Horizonte: Face-Fumec/Com Arte, 1999. pp. 41-43.

[30] GEFFRÉ, *Croire et interpréter*, p. 91.

[31] GEFFRÉ, *Croire et interpréter*, p. 94. Teólogos que compartilham da reflexão sobre o *pluralismo de princípio* ou *de direito* são: C. Geffré, M. Amaladoss, R. Panikkar, E. Schillebeeckx, F. Teixeira, J. Dupuis. Este último diz: "O pluralismo religioso de princípio se fundamenta na imensidão de um Deus que é Amor." Cf. DUPUIS, J. *Rumo a uma teologia cristã do pluralismo religioso*, p. 528. Entretanto, também tem gerado contestações. A Declaração *Dominus Iesus*, no número 4, faz profundas críticas a esta concepção, por relativizar a verdade e afirma que "o perene anúncio missionário da Igreja é hoje posto em causa por teorias de índole relativista que pretendem justificar o pluralismo religioso não apenas *de facto*, mas também *de jure* (ou *de princípio*)". Outra reação é feita por Francisco Catão. Ele diz que os analistas do fenômeno religioso "julgam mesmo, não sem

114

A questão teológica que é preciso ser colocada é de se perguntar se essa vitalidade das religiões não-cristãs é simplesmente devida seja à cegueira e ao pecado dos homens, seja a um certo fracasso da missão cristã, ou se esse pluralismo religioso corresponde a um querer misterioso de Deus.[32]

Trata-se de perguntar se os seres humanos das diversas tradições religiosas são limitados ou fechados à revelação divina, por não perceberem a autocomunicação plena e definitiva de Deus ocorrendo em Jesus Cristo, ou trata-se de uma falha na missão da Igreja cristã, que não consegue anunciar o mistério trinitário com eficácia. Há, entretanto, uma terceira proposição, que pensará esse pluralismo religioso não como fechamento humano à transcendência e nem como problema da missão da Igreja cristã. Trata-se de pensar o pluralismo religioso como um querer misterioso de Deus ou, então, como desígnio de Deus para a humanidade.

Este é um problema delicado e, como Geffré mesmo diz, a teologia hermenêutica não poderá se desviar. Sua reflexão se direciona no sentido de pensar positivamente sobre esse pluralismo e de afirmar o pluralismo de princípio.[33] O pluralismo religioso "pode ser expressão da vontade mesma de Deus que tem necessidade da diversidade das culturas e das religiões para melhor manifestar as riquezas da plenitude de verdade que coincide com o mistério mesmo de Deus."[34] Essa intuição dá pistas para pensar uma teologia do pluralismo religioso aberta ao diálogo com as tradições religiosas.

---

certo abuso, que a busca de uma pretensa unidade de toda a humanidade, classicamente fundada na unidade da Realidade Primeira Pessoal, a que denominamos Deus, é abusiva e opressora. [...] Por isso, falamos de um *pluralismo de contingência*, ou contingente, devido às circunstâncias particulares contingentes em que são vividas as religiões". Ver: CATÃO, F. *Falar de Deus*: considerações sobre os fundamentos da reflexão cristã. São Paulo: Paulinas, 2001. pp. 211-212. Mário de França Miranda diz ser este debate *secundário*, pois as religiões "não estão aí para completar o que faltou em Jesus Cristo, mas sim o que falta em *nossa apropriação* desta verdade última sobre Deus e sobre nós, que é inevitavelmente contextualizada e histórica" (p. 26); nelas podem veicular "melhor certos elementos da fé, até então impedidos ou atrofiados na tradição cristã" (p. 22). Para ele, "a mediação salvífica de Jesus Cristo é realmente *específica e única*" (p. 19). Cf. MIRANDA, M. F. As religiões na única economia salvífica. *Atualidade Teológica*, Rio de Janeiro, ano 6, n. 10, jan./abr. 2002.

[32] GEFFRÉ, *Croire et interpréter*, p. 94.

[33] Em várias reflexões mais recentes Geffré, sobretudo ao tratar do pluralismo religioso, propõe a temática do pluralismo de princípio. Cf. por exemplo: Livros: *Croire er interpréter*, p. 94; *Profession théologien*, p. 139. Artigos: Por um cristianismo mundial, p. 14; Pluralismo religioso e indiferentismo, p. 90; La verdad del cristianismo en la era del pluralismo religioso, p. 136, Verso una nuova teologia delle religioni, p. 361. Neste afirma: "O pluralismo religioso pode ser considerado como um desígnio de Deus cujo significado último nos foge".

[34] GEFFRÉ, Por um cristianismo mundial, p. 14. Para Dupuis, "o princípio da pluralidade encontrará seu fundamento principal na superabundante riqueza e variedade das automanifestações de Deus à humanidade". E, ainda, que "o pluralismo de princípio se fundamenta na imensidão de um Deus que é Amor". Cf. DUPUIS, J. *Rumo a uma teologia cristã do pluralismo religioso*. São Paulo: Paulinas, 1999. pp. 527-528.

Pensar no pluralismo religioso como *pluralismo de princípio* é fazer uma opção teológica, no sentido de valorizar todas as tradições religiosas como estando no desígnio misterioso de Deus, "destino histórico permitido por Deus cuja significação última nos escapa".[35] Entretanto, reflete a grandiosidade do mistério transcendente de Deus e as várias formas humanas de procurar captá-lo. Como o ser humano é histórico, limitado, finito e vive em culturas diferentes, ele cria estruturas religiosas próprias para poder contemplar esta realidade que escapa aos seus olhos por ser transcendente, ilimitada e infinita. Mesmo que não houvesse várias tradições culturais, na lógica do *pluralismo de princípio* existiria o pluralismo de teologias refletindo o pluralismo de tradições religiosas, pois estas testemunham a busca constante deste humano de encontrar ao menos facetas do mistério divino. Portanto, independentemente da variedade cultural ou reforçado por essa variedade, o pluralismo religioso é uma realidade que pede uma atenção maior para a reflexão teológica.

Para falar desse pluralismo, é comum fazer referência ao mito da Torre de Babel,[36] que propõe a construção de uma torre que chegasse ao céu. Essa construção representa, de certa forma, o orgulho humano em propor uma união tal que se assemelhasse à unicidade divina. Deus, sentindo-se ameaçado por tamanha iniciativa, confunde a linguagem desses construtores, acabando por dispersar a obra. Esse mito quer explicar a variedade das línguas, das culturas e das tradições religiosas existentes na humanidade na época em que foi redigido o texto sagrado. Ele não significa nenhum castigo divino. Mas, como foi dito, expressa a diversidade existente naquela época. Teologicamente, pode-se pensar que a diversidade está, portanto, no desígnio de Deus.

Para Geffré, "esse pluralismo, esta dispersão das línguas é um retorno à vontade primeira de Deus, que abençoa a multiplicidade, não somente a multiplicidade do ser humano, mas também a multiplicidade das raças, das

---

[35]   GEFFRÉ, *Croire et interpréter*, p. 95. Afirma também: "Quanto a mim, o pluralismo religioso permanece um destino histórico permitido por Deus, cujo significado está oculto aos nossos olhos. Julgo, porém, que ele não se refere apenas às limitações do espírito humano, ou aos desvios da consciência religiosa." Cf. GEFFRÉ, A fé na era do pluralismo religioso, p. 65.

[36]   O texto encontra-se em Gn 11,1-9. Babel, do hebraico *balal*, que significa "misturar", "confundir". O versículo 4 diz: "Vamos, disseram, construamos para nós uma cidade e uma torre cujo cume atinja o céu. Conquistemos para nós um nome, a fim de não sermos dispersados sobre toda a superfície da terra". E os versículos 6 e 7 afirmam: "Ah, disse o Senhor, todos eles são um povo só e uma língua só, e é esta a sua primeira obra! Agora, nada que projetarem fazer lhes será inacessível! Vamos, desçamos e confundamos a língua deles, que não se entendam mais entre si".

A COMPREENSÃO DA TEOLOGIA FUNDAMENTAL: A QUESTÃO DO PLURALISMO DE PRINCÍPIO

línguas, das culturas".[37] Essa multiplicidade de culturas está intrinsecamente articulada com a diversidade de tradições religiosas. Para Geffré, essa diversidade é um valor e está confirmada em "Pentecostes, que é precisamente uma espécie de legitimação que é dada à pluralidade, na medida em que a riqueza superabundante do mistério de Deus não pode ser expressa a não ser por uma pluralidade de formas religiosas".[38]

Essa interpretação incide na idéia de que "toda a história humana, desde as origens, é uma história de salvação".[39] Não existem duas histórias, uma sagrada e outra profana, uma de salvação e outra de condenação. Só existe uma história, a que todos os humanos, cada um a sua maneira, têm contribuído para a sua construção ou destruição. É por essa história, também, que Deus age e, através da liberdade humana, busca propiciar mais vida, paz e felicidade aos seus construtores. Essa é a história da salvação, é a história vivida por todos os humanos. Quando as religiões captam a manifestação de Deus e transformam essas mensagens em teologia, essa mesma história da salvação é entendida agora como história da revelação, pois a revelação de Deus foi percebida de forma explícita e transformada em teologia por uma tradição religiosa. Assim, história da salvação e história da revelação estão articuladas.[40]

O cristianismo tem uma maneira peculiar de perceber a história da salvação e compreender a revelação de Deus através da pessoa de Jesus Cristo. Para a fé cristã, Jesus Cristo é o Verbo de Deus encarnado. Essa é a maneira cristã de captar o mistério transcendente de Deus e que, para Geffré, não entra em contradição com a percepção do pluralismo religioso como *pluralismo de princípio*. Essa concepção é uma revolução na doutrina cristã, mas que "não

---

[37] GEFFRÉ, *Croire et interpréter*, p. 96. Ele continua: "As múltiplas expressões do fenômeno religioso ao longo da história concorrem para uma melhor manifestação da plenitude inesgotável do Espírito de Deus".

[38] GEFFRÉ, *Croire et interpréter*, p. 96. O acontecimento de Pentecostes é narrado em At 2,1-13. Os versículos 7-8 dizem: "Perplexos e maravilhados, eles diziam: 'Todos esses que falam não são galileus? Como é que cada um de nós os ouve em sua língua materna?'".

[39] GEFFRÉ, Por um cristianismo mundial, p. 14. Em Schillebeeckx, há articulação entre história sagrada e história profana; história da salvação e história da revelação, e diz que "as religiões são o lugar onde as pessoas tornam-se expressamente conscientes do agir salvífico de Deus na história" (p. 30), pois "fora do mundo não há salvação" (p. 21). Cf. SCHILLEBEECKX, E. *História humana*: revelação de Deus. São Paulo: Paulus, 1994. A articulação e distinção, ver pp. 27-31.

[40] Para Torres Queiruga, "a história do mundo e a história da salvação coincidem, dado que esta não é mais — nem pode ser mais — que aquela enquanto vivida como acolhida livre da salvação de Deus que nela atua e se manifesta". Cf. TORRES QUEIRUGA, A. *A revelação de Deus na realização humana*. São Paulo: Paulus, 1995. p. 351. Nesse sentido, ver também: PANASIEWICZ, R. *Diálogo e revelação*: rumo ao encontro inter-religioso. Belo Horizonte: Face-Fumec/Com Arte, 1999. pp. 131-133.

117

leva a relativizar o mistério do Cristo como centro da história e como lugar único do encontro do eterno e do histórico". E ainda, para Geffré, "é possível confessar o Ser absoluto que fez irrupção em Jesus Cristo sem absolutizar o cristianismo como religião histórica, excluindo todas as outras".[41] Ele propõe uma diferenciação entre o absoluto e o universal que Cristo, enquanto Verbo encarnado, representa, e a universalidade do cristianismo, enquanto religião histórica. Geffré considera que o *princípio encarnacional*, que é a concepção de um Deus que se faz humano, ou seja, o princípio absoluto, se particularizando na história, convida o cristianismo a não ter pretensão de ser a religião absoluta. Se o próprio Deus do cristianismo deixa a condição absoluta e divina para se tornar relativo e histórico, a religião cristã não pode contrariar o testemunho de seu próprio Deus e querer se tornar absoluta, numa realidade que é histórica.[42]

Para Geffré, o *pluralismo de princípio* não diminui Deus, nem o cristianismo. Pelo contrário. Pelo *princípio encarnacional*, o cristianismo é convidado a dar testemunho de uma religião dialogal. E mais:

> Assim, ao menos idealmente, o diálogo do cristianismo com as outras religiões nos fornece uma chave inteligível para melhor pensar aquilo que poderia ser um processo de mundialização que respeite as particularidades de uma humanidade fundamentalmente plural, manifestando com isso a dimensão universal de cada uma.[43]

A vocação do cristianismo é testemunhar um outro processo de universalização, diferente do proposto pela mundialização, que produz globalização e fragmentação das nações. Ele deve falar do valor que há na particularidade

---

[41] GEFFRÉ, Por um cristianismo mundial, p. 14. Teólogos do inclusivismo aberto (Torres Queiruga, Schillebeeckx) e do pluralismo (Panikkar) têm indicado que expressões como "Jesus é o único mediador" só são compreensíveis no sentido doxológico-litúrgico ou numa linguagem interna à teologia cristã. Cf. TORRES QUEIRUGA, *Do terror de Isaac ao abbá de Jesus*, pp. 347-348: "Frases como 'não existe conhecimento de Deus a não ser em Jesus Cristo' podem ter sentido em uma linguagem interna, de natureza imediatamente 'confessante', todavia, em rigor, devem ser eliminadas, não só por serem psicologicamente ofensivas para os demais, mas por serem objetivamente falsas, pois implicam a negação de toda verdade nas demais religiões, incluído o Antigo Testamento." Nas palavras de H. Küng, "O único absoluto na história é o próprio Absoluto [...]. Para os fiéis [cristãos] — e só para eles — ele [Jesus Cristo] é a Palavra, a Imagem, o Caminho, e, para os outros, ao menos um convite para seguir esse Caminho". Cf. KÜNG, H. *Teologia a caminho*, p. 286. Dizer que Jesus Cristo se revelou de modo definitivo e decisivo é, no dizer de Schillebeeckx e Panikkar, uma "afirmação existencial" ou um "enunciado de fé". Cf. SCHILLEBEECKX, E. *Umanità la storia di Dio*. Brescia: Queriniana, 1992. p. 193; PANIKKAR, R. *Cristofania*. Bologna: EDB, 1994. p. 17.

[42] A diferenciação entre a universalidade de Cristo e do cristianismo será desenvolvida a seguir, na "dimensão cristológica."

[43] GEFFRÉ, Por um cristianismo mundial, p. 14.

como um caminho para o desenvolvimento universal. O pluralismo *de princípio* dá ao cristianismo a certeza de que a diferença deve ser valorizada como criação e desejo de Deus para a humanidade. Isso tanto serve para o diálogo com as nações do mundo quanto para o diálogo inter-religioso.

A partir da ótica cristã, o diálogo inter-religioso é uma oportunidade para as tradições religiosas reinterpretarem suas identidades à luz do misterioso desígnio de Deus. Pois, mais que divergências históricas, as diferenças religiosas revelam facetas do mistério divino à humanidade. Vale ressaltar que "verdades diferentes não são forçosamente verdades contraditórias".[44]

Como pensar o pluralismo de princípio no interior da teologia das religiões?

1.4. Pluralismo de princípio e teologia das religiões

Como apresentado anteriormente, o pluralismo religioso compreendido como pluralismo de princípio reflete a riqueza do mistério divino que não pode ser capturado tão-somente por uma tradição ou movimento religioso. Isso reflete a limitação, finitude e historicidade da condição humana em contraposição à realidade divina, que é ilimitada, infinita e transcendente. A variedade cultural retrata a beleza do humano como ser de criatividade, e as diferentes religiões testemunham essa dimensão criativa na maneira de captar o mistério divino que perpassa ao mesmo tempo em que transcende o universo humano. Deus revela-se a todas as tradições culturais e, nelas, a todas as tradições religiosas.

A concepção de *pluralismo de princípio* ou *de direito* dá à teologia das religiões uma nova chave hermenêutica para abrir novas portas de interpretação do mistério de Deus. Essa chave possibilita também que a Escritura Sagrada tenha uma outra maneira de ser compreendida. Isso é de fundamental importância para Geffré, pois há no Segundo Testamento afirmações difíceis de serem lapidadas para que brilhem com toda a beleza própria do conjunto dos textos, vistos em sua totalidade. Por exemplo, Paulo afirma, na primeira epístola a Timóteo, que "Deus quer que todos os homens se salvem" e, logo a seguir, diz que só há

---

[44] GEFFRÉ, *Croire et interpréter*, p. 103.

"um mediador entre Deus e os homens, um homem: Cristo Jesus".[45] Trata-se, portanto, de "reinterpretar o conjunto dos textos da Escritura, assim como o testemunho da tradição cristã, a partir de nossa nova experiência histórica, de um pluralismo religioso aparentemente insuperável".[46]

Geffré propõe reinterpretar não somente a Escritura, mas também a tradição da Igreja Católica. Ele aponta para o julgamento extremo e a leitura severa que os Santos Padres fazem das religiões pagãs, das religiões de mistérios, da Mesopotâmia, egípcia e romana, por conhecer de maneira extremamente rudimentar essas experiências religiosas. Eles "não conhecem o islamismo, que nasceu no início do século VII, e têm somente um conhecimento extremamente fragmentário das grandes religiões do Oriente".[47] Porém, se para com as religiões o julgamento é severo e bastante negativo, o mesmo não ocorre com a análise da sabedoria filosófica, que é bem mais compassivo e até positivo, sobretudo a partir da descoberta da maneira como a filosofia grega concebe Deus.[48] Os Santos Padres percebem na sabedoria filosófica a "sabedoria das nações", uma abertura positiva para a implantação do Evangelho. Atualmente, a Igreja Católica tem similar pensamento com relação às tradições religiosas. "Essa teologia das *sementes do Verbo*. A prefiguração, a preparação evangélica que eles [os Santos Padres] procuravam no pensamento, no rigor da filosofia, atualmente se procura nas tradições religiosas."[49] Isso é confirmado na declaração *Nostra Aetate*, do Concílio Vaticano II, quando diz que "a Igreja Católica nada rejeita do que há de verdadeiro e santo nestas religiões",[50] pois subentende-se que "nestas religiões" há as *sementes do Verbo*.

O tema do pluralismo religioso é, para Geffré, a novidade da teologia das religiões e, portanto, ela não poderá esquivar-se de refletir tal temática. Para além de se interrogar sobre a salvação dos fiéis das várias tradições

---

[45]   Diz o texto em sua íntegra: 1Tm 2,3-4: "Eis o que é bom e agradável aos olhos de Deus, nosso salvador, que quer que todos os homens se salvem e cheguem ao conhecimento da verdade". E 1Tm 2,5-6: "Pois há um só Deus e também um só mediador entre Deus e os homens, um homem: Cristo Jesus, que se entregou como resgate por todos".

[46]   GEFFRÉ, *Croire et interpréter*, p. 97.

[47]   GEFFRÉ, *Croire et interpréter*, p. 98.

[48]   Michel Fédou mostra que compreensão da filosofia grega já envolvia as doutrinas religiosas. Ao se referir a Clemente de Alexandria diz que, para ele, "por 'filosofia' não se entende simplesmente sistemas de pensamento, mas também as doutrinas que nós qualificamos hoje como 'religiões'". Cf. FÉDOU, M. *Les religions selon la foi chrétienne*. Paris: Cerf, 1996. p. 39.

[49]   GEFFRÉ, *Croire et interpréter*, p. 99.

[50]   *Nostra Aetate*, n. 2.

A COMPREENSÃO DA TEOLOGIA FUNDAMENTAL: A QUESTÃO DO PLURALISMO DE PRINCÍPIO

religiosas e mesmo daqueles que dizem não acreditar em nada, é compreender a significação das religiões, além do cristianismo, no desígnio de Deus. "Nós vamos nos interrogar sobre a significação desse pluralismo religioso do ponto de vista da compreensão que nós temos da unicidade da mediação do Cristo."[51] Assim, há um convite teológico para as tradições religiosas refletirem sobre esse pluralismo religioso atual. O cristianismo irá pensá-lo a partir do marco da encarnação de Deus em Jesus Cristo, que é a razão de ser desta religião.[52] Cada tradição irá pensá-lo a partir de sua identidade religiosa. A pista importante dada por Geffré é compreender o pluralismo religioso como *pluralismo de princípio*, ou seja, como um querer misterioso de Deus. Procura livrar essa expressão de uma visão relativista do mistério divino buscando fortalecer, teologicamente, o sentido do conceito.

A partir dessa pista dada para pensar o pluralismo religioso, é possível, com Geffré, articular um diálogo de todas as tradições religiosas?

1.5. Ecumenismo inter-religioso em dimensão planetária

Tradicionalmente o termo ecumenismo tem se referido ao diálogo entre cristãos. O Concílio Vaticano II exclama que "por 'movimento ecumênico' se entendem as atividades e iniciativas suscitadas e ordenadas em favor das várias necessidades da Igreja e oportunidades dos tempos, no sentido de favorecer a unidade dos cristãos".[53] Geffré propõe ir além. Articula ecumenismo inter-religioso com ecumenismo confessional e sugere falar em ecumenismo planetário. Justifica sua proposição dizendo que "este ecumenismo coincide com a unicidade da família humana, pelo fato de que, pela primeira vez na história, os homens têm consciência de constituir uma única família habitando em uma casa comum".[54] Ele entende que o termo ecumenismo está relacionado com o diálogo inter-religioso e por isso propõe falar em *ecumenismo planetário*. A

---

[51]   GEFFRÉ, *Croire et interpréter*, pp. 99-100.

[52]   Esse tema será desenvolvido no momento seguinte, na "dimensão cristológica".

[53]   Decreto *Unitatis Redintegratio*, n. 5, do Compêndio do Vaticano II.

[54]   GEFFRÉ, *Croire et interpréter*, p. 105. O termo *ecumenismo* vem do grego *oikou-mene. Oikos* é o espaço habitado (*oikia* é a casa de família). Então *oikoumene* se refere "ao mundo habitado". Cf. BARROS, Marcelo. *O sonho da paz*. 2. ed. Petrópolis: Vozes, 1996. p. 37.

121

expressão evoca o diálogo entre as várias denominações religiosas existentes em nosso planeta.

Vive-se, atualmente, em tempos de mundialização. Há uma evolução contínua dos meios tecnológicos, facilitando e favorecendo o encontro entre pessoas e culturas em espaços geográficos diferenciados. Por isso, por que não incentivar as várias religiões do mundo para entrarem em um novo intercâmbio utilizando as novas tecnologias da comunicação? Interessado neste diálogo planetário, Geffré busca um traço comum entre as religiões que possa favorecer esse diálogo que envolve, em alguns casos, enorme diferença de costumes e práticas religiosas. Quando se pensa em ecumenismo confessional, por exemplo, de cunho cristão, esse traço comum é mais fácil de ser destacado, pois, independentemente das divisões e diferenças com que a história foi marcando cada denominação cristã, o específico cristão é a pessoa de Jesus Cristo, o Verbo de Deus encarnado. E, mesmo havendo interpretações diferenciadas, há também um texto sagrado comum que baliza, orienta e exige novas leituras e atualizações do fato cristão.

Com relação ao ecumenismo inter-religioso de caráter planetário, qual seria o critério comum que balizaria o diálogo entre todas as religiões? Poderia ser Deus, mas Geffré irá dizer que esse critério valeria somente para as religiões monoteístas, vale dizer, judaísmo, cristianismo e islamismo, e, mesmo assim, com certa dificuldade, pois não há consenso a esse respeito, sobretudo quando aparece, por exemplo, a concepção do Deus trinitário do cristianismo. E como o papa João Paulo II falou, no discurso aos muçulmanos, que adoramos o mesmo Deus, mas não temos a mesma concepção de Deus. Se em Deus não há esta possibilidade de um critério comum, quem sabe no ser humano! Procura, então, lapidar a expressão *humano autêntico*. Aqui há algo que perpassa as tradições e os movimentos religiosos. Para Geffré, esse critério é ético e místico. Ético, pois visa à libertação e à felicidade das pessoas, e todas as religiões buscam essa realidade. Místico, pois revela a abertura do ser humano ao transcendente. Todas as religiões remetem a uma certa alteridade, mesmo que seja de forma indireta. E, nesse sentido, "sempre se constata uma relação de *alteridade* à qual corresponde um *fundamentum* no ser humano".[55] Nessa perspectiva, o critério humano autêntico pode possibilitar, com mais

---

[55] GEFFRÉ, *Croire et interpréter*, p. 106. Afirma que Paul Ricouer designa o termo "fundamental" para essa experiência de humano autêntico: "[...] esse fato humano fundamental que constitui toda a grandeza do ser humano e que ele experimenta como uma dádiva gratuita." Cf. GEFFRÉ, Por um cristianismo mundial, p. 12.

ganhos, o ecumenismo inter-religioso com dimensões planetárias, ou seja, o encontro das religiões rumo a um mundo que valorize, realmente, o ser humano. Da parte das religiões, quem fundamenta e incentiva essa iniciativa é Deus, pois ele é o criador do ser humano e a responsabilidade por seu cuidado é de todos.[56]

Tendo como base essa realidade, Geffré compreende que todas as religiões são *religiões de salvação*, pois têm esse critério, a busca da libertação e da felicidade, como fim último. Nessa perspectiva, "toda atitude religiosa autêntica coincide com um certo descentramento de si mesmo em proveito de uma Realidade última".[57] Pode-se dizer que é isso que dá às religiões o seu caráter sagrado: a sua atenção focal ao Transcendente. E, mesmo que algumas práticas religiosas contradigam esse princípio, isso não as descaracteriza enquanto religiões, mas proporciona um convite para reinterpretarem as suas origens fundacionais. É nesse sentido que Geffré fala em "uma emulação recíproca das religiões",[58] com o intuito de as religiões possibilitarem, umas às outras, cortar as arestas que as desfiguram enquanto busca e reflexo do Transcendente, tornando-as mais igualitárias e críticas a toda forma de injustiça.

Mesmo que o critério do *humano autêntico* seja fundamental para efetivar o diálogo entre as tradições religiosas, há outros empecilhos de ordem teórica e teológica. No caso do cristianismo, a encarnação de Deus na pessoa de Jesus Cristo constitui, para alguns teólogos cristãos, o demarcador da identidade cristã. Mas isso o torna absoluto e universal? A cristologia fala da identidade cristã e, ao mesmo tempo, aponta a dificuldade de outras identidades religiosas se estabelecerem de forma independente. Por isso, como Geffré compreende a encarnação de Jesus Cristo procurando resguardar a identidade cristã e, ao mesmo tempo, mantendo a especificidade (*irredutibilidade*) de cada tradição religiosa?

---

[56] O ser humano é co-criador com Deus do mundo. Cf. GEFFRÉ, *Como fazer teologia hoje*, p. 166; TORRES QUEIRUGA, *Recuperar a criação*: por uma religião humanizadora. São Paulo: Paulus, 1999. p. 151.

[57] GEFFRÉ, *Croire et interpréter*, p. 107.

[58] GEFFRÉ, *Croire et interpréter*, p. 107.

Capítulo II

A dimensão cristológica: Jesus como universal concreto

Para alguns teólogos cristãos, a encarnação de Deus em Jesus Cristo é o traço característico e o marco de identidade do cristianismo. Entretanto, para outros teólogos, esse traço pode ser relativizado. O debate nesse campo é vivo e exige criatividade e responsabilidade dos pensadores para poder demarcar a identidade cristã sem fechamento e sem risco de pôr a perder a fundamentação dessa tradição religiosa. Geffré propõe uma alternativa a essa problemática a partir do paradigma cristocêntrico.

Este capítulo abordará a temática da encarnação de Deus em Jesus Cristo; a universalidade de Cristo e a não-universalidade do cristianismo; a compreensão de Cristo como universal concreto; as mediações que as religiões exercem no plano da salvação; por fim, as implicações dessas concepções para o diálogo inter-religioso.

2.1. O princípio encarnacional: Jesus Cristo como Filho encarnado de Deus

O tema da cristologia enquanto reflexão sobre a vida, morte e ressurreição de Jesus Cristo é de beleza e importância indescritíveis para a fé e a teologia cristãs. Ele aborda, ao mesmo tempo em que sustenta, a identidade da religião cristã enquanto tal. Essa religião tem a pretensão de afirmar o *princípio encarnacionista*, ou seja, que seu iniciador, Jesus Cristo, é o Verbo encarnado de Deus e, a partir daí, sustenta a crença em um Deus trinitário: um Deus que é Pai, Filho e Espírito Santo. Diferenciando-se das demais religiões monoteístas — judaísmo e islamismo —, que julgam a concepção trinitária ser enfraquecedora da unicidade de Deus.[1] A fé cristã, partindo desse princípio, ainda vai mais longe. Afirma ser Jesus Cristo mediador[2] entre Deus e os humanos.

Com a consciência do pluralismo religioso cada vez mais presente em nosso mundo, emergem questionamentos à teologia cristã de que ela não pode deixar de tratar. Os autores e os teólogos que se interessam pelo diálogo inter-religioso e pela reflexão sobre a teologia das religiões têm trabalhado de forma diferenciada com essa temática. Alguns procuram alternativas para esse debate e são acusados por outros de relativismo, colocando a identidade cristã em risco.[3] Esse é, portanto, um tema crucial. Como pensar a encarnação e a mediação operada por Jesus Cristo sem colocar em risco a fé cristã e ao mesmo tempo abrindo-a ao diálogo com as outras tradições religiosas?

Claude Geffré, consciente dessa problemática, tem procurado construir uma reflexão que busca atender a essa demanda atual do pensamento teológico. Para ele, a novidade do cristianismo enquanto religião é o evento Jesus Cristo, que propõe uma nova maneira de se relacionar com Deus, com as outras pessoas e com o universo. "Essa novidade se traduz especialmente no *espírito novo* com o qual são assumidos um universo de pensamento, uma visão do mundo e do homem, um estilo de vida e categorias éticas, que

---

[1] Faustino Teixeira, em sua reflexão, afirma: "A doutrina da encarnação vem igualmente identificada pelos judeus como 'mistura', 'união' ou 'associação' indevida de algo criado com Deus (*shittuf*)" (p. 125). E ainda: "A tradição muçulmana tem grande dificuldade de aceitar um monoteísmo que reconcilie a imutabilidade inalterável de Deus com a sua encarnação em Jesus Cristo; bem como a unicidade de Deus com a trindade de pessoas" (p. 135). Cf. TEIXEIRA, F. A experiência de Deus nas religiões. *Numen*, Juiz de Fora, v. 3, n. 1, jan.-jun., 2000. O texto apresenta os traços comuns às religiões monoteístas e a experiência da realidade absoluta no budismo. Geffré também aponta para a dificuldade de os monoteísmos compreenderem a filiação de Jesus Cristo e a trindade. "Para o islamismo, o mistério trinitário, mesmo o mais ortodoxo, compromete a unicidade de Deus." Cf. GEFFRÉ, *Croire et interpréter*, p. 160.

[2] Aqui surge um tema de grande relevância para a teologia cristã. Dependendo do artigo (definido ou indefinido) que se coloque antes da palavra mediador, muda-se radicalmente toda a reflexão feita. Assim temos: "Jesus Cristo é *o* mediador entre os humanos e Deus" ou "Jesus Cristo é *um* mediador entre os humanos e Deus"? Se a reflexão teológica assumir a primeira afirmação, subentende-se que Jesus Cristo é o único mediador entre os humanos e Deus. Se optar pela segunda afirmação, significa dizer que Jesus Cristo é um entre outros mediadores, ou seja, não nega a mediação de outros avatares religiosos.

[3] "Para fazer frente a essa mentalidade relativista, que se vai difundindo cada vez mais, deve-se reafirmar, acima de tudo, o caráter definitivo e completo da revelação de Jesus Cristo." Cf. Declaração *Dominus Iesus*, n. 5.

podem ser antigos."[4] Porém, mesmo já fazendo parte da vida e do judaísmo, essas práticas, valores e maneira de viver são reinterpretados pela mensagem de Jesus Cristo que está radicada na lei do amor. Portanto, mesmo antigos, há agora uma maneira nova de vivê-los.

Seguindo a reflexão de Geffré, "seríamos tentados a dizer que Cristo não fundou uma nova religião, se por religião entendemos sistema de representações, conjunto de ritos, catálogo de prescrições éticas, programa de práticas sociais". E ainda, continua ele, "a existência cristã não se define *a priori*. Ela se acha onde o Espírito de Cristo faz surgir um ser novo de homem individual e coletivo".[5] Assim, o cristianismo, como "religião da encarnação",[6] isto é, a partir do evento Cristo, não pode se contentar em ser somente mais uma religião enraizada nas diversas realidades culturais, mas deve fazer valer a originalidade de sua existência, que é ser a religião do amor, da alteridade. Pois o Deus cristão "abre mão" da condição divina (*kenosis*) e se torna humano, radicalizando, assim, o amor deste Deus para com os humanos; ressuscita e os convida a participar de seu mundo divino. Por isso é que se pode dizer que há um jeito cristão de ser homem, de ser mulher, de amar, de trabalhar, de viver, de sofrer, de ser feliz. Esse *jeito* cristão de ser e de viver o amor não é facilmente discernido no dia-a-dia. Entretanto, é esta busca de viver com *espírito novo* todas as coisas que faz o cristianismo ser fiel à originalidade deixada por seu mestre-iniciador, Jesus Cristo, de quem derivou o nome desta prática religiosa.

Esse *espírito novo* ou *jeito novo* de viver todas as coisas é que deve fazer o cristianismo pensar com singularidade o pluralismo religioso[7] e buscar maneiras novas e criativas de se relacionar com as diversas tradições religiosas.

Esse *jeito novo* de pensar a teologia cristã caracteriza a reflexão de Geffré. No debate tipológico[8] entre exclusivistas, inclusivistas e pluralistas, exclusivistas

---

[4]   GEFFRÉ, C. *Como fazer teologia hoje*, p. 220.

[5]   GEFFRÉ, C. *Como fazer teologia hoje*, p. 221.

[6]   GEFFRÉ, C. Por um cristianismo mundial, p. 14. A expressão "religião da encarnação" quer significar que a segunda pessoa da Santíssima Trindade se encarna, se faz humano.

[7]   É por isso que Geffré, ao refletir sobre a temática do pluralismo religioso, assume ser o pluralismo de princípio a postura teológica que possibilita um desenvolvimento progressivo da teologia. Tema refletido anteriormente. Para ele, "nossa consciência histórica de um pluralismo religiosos intransponível nos convida necessariamente a reinterpretar a unicidade do cristianismo como religião de salvação entre as religiões do mundo". Cf. GEFFRÉ, *Croire et interpréter*, p. 94.

[8]   Essa tipologia também é apresentada como paradigmas do diálogo inter-religioso, pois são referenciais teóricos que sustentam e conduzem a prática do encontro entre tradições religiosas diferentes. Para compreender mais

(ou eclesiocentristas) são aqueles que se apóiam no axioma "Fora da Igreja não há salvação" (*Extra ecclesiam nulla salus*). Essa fórmula, que emerge em um contexto particular, concentra o debate teológico do seu momento histórico. Ela surge no século III, no Oriente, com Orígenes e, no Ocidente, com Cipriano. Orígenes falava aos judeus que não bastava o Primeiro Testamento para a salvação; Cipriano, numa perspectiva intra-eclesial, falava aos cismáticos que, se rompessem com a Igreja Católica e se separassem, não teriam a salvação. Os dois tinham uma preocupação com a unidade da Igreja Católica nascente. No século IV, com Fulgêncio de Ruspe (468-533), discípulo de santo Agostinho, o axioma é aplicado a todos, judeus, cismáticos, pagãos e hereges e, com ele, o axioma passa a ter caráter exclusivista. Ou seja, quem estivesse fora da Igreja Católica não teria salvação. Dizia: "Creia com toda a fé e não duvide de modo algum: um batizado fora da Igreja Católica não pode participar da vida eterna se, antes do fim desta vida, não se voltar para a Igreja Católica e não se incorporar nesta". E ainda: "Creia com toda a fé e não duvide de nenhum modo que, não apenas todos os pagãos, mas também todos os judeus e todos os hereges e cismáticos, que terminam a vida presente fora da Igreja Católica, irão 'para o fogo eterno preparado para o diabo e seus anjos'".[9] O Concílio de Trento (1545-1563) formalizou essa concepção decretando que "se alguém disser que o batismo é livre, isto é, não necessário para a salvação, seja anátema".[10] Entretanto, é importante ressaltar que não basta ser batizado para ter a salvação. O fiel deveria seguir as doutrinas ensinadas pela Igreja Católica.

Essa fórmula deixava claro que somente os cristãos é que tinham acesso à verdadeira revelação divina ocorrida em Jesus Cristo, Filho de Deus encarnado, e que a Igreja Católica possuía a missão de guardar este *depositum fidei*. A única maneira de participar da salvação eterna era "entrando" para a Igreja Católica através do batismo, pois, assim, deixava de ser criatura e se tornava filho de Deus.[11] Os que não tinham acesso ao batismo poderiam ser salvos

---

essa tipologia ou paradigmas, ou, ainda, correntes da teologia das religiões com os respectivos representantes, ver: TEIXEIRA, Faustino. *Teologia das religiões*: uma visão panorâmica. São Paulo: Paulinas, 1985. pp. 37-114; DUPUIS, *Rumo a uma teologia cristã do pluralismo religioso*, pp. 251-294; HAIGHT, Roger. *Jesus, símbolo de Deus*. São Paulo: Paulinas, 2003. pp. 459-464.

9   Afirmação de Fulgêncio de Ruspe apud DUPUIS, J. *Rumo a uma teologia cristã do pluralismo religioso*, p. 134. Para maior aprofundamento, ver o capítulo 3.

10   DS 1618.

11   O Concílio Vaticano II dá novo sentido ao batismo dizendo que ele é a "porta de entrada" para a Igreja e para os demais sacramentos. Cf. LG 11, AG 7. O batismo é essencial para a vida da Igreja, enquanto expressa um rito

pelo *batismo de desejo* ou *de intenção*. Esse poderia ser explícito ou implícito. O batismo de desejo explícito foi uma maneira encontrada para a salvação chegar às pessoas que a Igreja Católica não conseguia atingir com sua missão. O raciocínio era assim: uma pessoa segue fielmente os enunciados de sua tradição religiosa por não conhecer a Igreja Católica. Entretanto, se a ela fosse apresentada a Igreja Católica, certamente se converteria, pois esta traduz toda a busca humana do transcendente. Ela vive um desejo que a sua tradição não realiza. Essa sua busca teria um fim, pois seria realizada (explicitada) com a Igreja Católica. Ela deixaria sua tradição religiosa e se converteria ao cristianismo. E o batismo de desejo implícito refere-se a uma pessoa que conhece o cristianismo, mas está impedida de explicitar esse desejo e ser batizada porque vive, por exemplo, no interior de uma comunidade religiosa específica e, ali, ela fica impossibilitada de realizar esse seu desejo. Então ela vive implicitamente (na intenção) a doutrina católica.[12]

O modelo inclusivista, conhecido também como cristocêntrico, propõe um grande avanço teológico em relação ao primeiro. Neste, como o termo indica, não é a Igreja que está no centro, mas Cristo. Sua reflexão emerge no século XX e será oficializada na Igreja Católica com o Concílio Vaticano II (1962-1965). Ele tem duas teorias que o consolidam: *a teoria do acabamento*, ou *da realização*, ou, ainda, *do cumprimento*, e *a teoria de Cristo presente nas religiões*. A primeira pontua que todas as religiões são naturais e somente a religião cristã é sobrenatural. Esta certeza vem da encarnação de Deus em Jesus Cristo, pois, o texto bíblico diz que:

> Ele, que é de condição divina, não considerou como presa a agarrar o ser igual a Deus. Mas despojou-se, tomando a condição de servo, tornando-se semelhante aos homens, e por seu aspecto, reconhecido como homem; ele se rebaixou, tornando-se obediente até a morte, e morte numa cruz.[13]

De forma breve, pode-se dizer que, se Deus é sobrenatural e as religiões são naturais, não há possibilidade de elas, por si mesmas, conduzirem seus fiéis

---

de iniciação na comunidade de fé não por tornar a pessoa filha de Deus. Isto todo ser humano é pelo próprio nascimento.

[12] Para maior aprofundamento, ver: SESBOÜÉ, B. *Hors de l'église pas de salut*: histoire d'une formule et problèmes d'interprétation. Paris; Desclée de Brouwer, 2004; LIBANIO, J. B. Extra ecclesiam nulla salus. *Perspectiva Teológica*, Belo Horizonte, n. 8, pp. 21-49, 1973; DUPUIS, J. *Rumo a uma teologia cristã do pluralismo religioso*, pp. 123-155.

[13] Cf. Fl 2,6-8.

até Deus. Somente uma religião sobrenatural pode fazer essa mediação. Por isso, todas as religiões têm de ter o *acabamento* ou *a realização* ou o *cumprimento* na religião cristã, pois esta é sobrenatural e, por Jesus Cristo, pode mediar a salvação de todos os fiéis junto de Deus.[14] A segunda teoria, de *Cristo presente nas religiões*, avança um pouco mais e afirma que há uma presença misteriosa de Jesus Cristo em todas as religiões. Essa presença as torna também sobrenaturais. Portanto, todas as religiões são sobrenaturais pela presença misteriosa de Cristo nelas. Ele é o único mediador entre os seres humanos e Deus. A missão da Igreja cristã é a de possibilitar que as tradições religiosas tematizem essa verdade. A expressão que se tornou célebre em atividades pastorais e missionárias e que, em certo sentido, condensa a percepção deste axioma é "*Só Jesus salva*".

É, propriamente, a teologia de Karl Rahner que fundamenta esse axioma. A *antropologia transcendental* (ou antropologia teológica) caracteriza a teologia rahneriana. Ele cunhou a expressão "existencial sobrenatural" para falar dessa experiência. Entretanto, isso é mais que uma expressão ou categoria: é "sua convicção teológica fundamental".[15] É a sua maneira de entender e fazer teologia. Significa que todo ser humano, pelo fato da criação, tem um existencial (natural) como referência originária ao mistério absoluto, mas que Deus, por livre e gratuita iniciativa, eleva ao nível da comunhão com seu mistério pessoal trinitário (sobrenatural). Por isso o termo "existencial sobrenatural" indica uma estrutura antropológica (existencial) colocada na ordem da graça (sobrenatural) em vista da salvação. O ser humano nasce com uma *orientação fundamental* ontológica (existencial) para Deus. Essa abertura espiritual ou orientação fundamental é dada na atual ordem concreta da salvação, por livre graça divina, portanto, como oferta, a toda pessoa independente de sexo, cor ou grau social e econômico, em vista de sua comunhão íntima com a Trindade (sobrenatural). Isso torna o ser humano um ser por natureza (ontologicamente) chamado à intimidade de Deus. A resposta e acolhida positiva dessa orientação fundamental será o critério último de sua salvação. Isso significa que as práticas pessoais e sociais livres respondem positiva ou negativamente a essa orientação profunda das pessoas, embora não necessariamente de modo explícito e temático. Nas palavras de Rahner,

---

[14] Seus principais representantes são: Jean Daniélou, Henri de Lubac e Han Urs von Balthasar. Para uma introdução a essa teoria, ver: DUPUIS, J. *Rumo a uma teologia cristã do pluralismo religioso*, pp. 188-201.

[15] WEGER, Karl-Heinz. *Karl Rahner*: uma introdução ao pensamento teológico. São Paulo: Loyola, 1981. p. 118.

este existencial não se torna merecido ou devido e, nesta acepção, "natural", pelo fato de estar dado a *todos* os homens como elemento permanente de sua existência concreta e pelo fato de estar previamente dado à sua liberdade, à sua autocompreensão e à sua experiência.[16]

O "existencial" (*Existentiale*) diz respeito à orientação ontológica do ser humano e as "opções concretas" (*Exitentiell*) são os atos da liberdade humana que respondem a favor ou contra a orientação para Deus. "O existencial sobrenatural é, pois, uma destinação propriamente dita do homem, também quando este se fecha à graça de Deus [...]; é anterior a qualquer decisão pessoal, carregando e co-determinando todas as decisões humanas."[17] Por essa estrutura transcendental o ser humano é chamado à salvação eterna e suas escolhas livres é que determinam sua orientação profunda, para Deus ou para si mesmo.

Dessa reflexão segue uma outra concepção central de sua teologia, que é a noção de "cristãos anônimos". É uma extensão ao campo da eclesiologia de sua concepção do mistério universal da salvação pela ação vitoriosa de Cristo. Nesse quadro de fundo entende-se o mistério de salvação dos crentes de outras tradições religiosas e mesmo daqueles que não acreditam em Deus. Todo ser humano pertence à unidade de uma humanidade criada e salva em Jesus Cristo. Toda decisão que o ser humano toma sobre si mesmo envolve em concreto e de modo inevitável uma postura sobre seu destino sobrenatural que encontrou em Jesus Cristo sua máxima revelação. Portanto, tem referência com Jesus Cristo, daí ser "cristão"; mas sem explicitar tal relação, daí ser "anônimo". Além disso, suas ações concretas na história explicitam, de alguma maneira, aquilo que eles respondem ao mais profundo da existência humana, aquela relação radical com Jesus Cristo, e criam valores que legitimamente se podem chamar de cristãos, embora não assim nomeados (anônimos).

Rahner compreendia ser uma concepção intra-eclesial, que valia para os cristãos entenderem como os fiéis de outras denominações religiosas e mesmo os ateus seriam salvos. Aquele que pratica os valores evangélicos, mesmo sem os conhecer, é um "cristão anônimo". Ele afirma:

> Isto não nega, mas, pelo contrário, implica positivamente que a pessoa que não encontrou ainda Cristo no testemunho histórico explícito e em sua transmissão pode

---

[16] RAHNER, K. *Curso fundamental da fé*. São Paulo: Paulus, 1989. p. 158.

[17] WEGER. *Karl Rahner*: uma introdução ao pensamento teológico, p. 93.

contudo encontrá-lo no seu irmão e no amor para com ele, no qual Jesus se faz encontrar como que anonimamente, pois que ele mesmo disse: "Cada vez que o fizestes a um destes meus irmãos pequeninos, a mim o fizestes" (Mt 25,40), a ele que vive sua vida nos pobres, nos famintos, nos encarcerados e nos moribundos.[18]

A categoria "cristãos anônimos" ou "cristianismo anônimo" abrange todas as pessoas, pois todas são marcadas pela graça de Deus manifestada e realizada por Jesus Cristo ("existencial sobrenatural").[19] E, essas, ao colocarem em prática os valores humanos, mesmo sem terem recebido o batismo cristão e até mesmo sem conhecerem os ensinamentos de Jesus Cristo, mas vivendo os valores de sua tradição religiosa e/ou os valores da justiça, da caridade, da solidariedade, ou seja, valores que auxiliam a construção do Reino de Deus, já aqui na terra, são cristãos por natureza (anônimos). Entretanto, por algum motivo de ordem pessoal ou institucional não abraçam a fé cristã, nem pertencem, explicitamente, ao cristianismo. O batismo, neste raciocínio, os torna "cristãos explícitos". E, de forma mais aprofundada, o cristão explícito é aquele que tem consciência subjetiva de ser cristão. O missionário é aquele que irá auxiliar na tematização dos valores já vividos, por exemplo, por pessoas de uma certa tradição religiosa, mas ainda não compreendidos como valores evangélicos. Em outras palavras, uma pessoa pode viver uma profunda experiência amorosa, mas no momento em que necessita transmitir em palavras (tematizar), acaba não sabendo expressar ou expressando minimamente a grandiosidade do ato. Daí uma outra pessoa poder auxiliar nesta tematização. Essa seria a tarefa do missionário cristão, na perspectiva de Rahner.

O axioma pluralista tem sua origem na década de oitenta. John Hick[20] tem uma expressão pontual que permite compreender este paradigma. Ele propõe fazer

---

[18] RAHNER, K. *Curso fundamental da fé*, p. 366. E, em outro escrito, "O pregador do evangelho, que medeia a fé como apropriação da graça, dirige-se e deve dirigir-se (resultando a pregação da fé impossível sem a graça da fé) a pessoas que possuem a graça santificante, ao menos em estado de oferta, ou mesmo de livre, embora não temática, aceitação, e portanto são cristãos anônimos." Cf. RAHNER, Karl. Cristianesimo anonimo e compito missionario della chiesa. In: RAHNER, Karl. *Nuovi Saggi*. Roma: Paoline, 1973, v. IV, p. 632.

[19] "'Cristianismo anônimo' quer dizer que a salvação em Jesus Cristo é acessível às pessoas humanas, em qualquer situação histórica em que se encontrem, enquanto se abrem de alguma maneira à autocomunicação de Deus, que atinge seu ápice no evento Jesus Cristo. [...] O mistério da salvação não atinge estas pessoas mediante uma ação meramente invisível do Senhor ressuscitado, e sim, misteriosamente, por intermédio da tradição religiosa a que pertencem." Cf. DUPUIS, *Rumo a uma teologia cristã do pluralismo religioso*, p. 206.

[20] John Hick tem uma reflexão instigante em seu livro *Metáfora do Deus encarnado*. No capítulo 10, ele propõe que Jesus Cristo falou metaforicamente ser o Filho de Deus encarnado e foi compreendido pela comunidade primitiva como sendo literalmente o Filho de Deus encarnado. Afirmação que gerou querelas no interior da teologia cristã. Ver: HICK, J. *Metáfora do Deus encarnado*. Petrópolis: Vozes, 2000.

uma *revolução copernicana na teologia*.[21] A revolução copernicana diz respeito ao Sol ser o centro deste sistema solar (heliocentrismo) e não a Terra (geocentrismo), como pensava a Igreja Católica a partir da afirmação do texto bíblico que diz que Josué pára o sol na batalha de Guibeon para que o povo de Israel ganhe a guerra.[22] Hick propõe algo parecido ante a concepção dos inclusivistas. Afirma não ser Cristo o centro das teologias e das religiões, mas sim Deus. Portanto, todas as teologias e religiões devem girar em torno de Deus e não em torno de Cristo. Assim, todas as religiões possuem autonomia salvífica. Significa que Jesus Cristo não é mais o único e exclusivo mediador entre os seres humanos e Deus, mas que cada tradição religiosa possui vias próprias de salvação. Neste sentido, Jesus Cristo é de fundamental importância para a tradição cristã, mas não mais a única referência salvífica entre todos os humanos e Deus.

Buscando alternativas teológicas para este ardoroso debate, os teólogos cristãos se articulam, usam de criatividade e de astúcia para construir uma reflexão que seja coerente com a tradição cristã e não coloque em risco o específico de sua identidade religiosa. Porém, ao mesmo tempo, que seja aberta ao encontro com as tradições religiosas em geral. Têm sido lapidadas palavras e expressões que procuram ter essa característica. Na década de 1990, procurando articular o inclusivismo cristocêntrico com o pluralismo teocêntrico, surge o chamado inclusivismo aberto.[23] Desse embate surgem várias categorias que fazem avançar o debate e a compreensão de Jesus Cristo. Duas destacam-se pela clareza e praticidade. São elas *normativa* e *constitutiva*. Jesus Cristo é normativo e constitutivo para a salvação? Entende-se *normativo* como Jesus Cristo sendo o revelador, a norma, a referência de um caminho; e *constitutivo* como Jesus Cristo sendo o único caminho ou a causa da salvação de todo ser humano. O modelo inclusivista tem se posicionado de maneira a sempre

---

[21] Nicolau Copérnico (1473-1543), ao perceber que os questionamentos da física, da matemática e da astronomia não conseguiam ser solucionados com o referencial teórico que tinha à sua disposição, o ptolemaico, busca outros experimentos e começa a ter respostas mais satisfatórias. Ele acaba por investigar e por concluir, ainda timidamente, que não era o Sol que girava em torno da Terra, mas justamente o contrário (teoria do heliocentrismo). Galileu Galilei (1564-1642) dá seqüência a essa pesquisa e acaba por comprovar tal veracidade.

[22] Os habitantes de Guibeon haviam feito as pazes com Israel, e os reis emoritas, com medo dessa união, decidem atacar Guibeon para sitiá-la. Seus habitantes pedem ajuda a Josué. Este vem em auxílio e faz o dia ficar maior para seu povo ganhar a batalha. Diz o texto: "Então Josué falou ao Senhor, naquele dia em que o Senhor entregara os emoritas aos filhos de Israel, e disse, em presença de Israel: 'Sol, detém-te sobre Guibeon, Lua, sobre o vale de Aialon!'. E o sol parou e a lua imobilizou-se até a nação ter-se vingado dos seus inimigos. Não está escrito isso no livro do Justo? O sol se imobilizou no meio dos céus e não se apressou a tramontar durante quase um dia" (Js 10,12-13).

[23] TEIXEIRA, F. *Teologia das religiões*, p. 78.

defender Jesus Cristo como normativo e constitutivo para a salvação universal. Já o modelo pluralista tem apresentado duas formas: uma propõe ser Jesus Cristo normativo, mas não constitutivo, e outra considera que Jesus Cristo não é nem normativo, nem constitutivo para a salvação da humanidade.[24]

Geffré, ao participar desse debate, busca um *jeito novo* para pensar essa temática e afirma que a reflexão cristã não pode fazer uma dissociação entre cristocentrismo e teocentrismo, pois "não se pode dissociar o teocentrismo do amor trinitário e, portanto, não se pode dissociar o teocentrismo de Deus como mistério do amor se comunicando pelo mistério da Encarnação e pelo envio do Espírito".[25] Em suas próprias palavras:

> Minha posição consiste em dizer que sou inclusivista no sentido de que todas as religiões são religiões de salvação pela mediação escondida de Cristo, a presença escondida do Cristo, mas ao mesmo tempo sou pluralista no sentido de que levo a sério o valor intrínseco das religiões nas suas próprias diferenças, e que nelas mesmas há elementos que podem favorecer a salvação de seus membros.[26]

Ele acredita na mediação salvífica exercida por Cristo e no valor das tradições religiosas, mas demarca que "todas as religiões estão inclusas, de qualquer maneira, no mistério de Cristo".[27] Faz uma distinção importante para esse debate entre valores crísticos e valores implicitamente cristãos. Qual o sentido desses termos para Geffré?

---

[24] "O inclusivismo constitutivo é inclusivo porque defende ser a salvação acessível a todos os seres humanos; é constitutivo porque postula que Jesus Cristo é a causa dessa salvação. [...] Uma postura normativa não constitutiva funda-se menos em uma argumentação metafísica, sendo mais influenciada por uma compreensão histórica da realidade. Afirma que Jesus proporciona uma norma ou medida representativa da verdade religiosa e da salvação de Deus para toda a humanidade, embora não cause a ação de Deus em prol da salvação que se desenrola fora da esfera cristã. Deslocando-se ainda mais para a esquerda, o pluralismo abarca formalmente a multiplicidade de religiões e a salvação mediada por elas, defendendo que outras mediações da salvação de Deus estão ou podem estar em pé de igualdade com Jesus Cristo." Cf. HAIGHT, *Jesus, símbolo de Deus*, p. 460. O debate sobre essas tipologias pode ser visto entre as páginas 459-464, com várias citações em nota de rodapé. Ver também: COMISSÃO TEOLÓGICA INTERNACIONAL. *O cristianismo e as religiões*. São Paulo: Loyola, 1997, n. 12.

[25] GEFFRÉ, C. Le dialogue interreligieux. Disponível em: <http://www.encalcat.com/fr/nouv/geffre.doc>. Acesso em: 29 ago. 2002. Texto redigido a partir das conferências de C. Geffré, na Basílica de Limon, nos dias 4 e 5 de outubro de 2000, aos monges e monjas católicos do DIM.

[26] GEFFRÉ, C. Le dialogue interreligieux. Disponível em: <http://www.encalcat.com/fr/nouv/geffre.doc>. Acesso em: 29 ago. 2002. Ele acusa o inclusivismo de exercer "um imperialismo secreto, como se tudo que há de verdadeiro e bom nas outras religiões remetesse ao 'cristão implícito'". Cf. GEFFRÉ, C. La verdad del cristianismo en la era del pluralismo religioso. *Selecciones de Teología*, Barcelona, n. 146, v. 37, abr.-jun. 1998, p. 137; GEFFRÉ, A fé na era do pluralismo religioso, p. 65.

[27] GEFFRÉ, C. *Croire et interpréter*, p. 116.

134

2.2. Valores crísticos e valores implicitamente cristãos

Procurando lapidar sua estrutura cristocêntrica, mas aberta ao pluralismo e às verdades presentes nas tradições religiosas, Geffré procura distinguir valores crísticos ou universalidade de Cristo, de valores implicitamente cristãos ou universalidade do cristianismo. *Valores crísticos* são aqueles que vêm do próprio Cristo, enquanto Verbo de Deus e que irradia verdade, santidade e bondade para todas as tradições religiosas. Ele estabelece a universalidade de Cristo articulando com a economia do Verbo eterno. "De acordo com a visão dos Padres da Igreja, é pois permitido ver a economia do Verbo encarnado como o sacramento de uma economia mais vasta, a do Verbo eterno de Deus que coincide com a história religiosa da humanidade."[28] Pode haver valores que o cristianismo não conseguiu e nem conseguirá captar, não por vontade divina, mas por contingências históricas.[29] Geffré prefere

> falar de valores crísticos mais que de valores implicitamente cristãos. Esses valores são diferentes dos valores cristãos; provavelmente eles nunca encontrarão sua explicitação no interior do cristianismo, mesmo que encontrem sua realização no mistério de Cristo.[30]

Como o ser humano é finito e limitado e o cristianismo é construção histórica deste mesmo humano, "a superabundância do mistério de Cristo não encontrou sua tradução adequada no cristianismo que nós conhecemos". Por isso, "outras tradições religiosas podem misteriosamente encarnar certos valores crísticos".[31] Assim, além do cristianismo poder apreender, com as outras tradições religiosas, facetas novas do mistério de Cristo, ele pode também,

---

[28] GEFFRÉ, C. *Croire et interpréter*, p. 118. Ver também: GEFFRÉ, A fé na era do pluralismo religioso, p. 67; GEFFRÉ, *Profession théologien*, p. 163. Dupuis sustenta-se nessa reflexão teológica de Geffré sobre o Verbo eterno para responder às críticas apresentadas pela Congregação da Doutrina da Fé. Cf. DUPUIS, J. La teologia del pluralismo religioso revisitada. *Rassegna di Teologia*, Bologna, ano XL, v. 5, set.-out., 1999, p. 670.

[29] Para Torres Queiruga, "o limite da revelação não está imposto por Deus, e sim pela impossibilidade da criatura." Cf. TORRES QUEIRUGA, *A revelação de Deus na realização humana*, p. 286.

[30] GEFFRÉ, C. Le dialogue interreligieux. Disponível em: <http://www.encalcat.com/fr/nouv/geffre.doc>. Acesso em: 29 ago. 2002. Afirma também que "existem verdades na ordem religiosa que encontram sua realização última no mistério de Cristo, mas jamais serão tematizados no cristianismo histórico." Cf. GEFFRÉ, C. O lugar das religiões no plano da salvação. In: TEIXEIRA, F. (Org.). *O diálogo como afirmação da vida*. São Paulo: Paulinas, 1997. p. 134. E ainda: "É melhor falar de valores crísticos do que de valores implicitamente cristãos que encontrariam seu cumprimento no cristianismo histórico". Cf. GEFFRÉ, C. *Croire et interpréter*, p. 115.

[31] GEFFRÉ, C. *Croire et interpréter*, p. 115. Para Schillebeeckx, "podemos e devemos dizer que há mais verdade (religiosa) *em todas as religiões no seu conjunto* do que numa única religião, o que também vale para o cristianismo." Cf. SCHILLEBEECKX, E. *História humana*: revelação de Deus. São Paulo: Paulus, 1994. p. 215.

segundo Geffré, no seu interior, explicitar, na relação com essas tradições, virtualidades do mistério cristão ainda não percebidas. O cristianismo, em contato com as diferentes tradições religiosas, tem a possibilidade de, maieuticamente, dar à luz novas dimensões do mistério de Cristo sempre presente, mas nem sempre assimiladas e discernidas.[32] Ele acredita que "os recursos espirituais das outras tradições religiosas nos ajudam a fazer um inventário mais profundo das próprias riquezas do cristianismo".[33]

Para Geffré, os valores crísticos são de três ordens: da ordem do conhecimento, da ordem do culto e da ordem da ética.[34] Trata-se da *ordem do conhecimento* quando uma tradição religiosa possuir textos sagrados, revelações, profecias que mostrem uma pedagogia sobre a descoberta do verdadeiro Deus; da *ordem do culto*, quando alguns ritos, algumas iniciações, algumas práticas ascéticas levarem a um aprendizado da verdade, a uma relação do humano com Deus; da *ordem da ética*, quando existir a prática da justiça, da compaixão, da hospitalidade, da fraternidade, da cortesia, um esquecimento de si em relação a um maior. Essas atitudes podem ser como antecipações do Reino de Deus.

Ele prefere falar em valores crísticos a falar em valores implicitamente cristãos, pois, em sua compreensão, estes se referem somente aos valores crísticos assimilados pelo cristianismo histórico. Esses valores, mesmo sendo reais e verdadeiros, não correspondem à grandiosidade nem à totalidade do mistério do Verbo de Deus, como já foi dito, não por vontade divina, mas por limitação e contingências históricas onde o cristianismo tem-se desenvolvido. De outra forma, os valores implicitamente cristãos são aqueles valores assimilados e difundidos pelo cristianismo histórico e vividos de maneira implícita

---

[32] Na *maiêutica socrática* não há criação de algo novo, pois as idéias são inatas; o filósofo é aquele que ajuda o discípulo, "grávido de idéias", a dar à luz essas mesmas idéias. Na *maiêutica histórica*, proposta por Torres Queiruga, há criatividade e criação de algo novo, pois é a possibilidade de qualquer pessoa, em dado momento de sua história e movida por alguma situação real, dar à luz a presença amorosa de Deus sempre presente, mas nem sempre captada em sua gratuidade. É por isso que, neste momento, aplica-se a *maiêutica histórica*, pois o cristianismo pode, no contato com outra tradição religiosa, reinterpretar categorias adormecidas ou não percebidas do mistério de Cristo, sempre presente. Cf. TORRES QUEIRUGA, A. *A revelação de Deus na realização humana*, pp. 106-117. Ver também: PANASIEWICZ, R. *Diálogo e revelação*, pp. 84-96.

[33] GEFFRÉ, C. *Croire et interpréter*, p. 130. Em resposta a um e-mail, Geffré entende que "as riquezas das outras religiões não completam a plenitude da Revelação que nos foi confiada em Jesus Cristo, mas elas podem nos conduzir a uma melhor inteligência do mistério insondável de Deus e da relação religiosa do homem com Deus". GEFFRÉ, C. *FW: réponse du 19.02.05* [mensagem pessoal]. Mensagem recebida por <roberlei@pucminas.br> em 03 mar. 2005.

[34] Os tipos de valores crísticos estão em: GEFFRÉ, *Croire et interpréter*, p. 115.

por outras tradições religiosas. Com a idéia de valores crísticos, Geffré procura "ultrapassar a simples problemática dos marcos de espera; e descarta, portanto, a idéia de um tipo de cristianismo implícito ou anônimo que só encontraria sua realização explícita no cristianismo".[35]

Ao dar ênfase à universalidade de Cristo, enquanto Verbo encarnado,[36] e não à universalidade do cristianismo, enquanto religião histórica, Geffré amplia a concepção da categoria inclusivista. Para ele, "é Cristo que realiza todas as coisas e não o cristianismo, enquanto religião histórica, que realiza todas as outras religiões".[37] Em outras palavras, as religiões "encontrarão sua realização última em Jesus Cristo, mas elas não encontrarão sua explicitação verificável no cristianismo".[38] Isto traduz a idéia de *cristianidade*,[39] em que o mistério de Cristo coexiste e perpassa toda a história da humanidade. Como

---

[35]   GEFFRÉ, C. *Croire et interpréter*, p. 129. Ao falar em "valores implicitamente cristãos", faz referência à teoria dos "cristãos anônimos", de K. Rahner, cuja crítica se processa por essa teoria acreditar, segundo Geffré, que as pessoas e as tradições religiosas "encontrariam seu cumprimento no cristianismo histórico" (p. 115) e procura ultrapassá-la com a sua teoria dos "valores crísticos".

[36]   "[...] não confundo a universalidade de direito do Cristo como Verbo encarnado e a universaldiade do cristianismo como religião histórica." Cf. GEFFRÉ, A fé na era do pluralismo religioso, p. 67. Em Amaladoss: "Ao falar da universalidade do Cristo é preciso referir-se a toda a amplitude cósmica de sua ação e não apenas ao realizado em sua forma encarnada, chamada Jesus". Cf. AMALADOSS, M. O pluralismo das religiões e o significado de Cristo. In: TEIXEIRA, F. (Org.). *Diálogo de pássaros*. São Paulo: Paulinas, 1993. p. 100.

[37]   GEFFRÉ, C. *Croire et interpréter*, p. 122. E ainda: "Há que diferenciar melhor a universalidade do cristianismo como religião histórica (universalidade relativa) da universalidade de Cristo como único mediador entre Deus e os homens (universalidade absoluta)". Cf. GEFFRÉ, C. La teología europea en el ocaso Del eurocentrismo. *Selecciones de Teología*, Barcelona, v. 32, n. 128, oct.-dic., 1993, p. 296. Em outro momento, afirma: "Seja como for, no encontro com os representantes das religiões não-cristãs minha maior preocupação é sempre mostrar claramente que não confundo a universalidade de direito do Cristo como Verbo encarnado e a universalidade do cristianismo como religião histórica". GEFFRÉ, A fé na era do pluralismo religioso, p. 67.

[38]   GEFFRÉ, C. Le dialogue interreligieux. Disponível em: <http://www.encalcat.com/fr/nouv/geffre.doc>. Afirma também: "Eu penso que toda verdade, aliás, não unicamente as verdades de ordem religiosa, mas toda verdade na ordem religiosa, na ordem cultural, encontrará sua realização na plenitude do mistério de Cristo". Ele questiona que, se esta realização ou explicitação fosse possível no cristianismo, não iria alterar nem afetar sua própria singularidade. Geffré afirma que "o cristianismo é infiel à sua condição exodal quando absolutiza uma realização histórica, isto é, uma produção institucional e doutrinal como estado definitivo da Igreja de Cristo". GEFFRÉ, *Como fazer teologia hoje*, p. 222. Pode-se dizer que já estava em germe aqui a idéia de cristianidade.

[39]   GEFFRÉ, C. *Croire et interpréter*, p. 115. Na cristianidade, o mistério de Cristo é que ocupa papel relevante, abolindo, assim, a idéia de um imperialismo cristão, próprio da cristandade. Nesta, o cristianismo histórico é que exerceu total domínio. Em *Profession théologien*, diz apreciar esta expressão de Panikkar (p. 147), pois ela compreende uma "dimensão antropológica universal". O termo cristianidade representa algo mais universal que o cristianismo histórico, pois ele une "a presença oculta do mistério de Cristo coextensivo a todos os momentos da história" (p. 148); é o "ser-crístico mais universal" (p. 50). Em e-mail Geffré diz que "os valores crísticos são as sementes de verdade, de bondade e mesmo de santidade que explicitam a 'cristianidade' inerente a todo ser humano que foi criado não somente à imagem e semelhança de Deus, mas à imagem e semelhança de Cristo como novo Adão". GEFFRÉ, C. *FW: réponse du 19.02.05* [mensagem pessoal]. Mensagem recebida por <roberlei@pucminas.br> em 03 mar. 2005.

"a humanidade de Jesus de Nazaré não esgota a plenitude do mistério de Cristo, da mesma forma a revelação cristã não esgota a plenitude do mistério de Deus e do mistério de Cristo".[40] Jesus, mesmo revelando Cristo, Verbo encarnado, não esgotou este mistério divino pelo fato de Jesus ser humano e, portanto, limitado às condições históricas, e Cristo ser universal e transcender a historicidade humana. Entretanto, para Geffré, não se pode separar Jesus de Cristo, pois é uma única pessoa, e essa pessoa revela a totalidade do mistério de Deus, porém, sem esgotá-lo. Em Jesus Cristo o Verbo de Deus se encarna e se faz humano.[41]

Dessa forma, Geffré busca dar uma resposta às tipologias ou paradigmas apresentados antes, referentes à teologia das religiões e ao diálogo inter-religioso. Ele critica o chamado *paralelismo salvífico* proposto por alguns pluralistas, aqueles que consideram que Jesus Cristo não é nem normativo nem constitutivo para a salvação (a não ser para os próprios cristãos), pois desta maneira toda e qualquer religião tem autonomia salvífica, ou seja, ela, por si mesma, possibilita a seu fiel chegar a Deus. Neste caso, quem medeia a salvação é a própria presença amorosa universal de Deus e também, no caso do crente, o seu compromisso com as prescrições de sua tradição religiosa. Geffré não nega que o amor e, sobretudo, a sua prática sejam de fundamental importância na vida e para a salvação. Entretanto, para ele, quem medeia a salvação é Cristo. Por isso, desenvolve a teoria da universalidade da presença de Cristo, através da presença dos *valores crísticos* nas tradições religiosas. Assim, nega a existência do paralelismo salvífico e pontua ser o mistério universal de Cristo quem medeia a salvação de todo ser humano.

Para Geffré, esta potencialidade do mistério de Cristo não anula o específico de cada tradição religiosa. Em cada tradição há algo que deve ser

---

[40] GEFFRÉ, C. *Profession théologien*, p. 149. Para Amaladoss, "Jesus é Cristo, mas Cristo é mais que Jesus". Cf. AMALADOSS, O pluralismo das religiões e o significado de Cristo, p. 100.

[41] Em *Como fazer teologia hoje*, Geffré utiliza com mais naturalidade as expressões "Logos eterno" e "Verbo de Deus" para referir-se à encarnação de Deus em Jesus Cristo. Em *Croire et interpréter*, dá preferência ao termo "Verbo eterno", provavelmente para demarcar a diferença da sua reflexão com a de Panikkar, que ao se referir à figura do "Logos eterno", aponta para a idéia de um "Cristo Sabedoria preexistente" ou "Cristo cósmico preexistente" em torno da qual giram as tradições religiosas. Jesus manifesta certa plenitude deste "mistério teândrico primordial", mas sua total plenitude só se revelará no final dos tempos. Nesse sentido, a concepção da "preexistência de Cristo" enfraquece a encarnação de Deus em Jesus de Nazaré. "Com Raymond Panikkar, estou pronto a reconhecer que há mais no Verbo do que na humanidade de Jesus de Nazaré. Mas recuso-me a separar um do outro, uma vez que Jesus Cristo é uma única pessoa". Cf. GEFFRÉ, *Croire et interpréter*, p. 119; e também *Profession théologien*, p. 147.

considerado *irredutível*, e esse "irredutível de cada tradição religiosa não é necessariamente um implícito cristão. É um irredutível *diferente*, mesmo quando há uma relação misteriosa com Cristo".[42] Esse *irredutível* é a maneira pela qual uma tradição se identifica enquanto tradição religiosa e se distingue de outras. É a expressão da sua singularidade histórica e da sua maneira própria de captar a transcendência divina. Essa expressão pode ser também a revelação da presença crística captada de forma única por aquela tradição e que o diálogo inter-religioso irá possibilitar que sejam compartilhadas. Todavia, toda tradição religiosa traz consigo algo de *irredutível* e é essa irredutibilidade que assegura à tradição religiosa sua característica singular. Para Geffré, os valores positivos das tradições religiosas "podem testemunhar um *irredutível* que provém do Espírito de Deus, que sopra onde quer".[43] Esse Espírito de Deus inspira as religiões a criarem sua irredutibilidade e sua especificidade que será cumprida no mistério de Cristo, mas não no cristianismo histórico. Ele afirma que "Cristo é o cumprimento de todos os valores salutares espalhados nas diversas religiões", porém não afirma ser o cristianismo "o cumprimento de todas as virtualidades disseminadas nas outras tradições religiosas".[44]

Geffré compreende que "Cristo cumpriu todos os valores das outras religiões, mas este cumprimento não é do tipo totalitário". E, continua, "é um cumprimento que respeita a parte *irredutível* que se encontra nas outras tradições religiosas, pois é enquanto essas tradições religiosas são portadoras de um certo irredutível, que esse irredutível é cumprido no mistério de Cristo".[45] Resguardar o irredutível de cada tradição é de fundamental importância

---

[42] GEFFRÉ, *Croire et interpréter*, p. 122. A idéia de que há algo *irredutível* em cada tradição religiosa acompanha a reflexão de Geffré. Por exemplo, em *Por um cristianismo mundial*, afirma que "a verdade cristã é relativa à parte da verdade irredutível da qual toda tradição religiosa é portadora", p. 15. E, ainda, "o cristianismo pode ser fiel a si mesmo, respeitando a parte irredutível que diz respeito a cada tradição religiosa", p. 18. Em outro escrito, "as religiões serão, portanto, realizadas em Cristo na medida de sua irredutibilidade". Cf. GEFFRÉ, C. Le dialogue interreligieux. Disponível em: <http://www.encalcat.com/fr/ nouv/geffre.doc>. É importante demarcar a mudança no pensamento de Geffré. Em *Como fazer teologia hoje*, ele falava no "mistério irredutível de Deus" (p. 159) e depois irá falar em um *irredutível* também nas tradições religiosas.

[43] GEFFRÉ, Por um cristianismo mundial, p. 17. E também: GEFFRÉ, O lugar das religiões no plano da salvação, p. 134. Entretanto, sempre aponta que esse *irredutível* das tradições religiosas está, de alguma maneira, inserido no mistério de Cristo.

[44] GEFFRÉ, *Croire et interpréter*, p. 122.

[45] GEFFRÉ, C. *Croire et interpréter*, p. 120. Mesmo que o *irredutível* de uma tradição religiosa não seja um *valor crístico*, esse *irredutível* está incluído no mistério de Cristo. Faz-se necessário ressaltar que, em *Como fazer teologia hoje*, Geffré fala do "mistério *irredutível* de Deus" (p. 159) para se referir à encarnação de Deus em Jesus Cristo e, em *Croire et interpréter*, ele fala do *irredutível de cada tradição religiosa* para se referir ao que é singular em cada religião.

para não querer tematizar a experiência de uma tradição religiosa a partir da experiência do cristianismo histórico.

A maneira como as religiões captam o transcendente e o expressam na história demonstra não somente a riqueza do mistério divino, mas também as diferentes realidades culturais. O *cumprimento* em Jesus Cristo não impede que o Espírito de Deus continue a soprar e a impelir novas manifestações. Assim, "estamos nesta lógica nova que nos sugere o que poderia ser o cumprimento, em Jesus Cristo, de um irredutível próprio a cada tradição religiosa, e que pôde ser suscitado pelo próprio Espírito de Deus".[46]

Geffré discorda de que haja uma complementaridade entre as tradições religiosas na história e de que, neste sentido, uma convergência total só seria possível no final dos tempos com a volta de Cristo.[47] Para ele, toda e qualquer tradição religiosa, digna deste nome, é única e específica por si mesma e traz consigo um caráter *irredutível*.[48] Falar em complementaridade religiosa é ofuscar essa sua visão.[49] Pois, se uma tradição necessita se complementar com outra tradição, é porque falta algo a ser captado. Para ele são *vias diferentes* de compreender o mistério divino e não vias incompletas.[50] Deus se revela de maneira total e plena a todas as tradições religiosas e não mais intensamente a uma e menos intensamente a outra. As diferentes apreensões do mistério divino são caracterizadas pelas diferenças culturais, ou seja, pela forma como

---

[46] GEFFRÉ, C. *Croire et interpréter*, p. 135.

[47] Para Amaladoss, "o Verbo é a norma; Cristo será o pleroma; mas Jesus é a forma Kenótica de Cristo. A plenitude de Cristo será alcançada quando Deus nele reunir todas as riquezas que comunicou ao mundo. Não podemos fazer afirmações como estas senão em sentido escatológico ('já', mas 'ainda não')." Cf. AMALADOSS, O pluralismo das religiões e o significado de Cristo, p. 103.

[48] Geffré afirma que, neste aspecto, pensa diferente de J. Dupuis. Diz Geffré: "Esta idéia de 'complementaridade' parece-me não respeitar suficientemente a alteridade das religiões não-cristãs". Cf. GEFFRÉ, Vers une théologie du pluralisme religieux, *La vie spirituelle*, Paris, v. 151, n. 724, set. 1997, p. 585. E também: "[...] ela [a complementaridade] não respeita devidamente a alteridade irredutível de cada tradição religiosa digna deste nome". Cf. *Croire et interpréter*, p. 129.

[49] "A complementaridade recíproca das religiões pode ter um sentido na ordem da manifestação, mas seguramente não na ordem da economia da salvação." Cf. GEFFRÉ, *Croire et interpréter*, p. 130. Na ordem da manifestação é enquanto a revelação foi e vai se constituindo em cada tradição religiosa (conforme captada pela tradição); e na ordem da economia é enquanto sucessão de fases do projeto divino que vai se desenvolvendo e progressivamente vai sendo revelado na história (conforme revelada por Deus). Numa perspectiva cristológica, é importante ressaltar que a *cristianidade* destaca o caráter universal do mistério de Cristo, enquanto a *alteridade irredutível* resguarda o específico de cada tradição religiosa em si mesma.

[50] GEFFRÉ, *Profession théologien*, p. 226. Ele pontua sua diferença em relação ao pensamento de Jacques Dupuis. Ver também: GEFFRÉ, *Croire et interpréter*, p. 128, onde diz: "J. Dupuis opta por uma misteriosa complementaridade entre as tradições religiosas, cuja convergência será manifestada no fim dos tempos com a volta de Cristo. [...] Mas a idéia de uma complementaridade das religiões me incomoda um pouco".

A DIMENSÃO CRISTOLÓGICA: JESUS COMO UNIVERSAL CONCRETO

cada tradição compreende esse mistério. Para ele, portanto, não há complementaridade, mas singularidade, que torna cada tradição religiosa específica por si mesma e diferente uma da outra. Cada tradição tem seu específico, seu caráter irredutível, que pode ser partilhado, através do diálogo, com as demais tradições religiosas.

Como Geffré fundamenta a sua reflexão sobre a universalidade de Jesus Cristo?

2.3. Cristo como universal concreto

Ao refletir sobre o mistério da encarnação e fundamentar teologicamente sua percepção da figura histórica de Jesus Cristo, Geffré recorre a uma expressão cunhada por Nicolau de Cusa: "Cristo como universal concreto".[51] O mistério da encarnação tem muito a ser explorado e conhecido. Para Geffré, é somente

> um aprofundamento do mistério da encarnação que deve permitir-nos compreender como se pode manter a singularidade do mistério de Cristo, sua unicidade, sem fazer com que esta unicidade conduza a uma espécie de imperialismo e de hegemonia do cristianismo em relação às outras religiões.[52]

Para o cristianismo, refletir sobre o mistério da encarnação é pensar a articulação entre o Verbo eterno e o Verbo encarnado, inseparáveis e distintos.[53] Jesus Cristo "não é a manifestação privilegiada do Absoluto na história. Ele é

---

[51] GEFFRÉ, *Como fazer teologia* hoje, p. 159 e em *Croire et interpréter*, p. 117. No primeiro livro, a expressão quer indicar um *realismo cristológico* que evita, por um lado, o perigo do "pensamento metafísico" e, por outro, a tentação do "antropocentrismo moderno" (p. 159). Em *Croire et interpréter*, a expressão é mais lapidada e sustenta sua reflexão cristológica; torna-se expressão corrente para tratar o tema do específico cristão na teologia das religiões. A expressão "universal concreto", que remonta a Nicolau de Cusa (1401-1464), fora usada por Cuttat em seu prefácio a Zaehner, *Inde, Israel, Islam*, p. 35, e por von Balthasar em *Teologia della storia*, p. 69. Cf. DUPUIS, *Rumo a uma teologia cristã do pluralismo religioso*, p. 198, nota 36.

[52] GEFFRÉ, *Croire et interpréter*, p. 117. Para Ricoeur, a palavra é o *universal concreto*, pois é na linguagem que o cosmo, o desejo e o imaginário acedem. Cf. GROSS, Eduardo. Hermenêutica e religião a partir de Paul Ricouer. *Numem*, Juiz de Fora, v. 2, n. 1, jan.-jun., 1999, p. 35.

[53] Duas expressões gregas, segundo Dupuis, auxiliam para este entendimento: *Logos énsarkos* (Logos encarnado) e *Logos ásarkos* (Logos não encarnado). "Se a ação humana do *Logos énsarkos* é o sacramento universal da ação salvífica de Deus, ela não esgota a ação do *Logos*. Continua a ocorrer uma ação distinta do *Logos ásarkos*." DUPUIS, *Rumo a uma teologia cristã do pluralismo religioso*, p. 413. E ainda: "Como a consciência humana de Jesus enquanto Filho não podia, por sua própria natureza, esgotar o mistério divino e, por isso, deixou incompleta a revelação de Deus, de maneira análoga o evento-Cristo não esgota — nem poderia — o poder salvífico de Deus" (p. 412). Em outro escrito salienta o risco de *monofisismo invertido*, que significa a absorção da natureza

141

o próprio Absoluto tornado histórico".[54] Esta é a originalidade da revelação cristã e, ao mesmo tempo, a dificuldade no diálogo com outras tradições religiosas monoteístas. Falar que Deus se fez humano na pessoa de Jesus Cristo e, que, desta revelação, emerge a concepção de um Deus trino, isto é, que é Pai, Filho e Espírito Santo, é para judeus e islâmicos uma mistura de algo criado com Deus e um enfraquecimento na unicidade divina.[55] Entretanto, para os cristãos, é o marco de sua identidade religiosa, pois Deus, enquanto Verbo, se encarna e se faz humano em Jesus de Nazaré, possibilitando a articulação entre o universal e o particular.[56] Por isso, Geffré afirma que "é preciso aceitar o paradoxo da encarnação. É enquanto o Verbo é inseparável da humanidade deste homem que é Jesus de Nazaré que ele é universal; é em sua própria particularidade que ele tem uma dimensão universal".[57]

Em outras palavras, "a pessoa de Jesus como manifestação concreta do Logos universal realiza a identidade entre o absolutamente concreto e o absolutamente universal".[58] Na percepção cristã, Deus escolheu revelar-se na particularidade de Jesus Cristo e, nele, a humanidade tem acesso ao absoluto de Deus. Nesta *kénosis* divina (aniquilamento), Deus abre mão de sua condição e se torna humano. Aqui está o paradoxo, pois, ao se tornar humano em *Jesus de Nazaré*, Deus deixa de ser absoluto nesta experiência, porque não há possibilidade de um humano ser também absoluto, devido à condição histórica em que todo ser humano está envolvido. Entretanto, enquanto *Cristo*, ele continua a demarcar

---

divina na natureza humana de Jesus após a encarnação do Verbo, dificultando perceber os atributos divinos da pessoa do Verbo. Cf. DUPUIS, La teologia del pluralismo religioso revisitata, p. 673.

[54] GEFFRÉ, *Como fazer teologia hoje*, p. 160. E ainda: "Devemos procurar pensar a relação entre o Logos eterno e o evento particular Jesus Cristo. E isso será sempre escândalo para a razão".

[55] Cf. TEIXEIRA. A experiência de Deus nas religiões, pp. 125 e 135.

[56] "Há que se entender isso sutilmente: a humanidade de Jesus, pelo fato de ser considerada contraída no homem Cristo, *ipso facto* deve também se entender como unida à divindade. Unida a ela, é absoluta em grau máximo; enquanto Cristo é considerado como aquele verdadeiro homem, ela está contraída, de modo que, devido à humanidade, é homem. Destarte, a humanidade de Jesus representa o meio entre o totalmente absoluto e o totalmente contraído." Cf. CUSA, N. *Douta ignorância*. Porto Alegre: EDIPUCRS, 2002. pp. 198-199.

[57] GEFFRÉ, *Croire et interpréter*, p. 119. Paul Tillich questiona: "Devemos perguntar em que sentido e de que forma Jesus como Cristo é o salvador, ou, mais precisamente, de que forma o evento único de Jesus como Cristo tem significado universal para todo ser humano e, indiretamente, também para o universo" (p. 360). E irá mostrar que a relação de Cristo com a existência é de *sujeição* e de *vitória*, expressos nos símbolos da *cruz* e da *ressurreição*. Símbolos que demonstram ser Jesus o Cristo e dão a ele caráter universal. Cf. TILLICH, *Teologia sistemática*, p. 362.

[58] GEFFRÉ, O lugar das religiões no plano da salvação, p. 125. Geffré afirma que esta reflexão é inspirada em Paul Tillich, para quem a "pessoa de Jesus como manifestação concreta do Logos universal realiza a identidade entre o absolutamente universal e o absolutamente particular". Cf. GEFFRÉ, *Croire et interpréter*, p. 119.

seu caráter de universalidade. "Cristo é o elemento concreto através do qual os que crêem têm acesso ao absoluto, mas ele mesmo está sujeito ao julgamento daquele que ele chama de *incondicional*, isto é, o absoluto de Deus."[59]

Na perspectiva trinitária, o Pai e o Espírito não fazem a experiência que o Logos ou o Verbo fazem, pois este se encarna na história humana e vive segundo esta condição, experiência que as outras duas pessoas da Trindade não fizeram. Entretanto, para Deus continuar sendo Deus não poderia ocorrer uma encarnação total das três pessoas: primeiro, por não existir a possibilidade de o incondicional se tornar condicional, de o absoluto e eterno se tornar relativo e finito; e, segundo, porque, se a primeira condição fosse possível, aí Deus deixaria de ser Deus, e o humano ficaria só e totalmente entregue às mazelas de seu destino. É por Deus ser Deus, na pessoa do Pai, que Jesus Cristo, enquanto Verbo, é chamado, por ele, à ressurreição dos mortos. E, por Jesus Cristo ser o Verbo encarnado, ao ressuscitar, é re-introduzido à sua experiência originária na Trindade divina.[60] Geffré expressa essa idéia com a terminologia *entronização*: "o crucificado é estabelecido Filho de Deus pela ressurreição e exaltação".[61] A Trindade é eterna (Pai, Logos ou Verbo e Espírito), porém a concepção de Filho de Deus vem com a encarnação.[62] É para falar da identidade de Jesus e para facilitar o diálogo com os muçulmanos que Geffré dá preferência ao termo *entronização*. Ele diz que "a filiação divina de Jesus não seria da ordem de uma geração física nem mesmo metafísica — coisa que o islamismo não pode aceitar —, mas da ordem de uma entronização por Deus".[63]

---

[59] GEFFRÉ, *Croire et interpréter*, p. 119. Dupuis destaca que "'absoluto' é um atributo da Realidade última ou Ser Infinito, que não dever ser atribuído a nenhuma realidade finita, até mesmo à existência humana do Filho-de-Deus-feito-homem. O fato de Jesus Cristo ser o Salvador 'universal' não faz dele o 'Salvador Absoluto', que é o próprio Deus". Cf. DUPUIS, *Rumo a uma teologia cristã do pluralismo religioso*, p. 390.

[60] Em Nicolau de Cusa, pode-se ler: "Cristo era capaz de ressurgir pelo próprio poder. Esse poder adveio-lhe da divindade, motivo por que se diz que Deus o ressuscitou dos mortos. Sendo ele Deus e homem, ressuscitou pela própria força. Nenhum homem, exceto ele, poderá ressurgir como Cristo senão pelo poder de Cristo, que também é Deus". Cf. CUSA, *A douta ignorância*, p. 200.

[61] GEFFRÉ, *Croire et interpréter*, p. 164. E ainda: "Portanto, parece que a filiação divina de Jesus, segundo as diversas testemunhas da tradição neotestamentária, não remete antes de tudo ao mistério do Natal, da Encarnação, mas à Páscoa, ao mistério de sua ressurreição e sua exaltação. [...] Para o Novo Testamento, a filiação divina de Jesus não seria necessariamente da ordem de uma geração física ou mesmo metafísica, o que o islamismo recusa evidentemente".

[62] Geffré afirma que "a maioria dos exegetas de hoje concorda em dizer que Jesus jamais aplicou a si mesmo o título de *Filho de Deus*. É mais provável que ele se tenha atribuído o título de *Filho do homem*, que é bem forte, apesar da discussão dos espertos quanto ao seu alcance". Cf. GEFFRÉ, *Croire et interpréter*, p. 163.

[63] GEFFRÉ, C. O Deus uno do islã e o monoteísmo trinitário. *Concilium*, Petrópolis, v. 289, n. 1, 2000, p. 97. Essa expressão aparece nos últimos escritos de Geffré. Em La portée théologique du dialogue islamo-chrétien,

Geffré demarca existir uma diferença entre as concepções de monoteísmo judaica, muçulmana e cristã. O monoteísmo judaico é soteriológico, funcional, ou, ainda, *de salvação*. Para a teologia bíblica, "chega-se à unicidade de Deus a partir da unicidade da aliança de Deus com seu povo".[64] O monoteísmo muçulmano é *ontológico, pré-eterno*. Para a teologia muçulmana, "a única aliança que conta é a aliança criacional, poderíamos dizer aquela que coincide com a própria criação do ser humano". E, ainda, "a lógica do islamismo obedece finalmente à lógica do absoluto, isto é, à lógica da identidade que exclui toda diferença, e que é a expressão de sua auto-suficiência, de sua perfeição".[65] O monoteísmo cristão é trinitário, "pode-se falar da unicidade do Deus cristão a partir da unicidade da mediação de Jesus Cristo".[66] Geffré expressa o monoteísmo cristão como sendo "uma vida diferenciada na comunhão, porque Deus é em si mesmo não identidade absoluta, mas comunhão na diferença; ele é mistério absoluto de comunicação, isto é, ele mesmo tende a suscitar diferenças".[67] Quem mantém viva esta abertura à comunicação é a terceira pessoa do mistério trinitário, o Espírito.

Esses monoteísmos expressam o mistério divino e testemunham a tentativa humana de explicitar a experiência da unicidade de Deus. Um desafia o outro a ser compreendido pelo que está expressando e a atualizar-se na maneira como cada um absorve o mistério divino. Também exercem mútuo papel de *avisador* no sentido de estarem aprofundando, permanentemente,

---

Islamochristiana, n. 18, 1992, fala de uma *emulação recíproca* que deve ocorrer neste diálogo entre o islamismo e o cristianismo, mas não aparece a idéia de *entronização*. A *emulação recíproca* seria a partir do estatuto da Palavra de Deus, da busca de Deus sempre maior e da criação e redenção (pp. 13-19). Em *Croire et interpréter*, fazendo uso da reflexão de Joseph Moingt, teólogo católico, diz: "Parece que a identidade do Verbo não foi dada senão na encarnação em Jesus Cristo" (p. 165).

[64] GEFFRÉ, *Croire et interpréter*, p. 161.

[65] GEFFRÉ, *Croire et interpréter*, pp. 161 e 166. E ainda: "A unicidade de Deus está inscrita na própria natureza do ser humano que, mesmo antes de nascer, fez profissão de fé na pré-eternidade de Deus (Corão 7,172-173). Pode-se dizer que todo recém-nascido já nasce monoteísta muçulmano. Só depois é que seus pais vão declará-lo judeu, cristão ou masdeísta" (p. 161). Essa idéia expressa que, ontologicamente, todo ser humano nasce vinculado ao mistério transcendente de Deus.

[66] GEFFRÉ, *Croire et interpréter*, p. 161.

[67] GEFFRÉ, *Croire et interpréter*, p. 166. Sobre esta comunicação diz Geffré: "E a terceira figura do mistério trinitário, o Espírito, significa justamente que Deus é aberto, que ele é comunicação, fonte de vida e de partilha. A expressão suprema desta comunicação será a encarnação, ou seja, a aliança com a humanidade, com o efêmero da história". Em outro momento, diz: "Caso se vá até o fim do monoteísmo cristão como afirmação da uni-trindade de Deus, descobre-se então que a unicidade de Deus deve ser pensada como uma unidade que assume diferenças". Cf. GEFFRÉ, O Deus uno do islã e o monoteísmo trinitário, p. 99.

em suas reflexões sobre o mistério divino sem fechamento e sem riscos de comprometer a transcendência de Deus.[68]

Para o monoteísmo cristão, Jesus de Nazaré é o "ícone de Deus vivo",[69] pois revela o amor de Deus a todos os seres humanos. É o amor de Deus que deve ser absolutizado e não o cristianismo histórico. O *princípio encarnacional* é a "manifestação do absoluto em e por uma particularidade histórica que nos convida a não absolutizar o cristianismo".[70] Este é convidado a ser também o *ícone* do amor de Deus à humanidade. Um texto emblemático do Segundo Testamento pode representar esse convite quando Jesus diz aos discípulos: "Tudo o que ligardes na terra será ligado no céu, e tudo que desligardes na terra será desligado no céu" (Mt 18,18). À luz da prática de Jesus esse versículo não deve ser entendido como utilização cega de autoridade, mas como atuação e exigência constante e indiscriminada de diálogo permanente. O crente de outra tradição religiosa é aquele que está a todo tempo sendo uma possibilidade para o cristão e, a partir dele, todo o cristianismo tem a possibilidade de reler e reinterpretar toda a mensagem e prática de Jesus Cristo.

A encarnação de Deus na pessoa humana de Jesus de Nazaré fez do humano "a mediação real da relação com o Absoluto".[71] Nele — em Jesus Cristo — todo ser humano passa a ser mediador da graça de Deus, pois ele faz a relação com o Deus vivo. Neste sentido, o "sobrenatural" tornou-se "natural" em Jesus Cristo, e por sua vida, morte e ressurreição possibilita a todo humano ser mediação dos valores transcendentais. Nesse sentido, "dar de comer aos famintos, transformar as estruturas de uma sociedade injusta, construir a paz são atos de conteúdo humano. Mas de fato eles têm uma sig-nificação 'transcendente', porque objetivamente neles se lê o alcance histórico

---

[68]   Geffré fala do papel de *avisador* que o monoteísmo islâmico exerce para o monoteísmo cristão no sentido de que a trindade deste não caia no triteísmo e que a reflexão sobre a filiação de Jesus Cristo não desemboque no biteísmo. Faz um alerta ao mostrar que a crítica muçulmana da trindade não atinge a verdadeira compreensão do Deus trinitário cristão, e a concepção de trindade vinda do Corão são as pessoas de Deus Pai, Maria e Jesus. Cf. GEFFRÉ, *Croire et interpréter*, pp. 158 e 160. E, ainda, esses monoteísmos convidam também "o cristianismo a uma reinterpretação exigente desses dogmas fundamentais que são os dogmas da Trindade e da Encarnação" (p. 136).

[69]   GEFFRÉ, *Croire et interpréter*, p. 118. Em *Como fazer teologia hoje*, Geffré fala de "Cristo como ícone do Deus invisível" e, ainda: "Podemos compreender Cristo ícone de Deus com o *vestígio concreto* da diferença entre o mistério irredutível de Deus e sua presença entre os homens" (p. 159). Em *Croire et interpréter*, ele pontua a diferença: Jesus é que seria o *vestígio concreto* e Cristo, a dimensão do *universal*.

[70]   GEFFRÉ, Por um cristianismo mundial, p. 14.

[71]   GEFFRÉ, *Como fazer teologia hoje*, p. 199.

da humanização de Deus".[72] Isso é construir o Reino de Deus proclamado por Jesus Cristo.

Para Geffré, o mistério da encarnação está intrinsecamente ligado ao mistério da cruz de Jesus Cristo. Em suas palavras, "é principalmente quando não se separa o mistério da Encarnação de Cristo do mistério da *cruz* que temos a possibilidade de exorcizar o que pode haver de veneno totalitário na excelência cristã, e assim favorecer o diálogo inter-religioso".[73] Estas duas experiências, encarnação e cruz, têm a mesma raiz na *kénosis*, ou seja, no aniquilamento de Deus. A encarnação é fruto da escolha e da liberdade criativa de Deus que se manifesta desde a criação. "A criação prepara e torna possível a encarnação como possibilidade para Deus existir em outro."[74] A encarnação permite a Deus existir em outro diferente dele. É o que a pretensão cristã assume ao dizer que o que era primeiro na intenção tornou-se segundo na realização. Primeiro (na intenção) Deus queria se tornar um com a sua criatura, com o humano, mas não existia criatura. Então, ele cria o cosmo, cria o ser humano e "em momento oportuno" — a teologia cristã diz "quando os tempos estavam maduros" — Deus se encarna em Jesus Cristo, e se torna um com sua criatura (segundo na realização). Se a criação é a manifestação do amor de Deus, a encarnação do Verbo é radicalização desse amor gratuito. A realidade da cruz é destino histórico traçado pelas escolhas livres e criativas de Jesus Cristo em sua vida. "É à luz de uma teologia da cruz que se pode retomar a singularidade do cristianismo como religião da *alteridade*."[75] A cruz não é destino cego traçado por Deus-Pai a seu filho, Jesus Cristo, mas conseqüência das opções singulares feitas pelo homem Jesus em seu contexto histórico. A teologia cristã tem, portanto, de reafirmar constantemente esta

---

[72] GEFFRÉ, *Como fazer teologia hoje*, p. 199.

[73] GEFFRÉ, *Croire et interpréter*, p. 120. Refletindo sobre o mistério da cruz, Geffré apóia-se em Moltmann, que diz: "No fundo, a questão da história do mundo é a questão da justiça. E essa questão deságua na transcendência. A questão de saber se Deus existe ou não é questão especulativa em face do grito dos que são assassinados e dos que foram para a câmara de gás". E ainda: "Em si, a questão da existência de Deus é ninharia diante da questão de sua justiça no mundo". Cf. MOLTMANN, J. *Le Dieu crucifié*. Paris: Cerf, 1974, respectivamente p. 199 e p. 252.

[74] GEFFRÉ, *Como fazer teologia hoje*, p. 162. E diz ainda: "Não podemos mais separar criação e encarnação. A encarnação do Verbo de Deus numa realidade distinta de sua essência é o ato supremo da criação divina, e isso já corresponde a uma 'expropriação' de Deus". Cf, p. 163.

[75] GEFFRÉ, Por um cristianismo mundial, p. 15. "A experiência cristã se define essencialmente como uma experiência da *alteridade*, tanto alteridade de Deus como a alteridade dos demais ou de toda forma de verdade ou de prática não incluída no sistema cristão. Como cristãos, devemos, pois, reconhecer o outro em sua diferença e o limite que isto nos impõe." Cf. GEFFRÉ, La verdad del cristianismo en la era del pluralismo religioso, p. 141.

experiência de identidade originária: um Deus que por amor se faz humano e por amor é fiel à sua história e morre em uma cruz. Experiência total de esvaziamento de si e realização na oferta amorosa ao outro (alteridade). A experiência da cruz é, no entendimento de Geffré, o meio mais seguro de afastar todo resquício de totalitarismo da pretensão cristã, exatamente por ser a experiência de total aniquilamento e desprendimento de Deus, entrega livre e amorosa à humanidade.

A partir da experiência da encarnação e da cruz pode-se perguntar quais as características de Deus que emergem na história singular de Jesus. E Geffré aponta para três experiências essenciais: a percepção de um Deus antidestino, de um Deus solidário e de um Deus que é Pai. Enquanto os deuses pagãos impunham fardos pesados às pessoas, o Deus de Jesus convida à libertação das fatalidades em nome do poder criador da liberdade humana. Portanto, não aprova o destino. "A crença em um Deus providência, que previu tudo anteci-padamente, parece contradizer a idéia de novidade no plano da história. Nesse caso, a história não passaria do desenrolar de cenário previamente escrito":[76]

> A criação não deve ser entendida como uma coisa em tudo acabada. Ela é o campo das possibilidades do homem como co-criador em nome de Deus; é este o sentido da história humana. O desígnio criador de Deus é que o homem e toda a criação tenham sucesso. Deve-se até dizer que a liberdade humana é o lugar da ação divina no mundo.[77]

A criação é lugar onde o ser humano se sente co-criador com Deus e o lugar da expressão da liberdade. E é através da liberdade humana que Deus continua a intervir na criação.[78] Assim, o futuro de Deus e o futuro dos seres humanos estão interligados pelo laço da liberdade. A história é o lugar da contínua criação, através do encontro da liberdade humana e da liberdade divina. Portanto, não pode haver destino previamente demarcado para as pessoas, pois isso negaria o encontro livre das liberdades. O sofrimento e/ou a realização humana são devido às escolhas livres ou condicionadas pela

---

[76] GEFFRÉ, *Como fazer teologia hoje*, p. 165.

[77] GEFFRÉ, *Como fazer teologia hoje*, p. 166.

[78] Andrés Torres Queiruga, seguindo este mesmo raciocínio, problematiza a lógica do milagre que perpassa algumas formas de oração por sugerir uma intervenção direta de Deus como forma de superação da dor, do sofrimento, das catástrofes e da morte. Cf. TORRES QUEIRUGA, A. *Recuperar la salvación*. Santander: Sal Terrae, 1995. p. 102. Mais à frente mostra que Deus sofre com o sofrimento humano, p. 139. Para outra leitura desta idéia ver: PANASIEWICZ, *Diálogo e revelação*, pp. 134-140.

conjuntura social, política, econômica, religiosa e cultural. E aí, Deus sofre com o sofrimento e/ou se alegra com a alegria humana.

Aqui emerge a outra característica de Deus, a solidariedade. Em Jesus Cristo, Deus se solidariza com o humano ao se tornar histórico — vive a limitação e a finitude humanas — e na cruz Deus é solidário porque é o Deus crucificado — vive o sofrimento e a dor. Por sua vez, "Deus não nega o mal, mas se encarrega dele livremente, faz-se solidário em Cristo para aboli-lo. Deus é o antimal e não deixa ao mal a última palavra".[79] Com a ressurreição, Deus vence a dor, o sofrimento e o mal. Todo ser humano é convidado, em Jesus, a se unir a Deus e combater o mal. Da proximidade que Jesus testemunha entre Deus e os seres humanos, emerge a terceira concepção de Deus: Deus como Pai.

A concepção de *pai* está presente no Primeiro Testamento, entretanto, Jesus inaugurará um novo sentido. Anteriormente, "Deus é o pai de Israel, não o pai dos homens".[80] Agora, a figura de Pai está ligada a graça, a afeto, a acolhida. Jesus tem uma relação filial e única com Deus. Essa comunhão é apresentada quando Jesus Cristo diz que "ninguém conhece o Filho, a não ser o Pai, e ninguém conhece o Pai a não ser o Filho, e aquele a quem o Filho quiser revelá-lo" (Mt. 11,27). Assim, "os homens são filhos à medida que participam da relação única de Jesus com seu Pai. A revelação da paternidade de Deus aos homens é indissociável da revelação da filiação única de Jesus, [...] pelo dom do Espírito".[81] Com Jesus os homens e as mulheres são introduzidos à experiência filial.

A partir dessa reflexão é que se pode dizer que é na articulação entre *encarnação – cruz – ressurreição* de Jesus Cristo que emerge a concepção de Cristo como *universal concreto*. Por ele e com ele, todo ser humano é convidado a participar da comunhão trinitária. Para Geffré,

> a cruz tem um valor simbólico universal: ela é o símbolo de uma universalidade sempre ligada ao sacrifício de uma particularidade. Jesus morre à sua particularidade enquanto

---

[79] GEFFRÉ, *Como fazer teologia hoje*, p. 168.

[80] GEFFRÉ, *Como fazer teologia hoje*, p. 172. Segundo Leonardo Boff, a palavra Pai é referida, no Primeiro Testamento, a Iahweh 15 vezes (p. 37) e "170 vezes esta expressão é colocada pelos evangelhos na boca de Jesus (4 vezes em Marcos, 15 em Lucas, 42 em Mateus e 109 em João). E o Novo Testamento conserva a expressão aramaica Abba para guardar o acontecimento insólito da ousadia de Jesus (Rm 8,15; Gl 4,6)." Cf. BOFF, L. *O pai-nosso*: a oração da libertação integral. Petrópolis: Vozes, 1987. p. 40.

[81] GEFFRÉ, *Como fazer teologia hoje*, p. 174.

Jesus de Nazaré, para renascer em figura de universalidade, em figura de Cristo. [...] É a *kénosis* de Cristo em sua igualdade com Deus que permite a ressurreição no sentido mais amplo da palavra.[82]

Não resta dúvida de que Jesus e Cristo são a mesma pessoa. Entretanto, teologicamente, afirma-se aqui que é na particularidade de Jesus de Nazaré, morto em uma cruz, que Cristo renasce em sentido de universalidade. Ao ressuscitar, Cristo liberta Jesus da limitação e do particularismo históricos. "Sua humanidade é relativa por ser histórica, e nisto mesmo ela é portadora de um sentido absoluto e universal. Jesus é o elemento concreto através do qual os homens têm acesso a Deus."[83] É na abertura e na entrega total ao outro (a cruz) que a particularidade de Jesus se manifesta como universalidade de Cristo (ressurreição). Para Geffré, é a partir daqui que se torna possível pensar a universalidade da mensagem cristã e a pluralidade das tradições religiosas e culturais. "Se quisermos manter no diálogo inter-religioso uma identidade cristã, não podemos definir esta singularidade cristã fora da cruz de Cristo como figura do amor absoluto de Deus. É por isso que é impossível no cristianismo opor cristocentrismo e teocentrismo." E segue dizendo que "no cristianismo não há teocentrismo sem uma referência a Jesus Cristo como figura do Absoluto".[84] Para a perspectiva cristã é a particularidade de Jesus Cristo que revela o absoluto e a universalidade de Deus. Por isso, Geffré afirma que o teocentrismo é compreendido a partir de Jesus Cristo.[85]

Ao conceber Jesus Cristo como universal concreto, Geffré também o compreende como único mediador entre os humanos e Deus? E, seguindo essa perspectiva, as tradições religiosas exercem alguma função mediadora no plano da salvação?

---

[82] GEFFRÉ, *Croire et interpréter*, p. 120. Afirma também: "Com efeito, a pessoa de Jesus como manifestação concreta do Logos universal realiza a identidade entre o absolutamente concreto e o absolutamente universal". Cf. GEFFRÉ, O lugar das religiões no plano da salvação, p. 125. Para Nicolau de Cusa, Jesus Cristo "não poderia ter sido homem verdadeiro, se não tivesse sido mortal e não teria podido elevar à imortalidade a natureza humana, a não ser despojado da mortalidade pela morte." Cf. CUSA, *Douta ignorância*, p. 196.

[83] GEFFRÉ, Por um cristianismo mundial, p. 14. Em Paul Tillich: "A Ressurreição, bem como os símbolos históricos, lendários e mitológicos que a corroboram, mostram o Novo Ser em Jesus como o Cristo sendo vitorioso sobre a alienação existencial à qual ele se sujeitou. Esse é seu significado universal". Cf. TILLICH, *Teologia sistemática*, p. 367.

[84] GEFFRÉ, *Croire et interpréter*, pp. 121-122.

[85] A. Torres Queiruga criou a categoria "teocentrismo jesuânico" para expressar essa idéia. Cf. TORRES QUEIRUGA, *Do terror de Isaac ao Abbá de Jesus*. São Paulo: Paulinas, 2001. pp. 343-350.

2.4. As religiões como *mediações derivadas*

Para Geffré, a salvação vem de Jesus Cristo, compreendido como *universal* concreto. "A salvação no sentido do Novo Testamento é inseparavelmente *adoção filial* e *sucesso da criação*."[86] Percebe-se aí o cristocentrismo da criação, onde a partir de Jesus Cristo entende-se a Protologia (estudo das origens, da criação), a Encarnação (vinda de Jesus Cristo) e a Escatologia (vida após a morte ou estudos dos últimos e definitivos). A partir da encarnação de Jesus Cristo, interpreta-se toda a história da salvação e compreende-se que a encarnação é a expressão máxima do amor de Deus para com a humanidade. Entretanto, esse amor tem um início na criação do cosmos e um fim na escatologia, que é o convite para todo ser humano, introduzido à filiação por Jesus Cristo, participar da comunhão trinitária.

Geffré compreende que "a humanização de Deus faz do homem *a mediação real da relação com o Absoluto*".[87] Por um lado, apóia-se em constituições e decretos do Concílio Vaticano II, na encíclica *Redemptoris missio* e em discursos do papa João Paulo II para afirmar que "Deus não está amarrado às mediações institucionais da Igreja", como também "é na prática de suas próprias tradições religiosas que os membros das outras religiões respondem positivamente à oferta de salvação de Deus".[88] Por outro lado, referindo-se ao Concílio Vaticano II, diz que a Igreja é "o sacramento universal da salvação e, mesmo que as pessoas possam ser salvas fora da Igreja, elas continuam misteriosamente ordenadas à Igreja, enquanto ela é corpo de Cristo".[89] Por

---

[86] GEFFRÉ, *Como fazer teologia hoje*, p. 198. Aqui há uma reflexão sobre "a unidade da história em função do senhorio de Cristo." Na nota 19, da mesma página, citando Moltmann, diz: "A salvação (*soteria*) deve também ser entendida, no sentido do Antigo Testamento, como o *shalom*, que não significa só salvação da alma, libertação individual de um mundo mau, consolação apenas de uma consciência na provação, mas também realização de uma esperança escatológica de *justiça*, de *humanização* do homem, de *socialização* da humanidade e de *paz* em toda criação". Cf. MOLTMANN, J. *Théologie de l'espérance*. Paris: Cerf, s/d. p. 354.

[87] GEFFRÉ, *Como fazer teologia hoje*, p. 199. E ainda: "Acho que não somos obrigados a fazer da Igreja terrestre a mediação exclusiva da salvação operada em Jesus Cristo. O certo é que Deus não está preso às mediações eclesiais, sejam elas da palavra, do sacramento e do ministério". Cf. GEFFRÉ, *Croire et interpréter*, p. 114.

[88] GEFFRÉ, O lugar das religiões no plano da salvação, p. 128; Cf. GEFFRÉ, *Croire et interpréter*, p. 112. Essa idéia é expressa em *Diálogo e Anúncio* (n. 29). Cita *Lumen Gentium*: "a graça é ofertada a todos os homens segundo os caminhos conhecidos por Deus"; *Ad Gentes*: "O projeto salvífico de Deus é realizado igualmente pelos atos religiosos, pelos quais, de diversas maneiras, os homens buscam a Deus" (n. 3); e ainda João Paulo II: "Cada oração autêntica é suscitada pelo Espírito Santo, misteriosamente presente em cada pessoa humana".

[89] GEFFRÉ, *Croire et interpréter*, p. 114; GEFFRÉ, O lugar das religiões no plano da salvação, p. 128. Diz ainda: "É na prática de suas próprias tradições religiosas que os membros das outras religiões respondem positivamente à oferta de salvação de Deus" (p. 128).

A DIMENSÃO CRISTOLÓGICA: JESUS COMO UNIVERSAL CONCRETO

ser Cristo o universal concreto de Deus e a Igreja cristã o seu sacramento, as religiões estão "ordenadas" a ela. Entretanto, "essa mediação da Igreja não exclui outras mediações, em virtude do Mistério do Cristo bem além das fronteiras da Igreja".[90]

Para ele, toda religião, por mais rudimentar que seja, traz um acréscimo de humanidade e favorece uma abertura ao outro. Isto é o que os cristãos também vivenciam no seguimento de Jesus Cristo. O Espírito de Deus ultrapassa os limites da Igreja cristã:

> Somos convidados a não separar a ação particular do Espírito que está no corpo da Igreja, o corpo de Cristo, e, por conseguinte, a ação universal do Espírito no coração dos seres humanos e na história dos povos, muito além das fronteiras da Igreja visível nas culturas e religiões. Há, portanto, uma história do Espírito de Deus que é inseparavelmente o Espírito de Cristo ressuscitado e que ultrapassa ao mesmo tempo as fronteiras de Israel e as fronteiras, é claro, da Igreja.[91]

Geffré reconhece que o Espírito de Deus atua para além das fronteiras do cristianismo e de sua Igreja. Dá seqüência a sua intuição de que existe um *irredutível* em cada tradição religiosa que a torna singular. E também demarca que os valores presentes nas religiões e a ação do Espírito de Deus que perpassa toda tradição religiosa são inseparáveis da ação misteriosa do Espírito de Cristo. E, entre colocar em risco a unicidade da mediação de Cristo ou afirmar que as tradições religiosas não possuem autonomia salvífica, ele diz:

> Dessa forma, sem comprometer a unicidade da mediação de Cristo, parece legítimo afirmar que as outras religiões podem exercer uma certa função mediadora na salvação, mas desde que sejam portadoras da presença oculta do mistério de Cristo.[92]

As religiões possuem "certa função mediadora na salvação" à medida que são portadoras de *valores crísticos* ou da "presença oculta do mistério de Cristo" e não possuidoras dos valores do cristianismo histórico. As pessoas

---

[90] GEFFRÉ, O lugar das religiões no plano da salvação, p. 127; GEFFRÉ, *Croire et interpréter*, p. 114

[91] GEFFRÉ, *Croire et interpréter*, p. 114.

[92] GEFFRÉ, *Croire et interpréter*, p. 113. E ainda: "A crença na inevitável contingência da humanidade de Jesus nos convida a respeitar a diversidade das religiões como lugares *de possível manifestação das riquezas do mistério de Deus*". Cf. GEFFRÉ, O lugar das religiões no plano da salvação, p. 126. A Comissão Teológica Internacional afirma que "dado esse explícito reconhecimento da presença do Espírito de Cristo nas religiões, não se pode excluir a possibilidade de que essas exerçam, como tais, certa função salvífica, isto é, ajudem os homens a alcançar seu fim último, apesar de sua ambigüidade". Cf. COMISSÃO TEOLÓGICA INTERNACIONAL, *O cristianismo e as religiões*, n. 84.

são salvas *nas* e *através das* tradições religiosas enquanto nelas há a presença misteriosa de Cristo ressuscitado.[93] Enquanto uma tradição religiosa favoreça o "descentramento do homem relativamente a algo maior que ele mesmo e relativamente a outrem, constitui um *germe* em relação ao mistério da salvação".[94] Esse *germe* presente nas tradições religiosas que a impulsiona ao transcendente e à alteridade vem do Espírito de Deus e do mistério de Cristo. Por isso, Geffré utiliza o termo *mediação derivada*; porque a tradição religiosa oferece uma mediação de salvação que deriva do mistério de Cristo enquanto *universal concreto*.[95] Como explicitado anteriormente, não é o cristianismo, enquanto religião histórica, que é absoluto e universal, mas sim o Verbo de Deus, encarnado e *entronizado* como filho de Deus. Nas palavras de Geffré:

> À medida que as tradições religiosas da humanidade favoreçam o temor de Deus e a prática da justiça, estou, então, pronto a reconhecê-las como *mediações derivadas* em relação à única mediação do Cristo. Elas não são vias paralelas de salvação, mas são como quase-sacramentos da presença do mistério de salvação realizado em Jesus Cristo. São ao mesmo tempo sinais do dom de Deus ofertado a todos os homens e disposições existenciais favoráveis para o acolhimento desse dom.[96]

Dessa maneira, Geffré nega que haja *paralelismos salvíficos* ou *vias paralelas de salvação*, ou seja, cada tradição religiosa possibilitando por si mesma a salvação direta de seus fiéis. A salvação, operada pelas tradições religiosas, está envolta pela presença do mistério de Cristo. Estas tradições são caminhos

---

[93] Aqui Geffré busca apoio em Dupuis ao afirmar que os homens e mulheres são salvos em Jesus Cristo, não é *apesar* de pertencerem à determinada tradição religiosa, mas *nela* e *através dela*. Cf. DUPUIS, J. Les religions comme voies de salut. *Spiritus*, n. 126, 1992. p. 12. E ainda: "Existem nas outras religiões *experiências religiosas autênticas* que não foram nem serão tematizadas ou colocadas em prática no interior do cristianismo em razão mesmo de sua particularidade histórica". Cf. GEFFRÉ, O lugar das religiões no plano da salvação, p. 123.

[94] GEFFRÉ, O lugar das religiões no plano da salvação, p. 129.

[95] Geffré diz na nota 12: "A expressão 'mediação derivada' não me satisfaz inteiramente, mas me parece legítima com a condição de compreender que existe não só uma diferença de nível, mas de natureza, entre essas mediações e a mediação de Cristo. Cf. GEFFRÉ, O lugar das religiões no plano da salvação, p. 127. E ainda, em outro escrito, aparece a mesma idéia: "[...] pode-se falar de *mediação derivada*, tendo em vista que as tradições religiosas são como que quase-sacramentos da presença do mistério da salvação operada em Jesus Cristo. Elas são ao mesmo tempo sinais do dom de Deus e disposições existenciais para o acolhimento deste dom". Cf. GEFFRÉ, *Croire et interpréter*, pp. 113-114.

[96] GEFFRÉ, O lugar das religiões no plano da salvação, pp. 127-128. Em outro momento, diz que "se as religiões são portadoras de sementes do Verbo, se as religiões têm um certo alcance salutar, é sempre em referência ao mistério escondido de Cristo. O texto romano fala de 'mediação participada', eu falarei de 'mediação derivada' a propósito das religiões não-cristãs, derivadas com relação à única mediação do Cristo. É aí onde eu penso que o fundamento do diálogo entre o religioso, o fundamento de um julgamento positivo sobre as religiões nos leva sempre ao paradoxo da encarnação [...]". Cf. GEFFRÉ, Le dialogue interreligieux. Disponível em: <http://www.encalcat.com/fr/nouv/geffre.doc>. Acesso em: 29 ago. 2002.

de salvação enquanto expressões dos *valores crísticos* ou do mistério de Cristo enquanto *universal concreto*. Elas não são vias paralelas de salvação, mas, ao conterem elementos positivos, elas se tornam salvíficas na medida em que, por esses elementos, elas atualizam a mediação universal de Cristo.

Essa posição de Geffré ao mesmo tempo em que demarca a identidade cristã também favorece o diálogo entre as tradições religiosas?

2.5. Implicações para o diálogo inter-religioso

Em sua reflexão, Geffré destaca a positividade existente nas tradições religiosas e apresenta o desejo salvífico de Deus como sendo universal. Ele se identifica com a lógica da "teologia da realização", ou "do cumprimento", ou ainda chamada de "acabamento".[97] Entretanto, irá ampliar essa concepção. A princípio, essa posição teológica, vinda de J. Daniélou, H. de Lubac, H. von Balthasar e outros, afirmava os valores positivos das várias tradições religiosas, mas enquanto "destinados a encontrar o seu 'acabamento' (remate) no cristianismo. Essas religiões não constituem, como antes [eclesiocentrismo], obstáculos a vencer, mas situam-se no plano de uma pedagogia divina como preparação ao Evangelho".[98] Nessa perspectiva, a sede que as religiões têm do universal e do transcendente é sanada com a vinda de Jesus Cristo e com o cristianismo. Geffré amplia essa concepção quando propõe que o *cumprimento* ocorra no mistério de Cristo, entendido como *universal concreto*, e não com o cristianismo histórico. É Cristo quem é universal, e não o cristianismo. Demarca também a presença de algo específico em cada tradição religiosa que nenhuma outra tradição pode negar. É o que ele denomina de *irredutibilidade*. Essa perspectiva fundamenta sua abordagem do pluralismo religioso de princípio, significando que a diversidade religiosa na história é fruto do desígnio misterioso de Deus.

A implicação positiva para o diálogo inter-religioso está em reconhecer que existem valores em todas as tradições religiosas e que esses valores devem ser partilhados, para a maior percepção do mistério de Deus, que perpassa essas mesmas tradições. Outro aspecto é a afirmação de que o mistério de Deus

---

[97] GEFFRÉ, *Croire et interpréter*, p. 116.

[98] TEIXEIRA, *Teologia das religiões*, p. 46.

está para além do que as tradições religiosas conseguem captar. E, por fim, demarca que existe um específico em cada tradição religiosa e que nenhuma tradição pode querer ser absoluta e absorver todos os valores de uma outra tradição religiosa. Cada uma tem seu caráter de irredutibilidade e que, por isso mesmo, não necessita ser *complementado* em outra tradição.

Para a tradição religiosa cristã, especificamente, o aspecto positivo está em demarcar e aprofundar o caráter de sua identidade religiosa. Cristo como *universal concreto* é o que dá fundamento ao encontro entre as tradições religiosas e o estimula, a partir do horizonte cristocêntrico. Não existem paralelismos salvíficos, pois é o mistério universal de Cristo que unifica a salvação. As vias históricas de captar e de viver o mistério divino são diferentes e positivas. Entretanto, a via final para chegar a Deus é através da mediação misteriosa de Cristo. Essa mediação está presente e atuante ao longo da história de cada tradição religiosa, através da presença e da prática de valores positivos, como a prática da justiça e da alteridade, e tem seu *cumprimento* ou sua *realização* no mistério universal de Cristo.

A implicação negativa para o diálogo inter-religioso pode ser percebida exatamente no que é marco de identidade para a tradição cristã. Geffré avança na crítica que ele faz aos inclusivistas sobre as diferenças religiosas. Nessa crítica, ele diz que esta posição (inclusivista) "implica ainda uma forma de imperialismo secreto, como se tudo o que houvesse de verdadeiro, belo e santo nas outras religiões não passasse de um implícito cristão".[99] E, em outro momento, avança ao afirmar que "podemos, pois, continuar a dizer que Cristo é o cumprimento de todos os valores salutares espalhados nas diversas religiões, mas eu não diria que o cristianismo é o cumprimento de todas as virtualidades disseminadas nas outras tradições religiosas".[100] Avança ao propor Cristo, e não o cristianismo, como marco referencial. Entretanto, não soluciona o "imperialismo secreto" que ele mesmo afirma existir, no interior do inclusivismo, ao apresentar um julgamento, a partir do cristocentrismo, às tradições religiosas. O mistério universal de Cristo permanece como referência para compreender as tradições religiosas e seu processo salvífico.

---

[99] GEFFRÉ, A fé na era do pluralismo religioso, p. 65.

[100] GEFFRÉ, *Croire et interpréter*, p. 122. Para ele, "a vontade universal de salvação de Deus e a unicidade da mediação de Cristo são os dois princípios irrecusáveis de uma hermenêutica do diálogo inter-religioso". Cf. GEFFRÉ, Théologie chrétienne et dialogue interreligieux. *Revue de L'Institut Catholique de Paris*, Paris, n. 38, 1991. p. 66.

Afirmar o pluralismo religioso *de princípio*, que há um *irredutível* em cada tradição religiosa, que esse irredutível não pode ser absolutizado historicamente e que, portanto, nenhuma tradição religiosa pode querer absorver uma outra religião é de grande avanço teológico. Entretanto, dizer que esse irredutível está incluído no mistério universal de Cristo e, por isso, as tradições religiosas exercem *certa* mediação salvífica, pois *derivam* da mediação misteriosa e universal de Cristo, é colocar obstáculos para a prática do diálogo inter-religioso. Dizer que a Igreja é sacramento universal de salvação, mas que ela não é mediação exclusiva de salvação, facilita o diálogo. Todavia, é problemático, nesse mesmo horizonte, afirmar que os homens e mulheres estão ordenados à Igreja. Mais do que demarcar a identidade cristã, o que sugere é um privilégio da mediação exercida por Cristo e sua Igreja em relação a outros avatares e suas tradições religiosas.

Entretanto, a postura de Geffré é a de demarcar a importância do diálogo inter-religioso para maior captação do mistério divino e a de firmar o específico da identidade cristã, que é a encarnação do Verbo na pessoa de Jesus Cristo. Em sua perspectiva, não há como não demarcar o *princípio encarnacionista* e tirar as conseqüências para a identidade cristã. Daí emerge a concepção de o cristianismo ser a religião do amor e da alteridade, pois o próprio Deus "abriu mão da condição divina" (Fl 2,6) para se tornar humano, assumindo a historicidade e a cruz como simbologia desse total desapego. A ressurreição é a certeza cristã de que o amor ao outro é superior ao sofrimento e à dor, é a certeza da vitória sobre o mal e, especificamente, ao mal maior, que é a morte. Este *princípio encarnacionista* é que possibilita e estimula o cristianismo a ser a religião da alteridade e a estar aberto ao constante diálogo com as tradições religiosas.

Entretanto, cabe agora perguntar: quais as conseqüências dessa maneira de interpretar Jesus Cristo para a prática eclesial? Como compreender a função da Igreja e da missão cristã neste novo horizonte teológico?

Capítulo III

A perspectiva eclesiológica: reinterpretando a missão e a concepção de verdade

A compreensão de Cristo como "universal concreto" postula que a Igreja Católica repense a sua maneira de fazer missão imbuída em uma nova compreensão da verdade. Se, no horizonte da teologia dogmática, a forma de fazer missão era via a conversão do infiel, utilizando, inclusive, métodos radicais, agora, nesse novo horizonte hermenêutico, a compreensão será diferente. O testemunho torna-se a palavra-chave para a nova compreensão.

Este capítulo terá como foco o tema da missão; a nova compreensão da verdade; as condições e, por fim, as formas de um ecumenismo inter-religioso.

3.1. Um novo estilo de missão

É no interior da teologia das religiões que Geffré procurará pensar o sentido da Igreja Católica ou, melhor dizendo, o sentido da missão nessa Igreja. Se existem valores positivos nas tradições religiosas e se existe algo irredutível nelas e que não pode passar despercebido pelo cristianismo, há sentido em falar e fazer missão? Tradicionalmente, a preocupação missionária da Igreja Católica era converter para si pessoas de outras tradições religiosas, pois "fora da Igreja não havia salvação". Isso foi compreendido literalmente, tanto que historiadores medievais contam que soldados chegavam a levar as pessoas para a Igreja para serem batizadas, para se tornarem filhos e filhas de Deus. Assim, batizados e cumprindo as doutrinas da Igreja Católica, tinham sua salvação assegurada. A salvação era compreendida somente de forma sobrenatural "como libertação do pecado e da morte eterna".[1] E a missão era entendida, portanto, como conversão do fiel de outra religião, do pagão ou do herege à Igreja Católica.

O Concílio Vaticano II muda radicalmente esse cenário. Ele faz uma avaliação positiva das tradições religiosas (NA 2). O batismo passa a ser compreendido como sendo uma introdução no Povo de Deus (PO 5), a salvação como construção deste mundo (GS 21), a missão entendida como evangelização (AG 6) e a Igreja Católica é caracterizada como sacramento universal de salvação (LG 48) e sinal de um diálogo sincero (GS 92). Sensível à pluralidade religiosa existente, o Concílio dá passos significativos em direção a esta realidade, que passa a emergir na consciência eclesial. E desafia os teólogos a continuarem nesta trilha.

É aceitando este desafio de continuar pensando a realidade da Igreja Católica e sua atividade missionária no interior de uma sociedade plurir-religiosa que Geffré também desenvolverá sua reflexão. Para ele, pensar a missão da Igreja Católica é de fundamental importância, pois "é a missão que define a fisionomia da Igreja, a fim de que ela seja sinal escatológico do Reino de Deus".[2] O destaque é a construção do Reino de Deus na qual a Igreja Católica é também seu instrumento. Nesse sentido, "o parceiro não-cristão deve ser escutado como alguém que talvez já respondeu ao convite de Deus e pertence misteriosamente ao Reino de Deus".[3] E, em sua realidade religiosa e cultural, se esforça para promover a paz, a justiça, a solidariedade, ou seja, se empenha para que as pessoas vivam mais felizes e com maior senso de cidadania.

---

[1] GEFFRÉ, Pluralismo religioso e indiferentismo, p. 97.

[2] GEFFRÉ, *Croire et interpréter*, p. 124. E continua dizendo que "a Igreja não está a serviço dela mesma, mas a serviço do Reino de Deus, e só o Reino de Deus é absoluto". Em outro escrito, afirma ainda que, "em virtude de seu fundamento trinitário e cristológico, a Igreja é missionária por natureza". Cf. GEFFRÉ, Por um cristianismo mundial, p. 22.

[3] GEFFRÉ, Por um cristianismo mundial, p. 23.

A PERSPECTIVA ECLESIOLÓGICA: REINTERPRETANDO A MISSÃO E A CONCEPÇÃO DE VERDADE

Geffré compreende que, mesmo as religiões possuindo valores positivos e tendo algo irredutível, próprio delas, próprio de sua maneira de captar o mistério divino, isto não diminui a *urgência* da missão cristã. Essa urgência não é somente força de expressão, mas realidade concreta em sua reflexão. Entretanto, o que se faz necessário é redefinir este caráter de urgência. Este não está ligado à conversão "do outro" para a Igreja Católica, mas está ligado ao testemunho do amor de Deus em Jesus Cristo. Em suas palavras:

> Minha vontade de testemunhar não depende antes de tudo de minha vontade de converter o outro, como se a mudança de religião fosse a condição *sine qua non* de sua salvação. É o fato de que não posso deixar de testemunhar o amor de Jesus Cristo e o rosto de Deus revelado em Jesus Cristo, não importa qual seja, em última análise, sua salvação eterna.[4]

Para Geffré, independentemente de o cristão viver em um horizonte favorável à sua religião ou não, ele deve dar testemunho do amor de Deus revelado em Jesus Cristo e das conseqüências que isso acarreta para a sua vida. Em outras palavras, o que fundamenta a missão cristã é o testemunho dado ao amor de Deus e aos valores do Reino. Por isso, a palavra que caracteriza a sua compreensão de missão é *testemunho*, é viver e praticar o amor. O amor revela o Deus de Jesus Cristo e é ingrediente básico para a construção do seu Reino. Mesmo vivendo em uma sociedade plurirreligiosa e mesmo sabendo dos valores presentes nas várias tradições religiosas, Geffré acredita que "se temos de levar uma vida religiosa aqui na terra, de fato não é indiferente conhecer o rosto de Deus revelado em Jesus Cristo".[5] E por que não? Porque, em Jesus Cristo, Deus mesmo, enquanto Verbo, "abre mão da condição divina" (Fl 2,6) e se faz humano; Jesus Cristo é o *universal concreto*.

Este novo estilo de missão não visa, em primeiro lugar, à *conversão* do outro para o cristianismo, mas visa ao *testemunho* do amor de Deus revelado em Jesus Cristo.[6] É para essa perspectiva que a prática missionária deve

---

[4]   GEFFRÉ, *Croire et interpréter*, p. 126.

[5]   GEFFRÉ, *Croire et interpréter*, p. 126. Afirma que "a Igreja deve continuar a anunciar Jesus Cristo como testemunho de exaltação do Reino de Deus além de suas fronteiras." Cf. GEFFRÉ, C. La prétention du christianisme à universel: implications missiologiques. Disponível em: <http://www.sedos.org/french/geffre. htm>. Acesso em: 09 set. 2004.

[6]   O documento Diálogo e Anúncio expressa essa convicção dizendo: "Na medida em que a Igreja e os cristãos têm um amor profundo pelo Senhor Jesus, o desejo de compartilhá-lo com os outros é motivado não só pela sua obediência ao mandamento do Senhor, mas por este mesmo amor". (n. 83). E Torres Queiruga também diz: "Quem, através de Jesus, descobriu que 'Deus é amor' (1Jo 4,8.16), ou seja, que *consiste em amar e suscitar amor*, tem motivos para pensar que, embora dentro dos limites de sua apresentação histórica, está oferecendo

orientar-se. Nessa atividade missionária, é de fundamental importância a prática do diálogo com pessoas de outras tradições religiosas. Retomando uma expressão do papa Paulo VI, Geffré afirma que esse diálogo é um "diálogo de salvação". Ao explicar como compreende essa afirmativa, ele diz que "se pode compreender o diálogo como um diálogo de salvação onde cada um se esforça, na fidelidade à sua própria verdade, por celebrar uma verdade que ultrapassa não só os limites, mas as incompatibilidades de cada tradição religiosa". E, mais à frente, afirma que "o diálogo pode levar à celebração de uma verdade mais elevada que o ponto de vista parcial de cada interlocutor".[7] Isso significa dizer que o missionário cristão, como o fiel de outra tradição religiosa, sabe que não possui a "verdade absoluta em suas mãos", e que ela ultrapassa em muito a sua compreensão. Ter consciência dessa limitação é estar aberto a poder descobrir algo novo do mistério de Deus que, até então, ninguém havia percebido. O "diálogo de salvação" é o diálogo que visa à construção de uma verdade que ultrapassa o senso que as religiões tinham de verdade até então. Não significa abrir mão da sua verdade, mas estar aberto para perceber a verdade do outro e, juntos, buscarem construir algo novo, além do percebido até então. Nesta perspectiva, Geffré afirma que "a verdade cristã, que para nós é um absoluto em nome da fé, não é necessariamente exclusiva de outras verdades na ordem religiosa".[8] Aliás, ela deve estar aberta à escuta e à construção de outras verdades.

A conversão na prática missionária só pode ser compreendida, dessa forma, como "transformação ou conversão recíproca".[9] Ao mesmo tempo em que o missionário aguça o interesse do outro, é estimulado por ele para que ambos, porém cada um em sua realidade e percepção religiosa concreta, dêem à luz novas captações do mistério divino. O primeiro efeito da missão,

---

algo no qual todos podem encontrar uma plenificação de sua busca religiosa". Cf. TORRES QUEIRUGA, A. *Do terror de Isaac ao Abbá de Jesus*: por uma imagem de Deus. São Paulo: Paulinas, 2001. p. 346.

[7] GEFFRÉ, *Croire et interpréter*, p. 126. Diz também que "todo diálogo é uma aventura" e pode levar à "conversão recíproca". E ainda: "[...] um diálogo de salvação em que cada um é conduzido a uma celebração da verdade que ultrapassa o ponto de vista parcial dos interlocutores". Cf. GEFFRÉ, Pluralismo religioso e indiferentismo, p. 98.

[8] GEFFRÉ, *Croire et interpréter*, p. 136.

[9] Sobre a conversão interna ou para Deus e sobre a conversão externa ou como troca de linguagem religiosa (troca de religião), ver: PANASIEWICZ, R. *Diálogo e revelação*: rumo ao encontro inter-religioso. Belo Horizonte: Face-Fumec/Com Arte, 1999. pp. 155-160. Sobre a conversão interna, o documento *Diálogo e anúncio* afirma: "Com este objetivo, ou seja, uma conversão mais profunda de todos para Deus, o diálogo inter-religioso já possui o seu próprio valor" (41).

segundo Geffré, "é a conversão da própria testemunha, do próprio missionário que não está na situação de alguém que traz alguma coisa àquele que nada tem".[10] Quando o missionário chega, o "Espírito de Deus" já está lá.[11] Por isso é que pode ocorrer uma conversão recíproca e uma descoberta nova da revelação divina não captada por ninguém até então. Na perspectiva cristã, Deus é sempre primeiro e se apresenta ao ser humano como uma proposta de aliança rumo à construção do Reino. O ser humano é livre para aceitar ou não essa proposta. A resposta humana dada é compreendida como sendo a expressão de fé daquela pessoa. Entretanto, isto ocorre no interior de uma comunidade crente e sua resposta também se dá nesta mesma comunidade. A fé é, portanto, fruto de um contexto histórico e cultural.[12]

Para Geffré, "o diálogo já é uma forma de missão, mas é verdade que a missão não pode limitar-se ao diálogo nem ao discernimento dos valores contidos nas religiões não-cristãs. Normalmente, a missão deve ir até o testemunho explícito prestado a Jesus Cristo".[13] Na prática missionária, o diálogo é uma atitude nobre, pois é o esforço que o missionário deve ter para escutar o *irredutível* que uma pessoa de outra tradição religiosa está transmitindo e, ao mesmo tempo, deve expressar sua compreensão singular do mistério divino. É a abertura a uma verdade sempre maior, sempre a ser construída. Agora, como para o missionário não é indiferente a revelação ocorrida em Jesus Cristo, ele irá explicitar seu testemunho de captação do mistério divino via a percepção cristã. Neste sentido, é importante respeitar o tempo da missão, diz Geffré. Primeiramente, o testemunho do amor de Deus em Jesus Cristo passa pela prática dos valores do Reino de Deus e pelo convite às pessoas para praticarem esses valores. Depois, segundo o tempo de cada realidade, anuncia-se Jesus

---

[10]   GEFFRÉ, *Croire et interpréter*, p. 127. Aqui Geffré utiliza a palavra *détour*, que pode ser tanto "desvio" quanto "sutileza". A tradutora de seu livro para o português optou por "desvio". Esse termo pode ser conflitivo ou, ao menos, polêmico, pois diz: "[...] aquele que pelo 'desvio' do outro descobre sua própria identidade, aquele que é interpelado pela verdade das outras religiões [...]". E, mais à frente: "Como vimos, e acho que é este o grande benefício do diálogo inter-religioso, nós nos tornamos mais lúcidos em relação à nossa própria verdade quando passamos pelo 'desvio' do outro" (p. 130). "Desvio do outro" pode ser compreendido como algo pejorativo, como se o outro estivesse no "caminho errado" e o missionário no "caminho correto" e, mesmo assim, é despertado para uma outra realidade que ainda não havia captado.

[11]   Para Queiruga, "a missão cristã — apesar dos muitos pecados de sua história — sabe que sempre chega a uma casa habitada pelo Senhor e aquilo que faz é *oferecer seu novo e pleno modo* de compreendê-lo *como único e comum a todos*". Cf. TORRES QUEIRUGA, A. *O diálogo das religiões*. São Paulo: Paulus, 1997. p. 52.

[12]   Para aprofundamento deste tema, ver: LIBANIO, J. B. *Eu creio, nós cremos*: tratado da fé. São Paulo: Loyola, 2000. 478p. Sobretudo o capítulo 10: "Fundamento último da fé".

[13]   GEFFRÉ, *Croire et interpréter*, p. 127.

Cristo como aquele que inaugurou o Reino de Deus. E, em terceiro lugar, "pode-se fazer descobrir o mistério da Igreja como o lugar onde Deus vem ao encontro das pessoas".[14] Aqui está um itinerário para a prática missionária. Porém, é sobretudo a partir da sensibilidade do missionário à realidade em que está vivendo que deve avançar ou não nos "tempos" da missão. Entretanto, a missão já pode dar-se por bem-sucedida se o missionário testemunhar o amor de Deus revelado em Jesus Cristo, ou seja, se ele praticar os valores do Reino de Deus propostos pelo Segundo Testamento.

Na "era das missões", converter "o outro" para a Igreja cristã era o objetivo único da prática missionária. Na "era do ecumenismo inter-religioso", a vocação missionária da Igreja "será menos centrada na conversão do outro e na implantação da Igreja em terras longínquas do que no testemunho prestado ao Reino de Deus, que não cessa de acontecer no coração humano e na história, muito além das fronteiras da Igreja que as pessoas vêem".[15] É se afastando da compreensão de salvação como libertação do pecado e da morte eterna e aprofundando-se na percepção de que a salvação se efetiva na construção do Reino de Deus que o missionário deve re-interpretar sua maneira de testemunhar o amor de Deus.

Num mundo marcado pela globalização e pela mundialização que tem provocado fragmentações, crispações de identidades e relativismos, Geffré propõe que a Igreja Católica exerça papel fundamental de *modelo de unidade diversificada*.[16] É articulação que deve existir entre as Igrejas locais (ou particulares) e, ao mesmo tempo, em comunhão com a Igreja universal. As Igrejas locais respondem às necessidades de seus contextos culturais, portanto, compartilham experiências eclesiais diversificadas. A Santa Sé romana, ao mesmo tempo em que é Igreja particular (local), representa a unidade das várias Igrejas locais. A articulação e a união das Igrejas locais devem incentivar a comunicação entre as culturas em favor da construção de um *humano universal*. Assim, "a Igreja poderia ser para o mundo fermento de uma cultura da alteridade e da subsi-

---

[14] GEFFRÉ, *Croire et interpréter*, p. 128.

[15] GEFFRÉ, Por um cristianismo mundial, p. 22. Em outro escrito afirma que "a Igreja não está a serviço dela mesma; está a serviço do Reino de Deus que vem. Só o Reino de Deus é absoluto". Cf. GEFFRÉ, Pluralismo religioso e indiferentismo, p. 97.

[16] Em suas palavras: "Esta unidade da Igreja universal na diversidade das Igrejas locais é um modelo de unidade diversificada a promover entre os seres humanos". Cf. GEFFRÉ, Por um cristianismo mundial, p. 24.

diariedade, que supere o duplo obstáculo da fragmentação e da globalização".[17] O missionário é chamado, no espaço interno à Igreja (*ad intra*), a recordar continuamente este seu papel profético de incentivo à unidade diversificada e, no espaço externo (*ad extra*), ser construtora do Reino no testemunho do amor de Deus revelado em Jesus Cristo. O respeito às diferenças e às verdades que se apresentam, tanto no espaço interno da Igreja quanto no espaço externo, é de essencial importância para que ela cumpra seu papel na face da terra.

Ao falar da relação existente entre a Igreja cristã e Israel, Geffré retoma a idéia de *patrimônio comum* (NA 4) existente entre elas e diz que a Igreja não *substitui* Israel, pois Israel tem o seu irredutível, que é a eleição e a aliança de Deus com este povo. Ele propõe ultrapassar tanto a eclesiologia da substituição quanto a eclesiologia do cumprimento e sustenta ser Cristo o cumprimento das Escrituras, mas de forma não totalitária. "É missão da Igreja anunciar que a reconciliação do mundo com Deus já é antecipada no coração daqueles que confessam Jesus como Messias, e nisso a Igreja continua sendo um aguilhão no flanco de Israel." E continua a mesma reflexão dizendo que Israel também é um aguilhão no flanco da Igreja como convite para permanecer fiel à sua vocação e propõe que, "se é verdade que a Igreja incita Israel à fé, em contrapartida pode-se dizer que Israel incita a Igreja à esperança".[18] "Incitar à fé" significa desafiar Israel a crer que o Messias já chegou em Jesus Cristo e "incitar à esperança" significa acreditar que o Messias está por vir. Israel desafia o cristianismo a estar em constante condição de êxodo, pois, segundo a Igreja, se é verdade que o Reino começou em Jesus Cristo, ele não se manifestou em plenitude. Ou, de outra forma, se a salvação veio em Jesus Cristo, é uma salvação invisível, porque "a salvação manifestada de uma maneira visível na história continua sendo uma realidade que ainda virá, uma esperança messiânica".[19]

É essa relação de mútua implicação entre Igreja cristã e Israel que fará emergir em Geffré a noção de irredutibilidade presente nas religiões. "Na esteira do ensinamento do Vaticano II, a Igreja está pronta a reconhecer no judaísmo, como religião da eleição, um irredutível que não se dispõe a integrar

---

[17] GEFFRÉ, Por um cristianismo mundial, p. 24.

[18] GEFFRÉ, *Croire et interpréter*, p. 150.

[19] GEFFRÉ, *Croire et interpréter*, p. 151.

na Igreja ou no plano da história."[20] E, a partir de Israel, essa noção de irredutibilidade se estende a todas as tradições religiosas. Entretanto, nega a noção das vias paralelas de salvação e de complementaridade, como já foi abordado, pois essas concepções, a seu ver, negariam a alteridade irredutível presente em todas as religiões.[21] Nas palavras de Geffré, "trata-se de suportar intelectualmente o não ter respostas face ao enigma do pluralismo religioso".[22]

Nessa contestação recíproca entre Igreja e Israel, Geffré irá afirmar que a "vocação da Igreja é anunciar às nações que a redenção de toda criatura já começou, e é por isso que a Igreja não pode permanecer dentro dos limites restritos de Israel: ela deve tornar presente em palavras e em atos a esperança do Reino que virá".[23] Esta é a vocação e a missão da Igreja para Geffré: testemunhar e anunciar que o Reino de Deus já aconteceu em Jesus Cristo, mas que a sua plenitude ainda está por se realizar. Testemunhar o Reino que virá significa se engajar na construção de um mundo com mais justiça, solidariedade, amor e paz. Dessa forma, a visualização do Reino pode ser contemplada. Ele acredita que tanto Israel quanto a Igreja têm sua vocação própria. Entretanto, há uma "emulação recíproca" entre ambas a serviço do Reino de Deus na história. É a idéia de uma competição saudável a favor da justiça e da paz.

Geffré admite que "os judeus podem alcançar sua salvação no interior de sua fé judaica, mas ao mesmo tempo não se pode comparar Israel e a Igreja como duas vias paralelas de salvação. Isso seria comprometer a unicidade de Cristo como mediador entre Deus e a humanidade".[24] Mesmo reconhecendo a existência da irredutibilidade de Israel, ele compreende essa irredutibilidade incluída na universalidade de Cristo, entendido como universal concreto.

Como o encontro com o outro, sobretudo com o outro diferente, pode possibilitar uma "re-interpretação" da verdade? A verdade muda com o tempo?

---

[20]   GEFFRÉ, Vers une théologie du pluralisme religieux, p. 584.

[21]   Cf. Parte II, Capítulo II, nota 47.

[22]   GEFFRÉ, Vers une théologie du pluralisme religieux, p. 585.

[23]   GEFFRÉ, *Croire et interpréter*, p. 150.

[24]   GEFFRÉ, *Croire et interpréter*, p. 148. Neste momento Geffré não afirma o que já sustentou em tempos atrás (texto original: 1995), que "a Igreja é o sacramento universal da salvação, e mesmo que muitos homens e mulheres possam ser salvos fora da Igreja; eles permanecem misteriosamente ordenados à Igreja, que é o corpo de Cristo. Mas Deus não está amarrado às mediações institucionais da Igreja, tais como a Palavra, os sacramentos e os ministérios". Cf. GEFFRÉ, O lugar das religiões no plano da salvação, p. 128.

3.2. Compreendendo a verdade

O tema da verdade tem participado continuamente da reflexão teológica e tem evoluído historicamente. Tradicionalmente, a verdade era compreendida como sendo pertencente à reflexão teológica, e a Igreja Católica tinha a responsabilidade de guardá-la. Esta era a compreensão para o *depositum fidei* (depósito da fé): a verdade revelada por Deus na encarnação de Jesus Cristo, seu Filho único, foi dada à Igreja (Mt 16,18) e esta tinha a incumbência de guardá-la e protegê-la. Neste horizonte, lapida-se, lentamente, um entendimento de verdade compreendida como *verdade absoluta*, e a Igreja Católica era sua guardiã. Dessa concepção emergem, por exemplo, as condenações medievais para os hereges e as bruxas. Quem pensasse diferente da verdade estabelecida pela Igreja era condenado. A Igreja possuía a verdade absoluta, dada por Deus, e tinha a missão de julgar as pessoas, atitudes, religiões e culturas a partir desse referencial.

Na modernidade, com a antropologia, surge uma nova maneira de compreender a verdade. Entretanto, também condenada pela Igreja tradicional. É a compreensão da verdade como *relativa*. Ou seja, não existe a verdade absoluta ditada por uma cultura ou por uma religião, mas a verdade é relativa às várias culturas e religiões. Por exemplo, não se pode comparar uma cultura com outra e dizer que uma é melhor que a outra, pois ambas estão em momentos diferentes de estruturação. É possível comparar uma cultura somente consigo mesma, a partir de momentos históricos diferentes de seu desenvolvimento. Portanto, uma cultura é relativa a si mesma, a seu processo de evolução. Não existe uma melhor que a outra. Neste sentido, a verdade é *relativa* a cada cultura e a cada momento histórico pelo qual cada cultura está passando.

A partir do pluralismo religioso e da reflexão sobre uma teologia das religiões, Geffré irá propor uma nova concepção de verdade. Denominará a verdade como *verdade relacional*.[25] A verdade não é pertencente a uma cultura ou religião (absoluta), nem relativa às várias culturas e religiões, mas é no encontro entre as várias culturas e religiões que elas poderão descobrir uma verdade até então não percebida por nenhuma delas. Para ele, a verdade, no sentido teológico, está mais vinculada à idéia de testemunho do que à idéia

---

[25] GEFFRÉ, La verdad del cristianismo en la era del pluralismo religioso, p. 141; GEFFRÉ, Pluralismo religioso e indiferentismo, p. 93; GEFFRÉ, Por um cristianismo mundial, p. 16.

de juízo. Enquanto testemunho, a verdade tem sua plenitude no mistério da realidade divina, e esse é o sentido bíblico para a verdade. Enquanto juízo, a preocupação é adequar conhecimento e realidade. A essência original da verdade é "a propriedade do que não permanece oculto".[26] A verdade aponta, então, para um descobrir, desvelar a realidade. Destaca-se aqui a noção de *relacional*.

Há uma parábola do elefante, escrita por Rûmî, que ajuda a compreender as diferentes apreensões da verdade. Ele conta:

> Alguns hindus estavam exibindo um elefante num quarto escuro, e muita gente se reuniu para vê-lo. Mas como o quarto estava escuro demais para que eles pudessem ver o elefante, todos procuravam senti-lo com as mãos, para ter uma idéia de como ele era. Um apalpou a sua tromba e declarou que o animal parecia um cano d'água; outro apalpou a sua orelha e disse que devia ser um leque enorme; outro apalpou o seu dorso e declarou que o animal devia ser como um grande trono. De acordo com a parte que apalpava, cada um deu uma descrição diferente do animal. Um, por assim dizer, chamou-o de *Dal* e outro, de *Alif*.[27]

Quem está com a verdade? Existe somente uma única verdade? Por essa história podem-se compreender melhor os conceitos anteriores. Se a apreensão da verdade for de forma *absoluta*, um irá impor aos outros a maneira correta de perceber a verdade e estes terão de acatar. Se o entendimento sobre a verdade for *relativo*, então cada um fica com sua compreensão da verdade, pois cada percepção é relativa a si mesma e não se compara nem se relaciona com as demais. Agora, se a maneira de conceber a verdade for *relacional*, quanto mais as pessoas conversarem entre si sobre a maneira como cada um experimentou o elefante, maior será a compreensão que todos terão sobre o elefante ao final do diálogo, mesmo cada um tendo tido uma experiência particular. Cada um tocou uma parte do elefante e no diálogo aberto com os outros cada um poderá perceber uma outra realidade do elefante não tocada por ele, mas que, nem por isso, deixa de fazer parte do elefante.

---

[26] GEFFRÉ, Pluralismo religioso e indiferentismo, p. 93. Esse resgate da verdade a partir do sentido bíblico (noção de testemunho) e da verdade enquanto *aletheia* (em grego: não-oculto, não escondido, não dissimulado) contribui com mais ganhos para o diálogo inter-religioso e a idéia de que a verdade é relacional pode ser encontrada também: GEFFRÉ, Verso una nuova teologia delle religioni, p. 370.

[27] RÛMÎ, Djalâl od-Dîn. *Masnavi*. São Paulo: Dervish, 1992. pp. 155-156. Ela também encontra-se contada como cinco cegos que foram conhecer um elefante num zoológico, está no livro: SUNG, Jung Mo. *Experiência de Deus*: ilusão ou realidade? São Paulo: FTD, 1991. p. 59.

A verdade enquanto relacional convida as partes envolvidas a estarem abertas para escutar e compartilhar as experiências e as convicções construídas em uma observação ou ao longo da história. É a partir dessa compreensão que Geffré irá propor que se pense a verdade em teologia das religiões. Quanto mais as religiões dialogarem entre si sobre as várias maneiras como cada uma apreende o mistério divino, maior e melhor será a compreensão que cada uma terá do transcendente em seu todo. Para o cristianismo, isso passa a ser inclusive uma exigência, pois "à luz do mistério da cruz compreendemos melhor que a verdade cristã, longe de ser uma verdade fechada em si mesma, se define em termos de relação, de diálogo".[28] A *kénosis* de Deus na encarnação de Jesus Cristo e de sua morte na cruz como gesto de despojamento e amor radical pelo humano faz com que o cristianismo não se feche a uma verdade, mas se abra ao diálogo, à construção da alteridade, a exemplo de seu iniciador. Portanto, ele deve partilhar e escutar outras comunicações sobre a verdade de Deus que transcende a uma realidade histórica e limitada.

Geffré vai ainda mais além e propõe um *absoluto relacional*.[29] O pluralismo religioso exalta a diferença e as formas plurais de perceber o mistério de Deus. Por isso, "deve-se reconhecer que a própria revelação cristã é inadequada em relação à plenitude de verdade que está em Deus, assim como a humanidade de Jesus é inadequada em relação à riqueza do Verbo de Deus".[30] O Verbo eterno de Deus é muito mais do que o Jesus histórico pôde revelar. Assim, ao citar explicitamente o cristianismo, Geffré fala da abertura e da humildade que as tradições religiosas e, nelas, as reflexões teológicas devem ter ao expressarem o mistério divino, pois este ultrapassa a compreensão humana. *Absoluto relacional* refere-se à limitação humana na apreensão de Deus. Deus é absoluto e total em si, mas a maneira como é percebido pelas religiões é sempre parcial. Por isso, ele acrescenta o *relacional* como sendo uma maneira de as tradições ampliarem a sua compreensão do absoluto. E ainda completa dizendo que "sem comprometer o engajamento absoluto inerente à fé, é permitido considerar o cristianismo como uma realidade *relativa*, não no sentido em que relativo se opõe a absoluto, mas no sentido de uma forma

---

[28]   GEFFRÉ, La verdad del cristianismo en la era del pluralismo religioso, p. 141.

[29]   GEFFRÉ, *Croire et interpréter*, p. 104. Diz: "Portanto, seria preciso habituar-se a pensar o absoluto não como um absoluto relativo, o que seria absurdo, mas como um absoluto relacional, e não como um absoluto de exclusão ou de inclusão". Ver também: GEFFRÉ, A fé na era do pluralismo religioso, p. 68.

[30]   GEFFRÉ, *Croire et interpréter*, p. 104.

relacional".[31] Para o cristianismo, a compreensão da Trindade ilustra e sustenta essa reflexão, pois as pessoas da Trindade — Pai, Filho e Espírito — existem e sub-existem em e na relação com a outra. O aspecto relacional é, portanto, essencial para procurar compreender este mistério.

Com essa abordagem, Geffré não descarta que tenha havido uma plenitude da revelação de Deus em Jesus Cristo, mas fala da necessidade de interpretar essa plenitude. Faz uma distinção entre valor qualitativo e conteúdo quantitativo.[32] O *valor qualitativo* refere-se a Jesus Cristo ser a expressão do Verbo encarnado. Portanto, essa consciência distingue-se de qualquer outra consciência humana. O *valor quantitativo* refere-se a "uma tradução contingente, relativa e inadequada",[33] pois a história humana é finita, relativa e limitada. A revelação cristã, mesmo sendo qualitativamente plena, é, quantitativamente, relativa à limitação humana e ao que existe de positivo em outras tradições religiosas. Por isso, a importância do *relacional* na absorção de Deus para o cristianismo como para toda tradição religiosa.

A partir do horizonte cristão, Geffré propõe três concepções de verdade: a verdade cristã pertence à ordem do testemunho; à ordem da antecipação e é verdade compartilhada.[34] Ao dizer que a verdade cristã pertence à *ordem do testemunho*, está fazendo referência a uma pessoa, Jesus Cristo, compreendido como o Filho de Deus encarnado. Sua mensagem, registrada no Segundo Testamento bíblico, é o testemunho das pessoas que primeiro conviveram com ele ou, pelo menos, acreditaram nele. A verdade é, portanto, dar testemunho desta pessoa. Ela está totalmente inserida no campo da fé e não na evidência científica. A segunda diz respeito *à ordem da antecipação*. A verdade revelada por Jesus Cristo é plena. Entretanto, o conhecimento dessa plenitude é que continua como enigma. Por isso, o cristão já participa dessa verdade por antecipação, ou seja, por conhecer Jesus Cristo. Porém, a participação plena se dá no âmbito escatológico, no além da história. Como diz o testemunho joanino, "o Espírito da verdade os guiará até a verdade plena" (Jo 16,13). A terceira concepção é a clareza de que a verdade deve ser *compartilhada*. Supera-se um eclesiocentrismo fechado, em que se acreditava que a verdade era

---

[31] GEFFRÉ, *Croire et interpréter*, p. 105.

[32] Ele diz que essa reflexão é retomada do estudo de J. Dupuis. Cf. GEFFRÉ, O lugar das religiões no plano da salvação, p. 123. Há melhores explicitações em: GEFFRÉ, *Croire et interpréter*, p. 104.

[33] GEFFRÉ, *Croire et interpréter*, p. 104.

[34] GEFFRÉ, La verdad del cristianismo en la era del pluralismo religioso, pp. 142-143.

absoluta e que a Igreja cristã tinha a sua posse, para a compreensão de que a verdade necessita ser compartilhada para a maior compreensão do mistério divino. Esta é uma re-interpretação do testemunho bíblico de Jesus Cristo, o qual viveu e pregou a prática da alteridade como uma verdade. Compartilhar o que se tem é uma regra básica para a construção do Reino de Deus.

Essas concepções refletem uma nova abordagem da verdade no horizonte do pluralismo religioso. Esse pluralismo aguça as tradições religiosas a entrarem em diálogo, pois este conduz "cada participante à celebração de uma verdade mais elevada, que supera o caráter parcial de cada verdade particular".[35] Todo ser humano e toda tradição religiosa devem compreender, portanto, que, enquanto humano e fazendo parte de uma cultura, a verdade deve ser compreendida sempre como estando em construção e sendo relacional. Quanto mais as religiões compartilharem a sua experiência única de Deus, tanto maior será a sua percepção. Segundo Geffré, "parece legítimo dizer que a verdade cristã, que para nós é um absoluto em nome da fé, não é necessariamente exclusiva de outras verdades na ordem religiosa".[36] Isso pode ser também verdade para toda tradição religiosa, pois nenhuma pode querer ter para si a exclusividade da verdade religiosa.

Quais são as condições necessárias para que o diálogo inter-religioso aconteça?

3.3. As condições para o ecumenismo inter-religioso

A expressão *ecumenismo inter-religioso*, como já apresentada, é considerada por Geffré como "relativamente audaciosa",[37] pois a palavra *ecumenismo* tem sido reservada para o diálogo entre as denominações cristãs.[38] Aqui há ampliação de sentido ao considerar *ecumenismo* (*oikou-mene*) em seu sentido etimológico, "ao mundo habitado". A *oikoumene* abrange três sentidos: o geográfico, o cultural e o político. "O espaço, isto é, a terra, o país e a história

---

[35] GEFFRÉ, La verdad del cristianismo en la era del pluralismo religioso, p. 144.

[36] GEFFRÉ, *Croire et interpréter*, p. 136.

[37] GEFFRÉ, *Croire et interpréter*, p. 100.

[38] O decreto *Unitatis Redintegratio*, do Concílio Vaticano II, é dedicado ao ecumenismo e o considera uma oportunidade "de favorecer a unidade dos cristãos" (n. 6).

169

da humanidade; a cultura, isto é, a relação entre as pessoas e a criação para transformá-la e humanizá-la, e também a dimensão política de como no tempo as sociedades se organizam e institucionalizaram o poder."[39] É, portanto, "a terra toda habitada". É, nesse sentido, que Geffré fala em "ecumenismo inter-religioso" ou "ecumenismo planetário". Ele busca ampliar a compreensão para o termo "ecumenismo" não sendo mais um encontro somente entre as denominações cristãs, mas entre as tradições religiosas.

O ecumenismo inter-religioso não seria para instaurar uma unidade entre as religiões, pois isso seria como que "aceitar o mito de uma religião mundial que eliminasse todas as diferenças e comprometeria aquilo que faz justamente a originalidade irredutível de cada tradição religiosa".[40] Geffré não concorda, portanto, com a criação de uma "religião universal" e continua sua reflexão dizendo que esse ecumenismo visa a "um encontro das religiões de tal maneira, que elas coloquem todas as suas riquezas morais e espirituais a serviço da paz, da humanização das pessoas e da proteção do meio ambiente".[41] Como todo diálogo, ele propicia a ampliação de horizontes aos seus participantes. Entretanto, este deve ir mais além. Deve provocar uma melhora de vida para a humanidade, tanto no campo espiritual quanto no social.

Para que as religiões possam dialogar, Geffré afirma serem necessárias algumas condições. E propõe três: o respeito ao outro em sua identidade própria; a fidelidade no que diz respeito à sua própria identidade; e a necessidade de uma certa igualdade entre os parceiros. E compreende essas condições da seguinte maneira:

3.3.1. O respeito ao outro em sua identidade própria

Trata-se de ir ao diálogo inter-religioso sem "preconceitos históricos", sem prejulgamentos sobre a tradição religiosa com que está dialogando. É preciso resguardar-se de "certa apologética que consiste em reduzir ao já conhecido tudo o que junto ao outro parece ter alguma semelhança com o nosso próprio universo de pensamento, nossos hábitos de pensamentos culturais e

---

[39] SANTA ANA, Júlio. *Ecumenismo e libertação*. Petrópolis: Vozes, 1987. p. 20.

[40] GEFFRÉ, Por um cristianismo mundial, p. 11.

[41] GEFFRÉ, Por um cristianismo mundial, p. 11.

religiosos".[42] É uma exigência de não comparar as doutrinas, ensinamentos e práticas de uma determinada tradição religiosa com as de sua religião, pois, por não conhecer suficientemente os conceitos de tal tradição, a tendência é interpretá-los a partir de sua experiência religiosa. Para Geffré, "enquanto não se domina a língua de uma outra tradição religiosa, corre-se o risco de permanecer no equívoco e de cair muito depressa na identificação".[43]

Seguindo o que o teólogo David Tracy denominou de *imaginação analógica*, isto significa desvelar "uma semelhança na diferença, mantendo ao mesmo tempo a diferença", Geffré diz que ter atitude hermenêutica é seguir esta imaginação analógica. "Trata-se de escapar do equívoco sem cair no unívoco da convergência a todo custo."[44] É interpretar o outro a partir do seu irredutível e ser interpretado da mesma maneira. Ou seja, é escutar e ser escutado a partir do que cada um tem de específico. Isto supõe certa disciplina interna para não querer perceber a diferença do outro a partir de semelhanças com sua própria tradição religiosa e acabar por reduzir ou incorporar a diferença (o irredutível) do outro à sua experiência religiosa.[45]

Essa condição convida, portanto, as tradições religiosas em diálogo a uma profunda atitude de tolerância religiosa. Ser tolerante não significa "abrir mão" da verdade, nem ficar neutro e sem se posicionar, mas sim escutar a diferença do outro que se manifesta. Ser tolerante significa "afirmar o direito sagrado de divergir".[46] Ou seja, direito dado por Deus de ser e pensar de maneira diferente. É permitir que o outro seja ele mesmo com sua identidade

---

[42] GEFFRÉ, Le dialogue interreligieux. Disponível em: <http://www.encalcat.com/fr/nouv/geffre.doc>. Acesso em: 29 ago. 2002.

[43] GEFFRÉ, *Croire et interpréter*, p. 102.

[44] GEFFRÉ, *Croire et interpréter*, p. 101.

[45] Para Paulo Menezes, essa maneira de perceber o outro pode refletir certo etnocentrismo: "[...] a rejeição do Outro, combinada com a dominação, assume também outra forma: não tirar a vida do Outro, mas apenas a diferença, ou seja, extirpar-lhe a alteridade que o constitui como Outro, assimilando-o e reduzindo-o à imagem do Mesmo." Cf. MENEZES, P. Etnocentrismo e relativismo cultural. *Síntese*, Belo Horizonte, v. 27, n. 88, 2000, p. 246.

[46] MENEZES, P. Filosofia e tolerância. *Síntese Nova Fase*, Belo Horizonte, v. 23, n. 72, 1996, p. 6. Diz: "Afirmar o direito sagrado de divergir é negar a quem quer que seja — em especial ao Estado e às maiorias — o direito de reprimir a diversidade alheia, de perseguir os dissidentes, de tentar reduzir pela força as divergências. É proclamar o dever que têm os Estados e os grupos sociais de respeitar a alteridade, de não perseguir a ninguém por causa de suas opiniões, e de modo mais amplo, de não discriminar ninguém por causa de diferença de religião, de sexo, de idade etc. Então a amplidão da tolerância é ilimitada: pois é o reverso da proclamação da 'igual dignidade dos seres humanos".

que o caracteriza como tal. Portanto, é respeitar o outro na sua diferença que é, muitas vezes, o que constitui sua identidade própria.

Com referência a essa reflexão, Geffré faz uma distinção entre "lógica da assimilação" e "lógica da aceitação da diferença". A *lógica da assimilação* é a lógica própria do Ocidente e que provém da filosofia grega, é "tornar o outro semelhante a mim mesmo: só o semelhante pode reconhecer o semelhante [Parmênides]. E não somente procuro reconhecer o semelhante à imagem do que sou, mas esforço-me também em transformar o outro na imagem de mim mesmo".[47] Ao assimilar a diferença do outro para incorporá-la a si mesmo, acaba-se por anular o outro. A *lógica da aceitação da diferença* está próxima à lógica das Sagradas Escrituras, em que o outro é reconhecido por ser outro, em sua alteridade. Tanto no Primeiro Testamento quanto no Segundo há a idéia, por exemplo, do cuidado com o estrangeiro. Diz o texto bíblico: "Não explorarás nem oprimirás o migrante, pois fostes migrantes na terra do Egito" (Ex 22,20). Pela própria experiência israelita de também ter sido estrangeiro, o texto bíblico ressalta que o dessemelhante deve ser reconhecido por ser diferente e por se constituir como outro, por isso diz: "não explorarás nem oprimirás" o outro.

3.3.2. Fidelidade no que diz respeito à sua própria identidade

Todo e qualquer participante do diálogo inter-religioso deve ser fiel a si próprio e à sua tradição religiosa. Isso significa que, quanto maior a compreensão que uma pessoa de determinada tradição religiosa tenha de sua religião, melhor será sua participação no diálogo, pois tanto irá partilhar quanto escutar e compreender o diferente com maior grau de objetividade. É de fundamental importância para esse diálogo que as pessoas envolvidas diretamente em sua realização tenham clareza da identidade; ou, dito de outra maneira, tenham firmeza de posição.[48] Isto é, que conheçam de forma suficiente sua tradição religiosa para poder transmitir com clareza e segurança os valores construídos

---

[47] GEFFRÉ, Le dialogue interreligieux. Disponível em: <http://www.encalcat.com/fr/nouv/geffre.doc>. Acesso em: 29 ago. 2002. E também: GEFFRÉ, C. Pour une théologie de la différence. Identité, altérité, dialogue. Disponível em: <http://www.sedos.org/french/geffre_1.htm>. Acesso em: 21 jun. 2004.

[48] Hans Küng insiste na expressão "firmeza de posição" e demonstra não ser contraditória com a disposição para o diálogo, mas antes uma exigência. É ter conhecimento e segurança de sua identidade sem fechamento. Cf. KÜNG, H. *Projeto de ética mundial*. São Paulo: Paulinas, 1992. p. 132.

por sua tradição durante os séculos de sua existência, porém sem fechamento e imposição.

Para Geffré, "é preciso, portanto, manter a própria identidade, se quisermos que haja um verdadeiro diálogo".[49] Não é negando a própria fé nem sua vinculação a uma tradição religiosa específica que a pessoa estará mais aberta para o diálogo. De outra forma, não é colocando a fé entre parênteses ou suspendendo estrategicamente sua convicção religiosa que a pessoa estará mais livre para o diálogo. Geffré sustenta que é "no âmago do engajamento absoluto, na sua própria religião, que é preciso adotar uma atitude de respeito face às convicções do outro".[50] Ou ainda, "a fidelidade a si mesmo, ou seja, ao seu próprio engajamento de fé, é a condição mesma de um verdadeiro encontro". E continua: "Pretender ser cidadão do mundo quando não se está enraizado em parte alguma é pura demagogia".[51] É mediante esse engajamento que o participante do diálogo terá discernimento para partilhar e escutar as verdades de fé. Verdades que não visam à construção de uma "religião mundial", idéia contestada e negada por Geffré, pois aí se perderia o irredutível de cada tradição. Essa construção é inviável devido à variedade cultural e religiosa presente na humanidade. Esta "religião mundial" só seria possível através de uma imposição totalitária. Entretanto, neste caso, perder-se-ia a espontaneidade da manifestação do espírito de Deus, e o mistério divino ficaria reduzido a apenas uma interpretação humana.

Por isso Geffré destaca a importância de ter uma identidade religiosa e, mais que isso, conhecer os dados específicos dessa identidade sem fechamento, para poder participar positivamente do diálogo com outras tradições religiosas. A identidade pode ser percebida como algo fechado e fixo no tempo. É o que caracteriza a idéia da *identidade idem*. Esta significa *mesmidade* (latim: *idem*), podendo ser compreendida como "o mesmo", e dela emerge a concepção de identidade como "permanência no tempo", ou seja, identidade fixa. Entretanto, há uma outra noção para a identidade que dá mais movimento e flexibilidade ao conceito. É o que caracteriza a idéia da *identidade ipse*. Esta significa *ipseidade* (latim: *ipse*), podendo ser entendida como "o próprio", e

---

[49]   GEFFRÉ, *Croire et interpréter*, p. 102.

[50]   GEFFRÉ, Le dialogue interreligieux. Disponível em: <http://www.encalcat.com/fr/nouv/geffre.doc>. Acesso em: 29 ago. 2002.

[51]   GEFFRÉ, A fé na era do pluralismo religioso, p. 63.

dela brota a percepção de identidade como estando "em construção".[52] A articulação entre a identidade *idem* e a *ipse* é de grande importância para o diálogo inter-religioso, pois permite guardar os valores da Tradição (*idem*) — os valores das origens ou fundacionais de uma religião — ao mesmo tempo em que os reinterpreta a partir de cada realidade histórica e cultural (*ipse*).

Se houver um fechamento na identidade *idem*, haverá dificuldades para o diálogo, pois só os valores de uma determinada religião é que serão os "valores referenciais" para julgar as outras religiões. Porém, conceber a identidade só como *ipse* também gera dificuldade para o diálogo, pois faltarão os dados característicos e irredutíveis para serem partilhados. Por isso, a necessidade da articulação entre identidade *idem* e *ipse* para que os dados irredutíveis de cada tradição religiosa sejam resguardados e partilhados; entretanto, numa perspectiva de novas construções, ou seja, buscando perceber novas manifestações do mistério divino até então não assimiladas. Com essa compreensão de identidade e com o espírito maiêutico, o diálogo inter-religioso propiciará que as religiões interessadas redescubram a presença de Deus *sempre presente*, mas nem sempre percebida e discernida. Novas interpretações poderão ser feitas das narrativas sagradas e da história de cada tradição religiosa com o objetivo de lapidar, cada vez mais, o irredutível de uma tradição, e possibilitar que este brilho possa despertar para maior vida e felicidade os homens e as mulheres de cada época.

Dizer que a identidade deve ser definida e clara não significa que deva ser fixa e fechada. Pelo contrário. Ter clareza da própria identidade é permitir que ela seja interpelada e possibilitar que ela responda com a mesma força de suas origens aos questionamentos da atualidade.

3.3.3. Necessidade de uma certa igualdade entre os parceiros para que haja diálogo

A clareza da própria identidade e a abertura à escuta do outro é que dão origem a esta terceira condição para o diálogo. Se uma tradição religiosa se dispõe a dialogar é porque ela acredita que do outro lado também há uma

---

[52] Esta compreensão de identidade como *idem* e *ipse* encontra-se em: RICOEUR, P. *O si mesmo como um outro*. Campinas: Papirus, 1991, especificamente pp. 12-14. Para uma articulação dessa compreensão com o diálogo inter-religioso, ver: PANASIEWICZ, Internacionalização, identidade e diálogo inter-religioso. *Horizonte*, Belo Horizonte, v. 1, n. 2, 1997, pp. 57-61.

outra tradição com a mesma intencionalidade. Daí a beleza da partida para o encontro com o outro diferente e, ao mesmo tempo, os receios próprios de qualquer encontro inicial. Com o tempo, a confiança entre os parceiros vai se instalando e conquistando mais espaço. Esta é a igualdade necessária para que o diálogo inter-religioso aconteça de maneira segura pelas tradições participantes. Nada pior do que ir para um diálogo desconfiando que o outro esteja "tramando" algo contra ou que esconde sua verdadeira intenção. Aí o diálogo já está fadado ao fracasso e, ainda pior, a semear intrigas e discórdias, gerando uma desconfiança que somente o tempo superará.

O "reconhecimento de certa igualdade entre os parceiros", para Geffré, esbarra na compreensão da verdade. Neste aspecto, há uma articulação entre a concepção de identidade e o entendimento de verdade. A identidade diz respeito ao irredutível de cada tradição, ao seu específico que foi construído ao longo das décadas, séculos e mesmo milênios, que é, constantemente, reinterpretada para continuar significando para o homem e para a mulher de cada época. Essa identidade não deixa de ser a "verdade" que cada tradição tem construído historicamente. Neste sentido é que há uma relação intrínseca entre identidade e verdade. Mas, como a identidade, a verdade também não deve ser concebida como algo fechado e desde sempre determinado. E falar em diálogo é falar do encontro de identidades religiosas que carregam consigo verdades que, na maioria das vezes, são diferentes, mas "verdades diferentes não são forçosamente verdades contraditórias".[53] Geffré lembra "que o outro tem o mesmo tipo de engajamento absoluto em relação à sua própria verdade. E esta coexistência entre o absoluto de meu engajamento e minha abertura ao que outro representa como outro caminho para Deus é extremamente difícil".[54] Por isso a necessidade constante de sinalizar a importância da abertura e da flexibilidade para que ocorra o encontro. Esta igualdade entre os parceiros e clima de confiança recíproca é que irá propiciar, às tradições, uma maior busca da verdade. Aí o diálogo provoca "um além do diálogo, a saber, a transformação de cada um dos interlocutores. Eu sou mudado na maneira de apropriar-me de minha própria fé quando sou confrontado com a verdade do outro".[55] Aqui há uma nova exigência, que é reinterpretar a noção de verdade.

---

[53] GEFFRÉ, *Croire et interpréter*, p. 103.

[54] GEFFRÉ, *Croire et interpréter*, p. 103.

[55] GEFFRÉ, *Croire et interpréter*, p. 103.

Ao tocar nessa questão da verdade, Geffré diz que é preciso ter um "espírito de verdade".[56] Esse espírito permite que as pessoas não sejam totalitárias, nem acreditem possuir uma verdade que seja englobante de todas as demais. Ele apresenta uma distinção entre a "verdade da ordem do julgamento" e a "verdade da ordem da manifestação".[57] A primeira é a verdade da adequação do espírito e da verdade exterior onde se estabelece a oposição entre verdadeiro e falso, e a questão é saber onde está a "verdade", ou seja, o verdadeiro. Portanto, um tem a verdade e o outro não. A segunda verdade é da ordem da dialética, está sob o signo do velado e do revelado. Há uma manifestação da verdade, mas ela permanece velada na sua plenitude. Por ela ser revelada e ao mesmo tempo velada, ela é relativa à verdade que se encontra entre os outros. Ninguém possui, isoladamente, a totalidade da verdade. Esta segunda concepção é que mais se aplica às tradições religiosas e ao diálogo inter-religioso. Por isso Geffré sustenta que a verdade deve ser concebida como *relacional*. É na relação e na partilha de diferentes verdades que as tradições poderão produzir novas interpretações de suas "antigas verdades". Para o diálogo inter-religioso, a utilização da primeira concepção de verdade — a da ordem do julgamento — possibilitará a uma tradição religiosa acreditar que possui a verdade plena e total e se julgar competente para avaliar as outras verdades a partir de seu horizonte hermenêutico.

Geffré, a partir do horizonte cristão, diz que "nossa verdade como verdade revelada não é uma verdade parcial, mas nossa abordagem dessa verdade é ainda uma abordagem relativa".[58] Exatamente por ser histórica e cultural ela é relativa a cada tempo e às interpretações possíveis ao momento histórico. É sempre bom lembrar que a revelação de Deus é sempre plena e total para todos, mas a maneira de captá-la é que é limitada, pois é sempre uma percepção humana que a faz, por isso finita, histórica e, portanto, relativa. Quanto mais

---

[56] GEFFRÉ, Le dialogue interreligieux. Disponível em: <http://www.encalcat.com/fr/nouv/geffre.doc>. Acesso em: 29 ago. 2002.

[57] GEFFRÉ, Le dialogue interreligieux. Disponível em: <http://www.encalcat.com/fr/nouv/geffre.doc>. Acesso em: 29 ago. 2002.

[58] GEFFRÉ, Le dialogue interreligieux. Disponível em: <http://www.encalcat.com/fr/nouv/geffre.doc>. Acesso em: 29 ago. 2002. Ele diz que não quer entrar em polêmica com o cardeal Ratzinger: "Eu não vou me permitir criticar o cardeal Ratzinger, mas quando se diz que a revelação cristã é completa e definitiva, pode-se absolutamente confessar isso, mas dizer que ela é completa e definitiva não impede que ela permaneça relativa, neste sentido mesmo a revelação do Novo Testamento é o testemunho não adequado à plenitude da verdade do mistério de Cristo e à plenitude do mistério de Deus".

as religiões partilharem a sua percepção da revelação, maior será a compreensão de Deus e menos velado vai se tornando o mistério divino.

Ser fiel à sua própria identidade, respeitar o outro no que ele tem de específico e estar aberto à construção da verdade que ocorre no espaço relacional é de fundamental importância para a efetivação do diálogo inter-religioso. Entretanto, quais são as formas práticas de acontecer esse diálogo?

3.4. As formas de diálogo inter-religioso

Possibilitar que aconteça de forma concreta o diálogo inter-religioso tem sido uma das preocupações da Igreja Católica nas últimas décadas. Sua efetivação visa, internamente, a que as tradições religiosas possam conhecer mais de si mesmas, ampliem sua percepção de Deus e compreendam que o mistério divino é sempre mais do que podem conceber. Como objetivo externo, visa propiciar que a humanidade progrida na construção da paz, no respeito à vida e, sobretudo, que a pessoa humana seja mais valorizada em sua dignidade própria, à luz do *status* de ter sido criada à imagem e semelhança de Deus. As religiões têm muito a contribuir para o progresso humano; elas não podem se omitir ante este papel fundamental. Esta é a tônica de Geffré ao falar em *humano autêntico*. É na construção desse humano em sua total integridade de pessoa, resguardando as diferenças culturais e religiosas, que as religiões devem se empenhar. Se alguma religião não tem isso como prática, "isso não condena o melhor dessas religiões, mas as convida a reinterpretar seus textos fundadores e suas tradições".[59]

A conversão é entendida aqui como *conversão interna* ou como "conversão para Deus".[60] Trata-se de viver melhor, de seguir, no interior de sua tradição religiosa, os preceitos com maior clareza, dedicação e espontaneidade.

---

[59] GEFFRÉ, *Croire et interpréter*, p. 108. H. Küng tem insistido na afirmação de que "não haverá paz entre as nações sem paz entre as religiões". Afirma também que o critério da "paz" deve julgar a prática das religiões no sentido de serem ou não verdadeiras, como também o critério da "fidelidade às origens". Cf. KÜNG, H. *Projeto de ética mundial*, pp. 136-146; *Teologia a caminho*, pp. 272-291; *Uma ética global para a política e a economia mundiais*, pp. 203-274; *Religiões do mundo: em busca de pontos comuns*, p. 17.

[60] O documento *Diálogo e Anúncio* afirma: "Com este objetivo, ou seja, uma conversão mais profunda de todos para Deus, o diálogo inter-religioso já possui seu próprio valor" (n. 41). E Gandhi tem uma reflexão peculiar a este respeito, diz: "Nossa prece mais íntima deve ser para que o hindu torne-se um hindu ainda melhor, para que o muçulmano fique ainda melhor como muçulmano, para que o cristão se torne um cristão melhor. Essa é a verdade fundamental da fraternidade." Cf. GANDHI, M. K. *Gandhi e o cristianismo*. São Paulo: Paulus, 1996. p. 127.

O diálogo inter-religioso possibilita maior lucidez e maior engajamento do fiel em sua própria religião, pois à luz de uma outra experiência ele pode compreender e ampliar mais os valores de sua tradição religiosa. Pode, em casos específicos, ocorrer a *conversão externa* ou mudança de religião ou ainda "troca de linguagem". Isso ocorre quando uma pessoa fica mais tocada pela maneira como uma outra tradição religiosa apresenta sua relação com o transcendente ou responde às indagações da fé, a seu ver, com mais exatidão e clareza. Esta sensibilização feita pela outra religião faz com que aquela pessoa mude de prática religiosa e opte por esta nova, pois encontra nesta experiência de Deus maior plausibilidade.[61]

A Igreja Católica tem manifestado, em documentos oficiais, a importância do diálogo inter-religioso e tem apresentado as formas concretas de realizá-lo. Sobretudo nos documentos *Diálogo e Missão* (1984) e *Diálogo e Anúncio* (1991), essa preocupação é evidenciada. Geffré, ao refletir sobre essa temática à luz desses documentos, propõe quatro formas de diálogo inter-religioso.[62] São elas: o diálogo da vida; o diálogo a serviço das grandes causas; a troca na ordem espiritual e o diálogo na ordem doutrinal.[63]

3.4.1. O diálogo da vida

Para Geffré, este é o primeiro de todos os diálogos. Mesmo nos encontros oficiais entre instituições religiosas é o diálogo entre pessoas que realmente acontece. Não são as religiões que dialogam, mas os seus participantes. Além desses encontros, o diálogo inter-religioso efetiva-se no percurso da vida. É o encontro das pessoas no seu dia-a-dia, com seu "jeito" específico de viver e de assimilar os valores culturais e religiosos. É, portanto, o diálogo da vida cotidiana. Na vida, as pessoas de crenças diferentes se encontram e dialogam naturalmente, num clima de abertura às partilhas, às críticas e aos depoimentos recíprocos. Seja na rua, no trabalho, nas escolas e universidades ou

---

[61] Para Peter Berger, toda religião cria uma "estrutura de plausibilidade". Esta possibilita que o mundo seja organizado com sentido. A crise religiosa é exatamente a perda de plausibilidade. Diz: "A religião é o empreendimento humano pelo qual se estabelece um cosmo sagrado. Ou por outra, a religião é a cosmificação feita de maneira sagrada". Cf. BERGER, P. *O dossel sagrado*. São Paulo: Paulinas, 1985. p. 38.

[62] Uma reflexão sobre as formas de diálogo inter-religioso à luz desses documentos também se encontra em: PANASIEWICZ, R. Os níveis ou formas de diálogo inter-religioso: uma leitura a partir da teologia cristã. *Horizonte*, Belo Horizonte, v. 2, n. 3, 2003, pp. 39-55.

[63] Cf. GEFFRÉ, Le dialogue interreligieux. Disponível em: <http://www.encalcat.com/fr/nouv/geffre.doc>. Acesso em: 29 ago. 2002.

em encontros ocasionais, as pessoas "se esforçam em dividir suas penas, suas alegrias, e descobrem sua solidariedade sejam quais forem suas divergências religiosas, em particular diante de situações existenciais importantes, quer seja a pobreza, o desemprego, a doença, a idade avançada, a morte".[64] Cada um reage de maneira própria e com sua sensibilidade religiosa ao momento específico que está vivendo, e escuta o outro também a partir de seus valores e crenças religiosas. Neste contexto é que pode emergir a prática da solidariedade independentemente de o outro ser ou não de sua confissão religiosa.

Esse diálogo da vida é um bom exercício para desenvolver a arte de relacionar-se, de aprender a conviver com pensamentos, crenças e atitudes diferentes das que se tinham como naturais e óbvias. Para Geffré, é isso que significa sair de si e viver experiências fortes e significantes. As palavras não têm o mesmo sentido nas diferentes tradições religiosas, e as maneiras de celebrar a alegria ou viver o sofrimento mudam radicalmente. As diferenças culturais e religiosas despertam a flexibilidade, que é essencial para o crescimento pessoal e ingrediente indispensável para a convivência agradável. Estar disponível para a mudança e saber dar passos significativos são sinais da abertura interna que a pessoa tem para o encontro com a verdade.

3.4.2. O diálogo a serviço das grandes causas

Esta forma de diálogo diz respeito ao campo ético. "É o diálogo que concerne à contribuição de cada religião para a construção de um mundo melhor e a edificação da paz mundial."[65] São as religiões contribuindo para que a justiça e a paz possam acontecer de maneira efetiva nas várias sociedades. Este é o sonho de grande parte das nações: viver em paz interna e com seus vizinhos. Paz que não significa somente ausência de guerra. É também, mas é mais do que isso. É a edificação de nações comprometidas com a vida de todo o seu povo e a construção de verdadeiros cidadãos engajados na defesa da democracia e da justiça.

---

[64] GEFFRÉ, Le dialogue interreligieux. Disponível em: <http://www.encalcat.com/fr/nouv/geffre.doc>. Acesso em: 29 ago. 2002.

[65] GEFFRÉ, A fé na era do pluralismo religioso, p. 71.

Geffré lembra que,

a partir de nossos próprios recursos espirituais, é nossa responsabilidade comum de lembrar que o exercício estrito da justiça em nome dos direitos do homem não é suficiente para edificar uma sociedade mais humana e mais democrática e que, diante da ascensão dos nacionalismos, diante da ascensão dos fanatismos, diante da ascensão dos racismos, é preciso fazer apelo aos valores das grandes tradições religiosas, em particular, a tradição bíblica.[66]

Não basta só o estrito senso da justiça para que a paz aconteça internamente e entre as nações. E é aqui que as tradições religiosas têm seu papel fundamental, pois elas adquiriram uma sensibilidade diferente na percepção da pessoa humana advinda de suas raízes místicas. Geffré, ao falar que uma sociedade humana não vive simplesmente sob o signo de uma "cultura da justiça", relembra o papa João Paulo II e diz ser necessária também uma "cultura do amor". O amor é o equilíbrio para que a justa medida (*phrónesis*) aconteça de forma prática, resguardando as diferenças particulares. Tanto na hora da elaboração das leis quanto em seu cumprimento, a articulação entre justiça e amor é necessária para que os menos favorecidos sejam respeitados.

A partir de encontros inter-religiosos muitas propostas inovadoras poderiam ser criadas e estimuladas em defesa da vida humana, da paz e da justiça social. Uma das parcerias, por exemplo, que as religiões poderiam fazer é se comprometendo com a denúncia pública e universal contra a degradação da dignidade humana. Como há religiões presentes em todos os lugares do mundo, sempre que houver uma atitude depreciativa ante a dignidade ética da pessoa humana, por um órgão governamental ou não, essa atitude seria imediatamente levada a público e denunciada. As religiões, em parceria com a mídia, poderiam agir como sensores éticos a serviço da construção da paz, do amor e da justiça social.

3.4.3. A troca na ordem espiritual

Diz respeito "ao diálogo silencioso da prece, em que cada tradição religiosa faz apelo aos recursos próprios de sua experiência espiritual".[67] Para

---

[66] GEFFRÉ, Le dialogue interreligieux. Disponível em: <http://www.encalcat.com/fr/nouv/geffre.doc>. Acesso em: 29 ago. 2002.

[67] GEFFRÉ, A fé na era do pluralismo religioso, p. 70.

além das divergências doutrinárias, as religiões têm convergências espirituais. A busca do Mistério divino perpassa as tradições religiosas. E, ante tamanha grandeza do Mistério, somente o silêncio para compreendê-lo. Não é um silêncio temeroso, mudo nem angustiante, mas antes o seu contrário. É um silêncio contemplativo, carregado de sentido e que transforma os seus participantes. A experiência de Deus é a experiência do inatingível, mas, ao invés de proporcionar tristeza e desânimo por não tê-la alcançado, ela preenche de sentido quem a busca tornando-o um "insaciável do inatingível". Mais concretamente, seria como estar com quem se ama! O apaixonado não percebe o tempo passar; entretanto, para ele, o tempo parece passar rápido demais. Ele gostaria de eternizar aquele momento para saborear mais e mais a alegria do encontro. A mística é um caminho aberto a quem quiser trilhar, e não somente aos monges e às monjas.

O diálogo místico é o diálogo da partilha das conquistas espirituais. Colocam-se em comum as várias experiências e as várias maneiras de atingir o inatingível. "Não se trata de uma prece comum, mas, como em Assis, de encontro em comum para rezar no interior de sua própria tradição, para rezar ao Deus, ou aos deuses, ou ao absoluto nos quais nós acreditamos."[68] Deus é sempre uno e único, mas a maneira de entrar em contato com ele é múltipla, pois retrata a pluralidade religiosa e cultural. Os participantes do encontro rezam ou oram juntos, porém não vivenciam a mesma oração, pois as experiências do transcendente partem de um horizonte concreto, que é a tradição religiosa a que pertencem.[69]

Para Geffré, "a prece é uma linguagem universal, mais universal, pelo menos, do que a crença num Deus pessoal".[70] Nas religiões de transcendência, a prece é acompanhada pelo silêncio e por uma espera, em certo sentido, até

---

[68] GEFFRÉ, Le dialogue interreligieux. Disponível em: <http://www.encalcat.com/fr/nouv/geffre.doc>. Acesso em: 29 ago. 2002. Geffré faz menção ao encontro inter-religioso ocorrido na cidade de Assis, em 1986, por convite do papa João Paulo II aos líderes das grandes tradições religiosas para juntos rezarem pela paz. Houve outros encontros em 1996 e 2001. Sobre os dois primeiros encontros, ver: PINTARELLI, Ary (Org.). *O espírito de Assis*. Petrópolis: Vozes, 1996.

[69] Sobre esse tema, Amaladoss afirma: "Eles vivenciam o mesmo Deus, mas não têm a mesma experiência". Cf. AMALADOSS, M. *Pela estrada da vida*. São Paulo: Paulinas, 1996. p. 88.

[70] GEFFRÉ, A fé na era do pluralismo religioso, p. 71. A mesma idéia se encontra em GEFFRÉ, *Croire et interpréter*, p. 113. E, em outro escrito, encontra-se a seguinte reflexão: "A prece como atitude fundamental do homem religioso é mais universal que a fé explícita em um Deus pessoal. Há uma linguagem universal da prece que transcende a diversidade das religiões do mundo". Cf. GEFFRÉ, *Passion de l'homme passion de Dieu*. Paris: Cerf, 1991. p. 124.

por certa passividade na expectativa de uma ação que vem de fora. Provavelmente, devido às várias contingências que as pessoas têm vivido, a oração de petição tem ocupado papel central. Entretanto, há outras maneiras que deveriam ser mais exploradas com a intenção mesma de mudar e inovar o contato com o transcendente.[71] Como a rotina, a oração repetitiva, com horários e fórmulas, dá certa disciplina à vida de oração. Porém, permitir inovar é possibilitar que a criatividade interna desperte diferentes e, até mesmo, mais profundos contatos com Deus. Essa atitude de oração é, para Geffré, entrar em transformação interior e ser contagiado por uma "educação para a paz". E o espírito místico desperta internamente as pessoas a uma busca por mais paz, por procurar pautar a vida em valores positivos, numa linha, sobretudo, de não-violência. "Fala-se de um contágio da caridade. Pode-se falar também do contágio de um certo espírito de paz."[72] É como se a prática da oração e o desenvolvimento da mística contagiassem as pessoas para fazer o bem e respeitar a dignidade da outra pessoa.

3.4.4. O diálogo na ordem doutrinal

Este é o diálogo das conquistas teológicas que foram construídas historicamente por parte de cada tradição religiosa e que a estruturam enquanto tal. São as construções na ordem da doutrina, na ordem das formulações teológicas a respeito da forma como cada tradição apreendeu e apreende o Mistério de Deus. Por isso, Geffré diz ser "freqüentemente mais decepcionante porque após muitos discursos nós descobrimos que algumas divergências não são negociáveis".[73] Mas isso não deve levar ao abandono do diálogo. Pelo contrário. Isso deve trazer a clareza de que existe um tipo de identidade que é "fixa", que demarca a história da tradição, entretanto sujeita a reinterpretações, e um outro tipo de identidade que aponta para as novas construções, mas também sem desfigurar sua característica original. A perspectiva do ganho hermenêutico para as tradições religiosas deve ser a balizadora dessa forma de diálogo.

---

[71] Torres Queiruga questiona a oração de petição, pois é pedir "a um Deus que é sempre entregue". Insiste em outras formas de oração como a contemplação, o louvor, a ação de graças. Cf. TORRRES QUEIRUGA, A. *Recuperar la salvación*, p. 254.

[72] GEFFRÉ, Le dialogue interreligieux. Disponível em: <http://www.encalcat.com/fr/nouv/geffre.doc>. Acesso em: 29 ago. 2002.

[73] GEFFRÉ, Le dialogue interreligieux. Disponível em: <http://www.encalcat.com/fr/nouv/geffre.doc>. Acesso em: 29 ago. 2002.

Esse diálogo de especialistas "convida-nos, ao mesmo tempo, a discernir melhor a originalidade da mensagem de que somos testemunhas e incentiva-nos na busca de Deus para além de Deus, ou seja, das representações insuficientes nas quais o encerramos".[74] É esta abertura que é pedida aos representantes e aos teólogos das tradições religiosas em diálogo. É colocar em prática o discurso de que "Deus é sempre mais" e está, portanto, "para além" do que as construções teológicas conseguiram atingir. Todos têm consciência disso, mas no diálogo isso deve ser uma constante para não acontecer que uma religião requeira para si o critério de discernimento e de veracidade religiosa, delegando a si o direito de julgar todas as outras apreensões de Deus.

O diálogo deve, segundo Geffré, visar a "uma melhor inteligência de sua própria identidade" e, continua, deve conduzir "à celebração de uma verdade que é mais elevada e mais profunda que a verdade a qual se discute sem se colocar de acordo [...]; somos sempre alguém que testemunha a busca de Deus".[75] O teólogo é aquele que está atento tanto às inquietações da comunidade de fé quanto às manifestações de Deus nesta comunidade. Ao fazer isso, deve procurar articular essas duas realidades em seus escritos. No diálogo com sua comunidade de fé e no diálogo com outras tradições religiosas ele vai lapidando, cada vez mais, a apreensão da revelação divina. Isso leva a construções constantes de verdades teológicas que merecem ser celebradas. Essas construções merecem ser festejadas, pois todos os participantes são transformados com a prática do diálogo inter-religioso. As tradições religiosas também ganham com o diálogo teológico, pois as identidades vão sendo reafirmadas e, mesmo, reconstruídas no contato com o diferente.

A atual mundialização que pode ser experimentada pelas tradições religiosas como uma oportunidade de aprofundamento e melhor compreensão da própria identidade propõe, em âmbito planetário, "um novo paradigma de universalidade que concilia as exigências de unidade, respeitando as particularidades".[76] Por isso, independentemente de qual a forma de diálogo inter-religioso, é fundamental que as tradições religiosas se conscientizem da sua importância no cenário mundial e efetivem encontros inter-religiosos. O ecumenismo inter-

---

[74]   GEFFRÉ, A fé na era do pluralismo religioso, p. 71.

[75]   GEFFRÉ, Le dialogue interreligieux. Disponível em: <http://www.encalcat.com/fr/nouv/geffre.doc>. Acesso em: 29 ago. 2002.

[76]   GEFFRÉ, Por um cristianismo mundial, p. 9.

religioso, para além da maior inteligência da identidade religiosa, possibilita a construção do *humano autêntico*. Ele se propõe a denunciar as injustiças contra a pessoa humana, em qualquer âmbito que aconteça, e se coloca à sua disposição para requerer das autoridades competentes posicionamentos concretos para a efetivação de práticas em função de sua valorização.

Conclusão

Este trabalho tratou da articulação entre a teologia hermenêutica e a teologia das religiões em Claude Geffré. A sua compreensão dinâmica da hermenêutica — que a princípio era questão de método e se torna "destino da teologia" para ser fiel à mensagem cristã, atual e significativa para os fiéis — possibilita abertura e avanços aos temas próprios da teologia das religiões. A finalidade prática da pesquisa visou tanto contribuir para o debate inter-religioso da atualidade quanto possibilitar abertura para a concretização de práticas ecumênicas no âmbito teológico, místico, ético e de posturas existenciais menos discriminatórias com relação às tradições religiosas. Acredita-se que este objetivo tenha sido realizado, entretanto, não como tarefa pronta e acabada, mas como diretrizes de um caminho a ser percorrido.

A primeira parte apresentou o sentido da hermenêutica e o modo como Geffré desenvolve sua teologia hermenêutica ao propor uma nova maneira de fazer teologia. Sua reflexão contrapõe-se à teologia dogmática. Enquanto esta — teologia dogmática — fecha-se diante da autoridade do magistério da Igreja Católica, que lhe indica a interpretação correta e ortodoxa dos textos da Escritura e da Tradição, a outra — teologia hermenêutica — é aberta ao risco da interpretação, tornando-se dinâmica e criativa na maneira de interpretar os textos sagrados, a doutrina cristã e os dogmas; significando-os para a atualidade. O pensamento de Geffré propõe superar uma razão metafísica, especulativa e presa ao saber teórico e aproxima-se da razão hermenêutica, crítica e ligada à compreensão histórica do real. Assim, a teologia hermenêutica provocou uma "virada hermenêutica" na reflexão teológica cristã, mesmo tendo sofrido oposições como as apresentadas pelo movimento fundamentalista.

A prática hermenêutica sofreu críticas e foi considerada "conservadora" por ter pretensão de universalidade. No entanto, essa prática metodológica possibilitou avanços na reflexão sistemática da teologia cristã. A teologia de Geffré exemplifica-o. Essa postura, a princípio metodológica, capacitou-o a compreender de maneira inovadora os novos temas e problemas da realidade que demandam reflexão teológica. Ele postula que toda teologia tem de ser fundamentalmente hermenêutica para conseguir fazer com que toda a mensagem seja significativa para o crente, sempre que for lida.

O emergir do pluralismo religioso na consciência teológica faz a teologia cristã, particularmente a católica, enfrentar essa temática. Eis o foco de interesse da segunda parte: a teologia das religiões. Como a teologia cristã irá se posicionar ante as tradições religiosas? Geffré compreende o pluralismo religioso, por um lado, como uma realidade intransponível cujo sentido escapa e, por outro lado, como um novo paradigma para a teologia cristã. Tanto a consciência da diversidade religiosa quanto, sobretudo, o contato com essas tradições levam a teologia cristã a repensar seus tratados e suas doutrinas. Ele conceitua esse pluralismo religioso como *pluralismo religioso de princípio* ou *de direito*, ou seja, como um desígnio misterioso de Deus para a humanidade. Tira as conseqüências para o pensamento teológico. Essas geram avanços e inovações a partir do horizonte cristocêntrico no qual articula sua reflexão. Busca, em sua intuição de hermeneuta, respostas às novas indagações advindas com a nova compreensão do pluralismo religioso, tendo como baliza resguardar a identidade cristã e estar aberto ao diálogo com as tradições religiosas.

Por um lado, reconhece a vontade salvífica de Deus e as religiões como sendo religiões de salvação, pois Deus está presente em todas as que buscam a libertação e a felicidade (o *humano autêntico*). Por outro lado, percebe que o cristianismo histórico é limitado em sua maneira de compreender o mistério de Deus que se revela na encarnação de Jesus Cristo. Propõe, então, a universalidade de Cristo e não a universalidade do cristianismo histórico (resgata o termo *cristianidade*, de Panikkar). Fundamenta sua cristologia a partir de uma expressão vinda de Nicolau de Cusa: *Cristo como universal concreto*. Jesus, com sua vida e sua morte de cruz, representa o concreto da encarnação do Verbo de Deus. A ressurreição dá a Cristo seu caráter de universalidade. Por isso, universal concreto! A mediação salvífica, operada pelas tradições religiosas, *deriva* deste mistério universal de Cristo. Assim, não permite que o cristianismo, enquanto religião histórica, seja o centro de referência; evita a concepção de *paralelismos salvíficos* e mantém a universalidade do Cristo.

A unicidade do mistério de Cristo não deve resultar em "imperialismo do cristianismo" em relação às outras tradições religiosas. E, a partir do diálogo com o judaísmo — Israel —, trabalha a temática do *irredutível* presente nele e que não pode ser açambarcado pelo cristianismo. Amplia essa maneira de pensar aplicando-a a todas e a cada uma das tradições religiosas. Essa irredutibilidade assegura às tradições sua identidade própria. Nesse horizonte, cabe à missão da Igreja Católica *testemunhar* o amor de Deus que se revelou na encarnação de Jesus Cristo e prestar um serviço à construção do *Reino de Deus*. Ao adotar essa prática, a Igreja reconfigura, permanentemente, o seu rosto.

O envolvimento de Geffré com a teologia hermenêutica o habilitou a tratar temas tão delicados e até meticulosos para as religiões, de forma tão criativa e aberta, sobretudo no interior da Igreja Católica, que manteve, durante séculos, uma postura centrada na autoridade do magistério. Sua teologia é coerente com sua visão paradigmática: ela reflete sua posição cristocêntrica. Aqui radica o limite de sua reflexão. Entretanto, é um limite paradoxal, pois muda de acordo com o ângulo que se observa. Se o olhar partir do interior da teologia cristã e, mais ainda, do cristocentrismo, seu pensamento reflete avanços e inovações. Se partir de fora desse referencial cristocêntrico, há duas situações a considerar. Há aqueles que definem que sua reflexão avança para além dos limites e corre o risco de perder a identidade — Por exemplo: pensar o pluralismo religioso como pluralismo *de princípio* ou *de direito* torna relativo o mistério salvífico ocorrido com a encarnação de Jesus Cristo. Há aqueles outros que não percebem avanço em sua reflexão, pois seu pensamento reflete o "mesmo" centramento em Jesus Cristo — Por exemplo: dizer que Cristo é *universal concreto*, que continua sendo o único mediador entre os seres humanos e Deus, atrela as tradições religiosas, mesmo tendo seus valores irredutíveis, à mediação misteriosa e universal de Cristo.

De maneira geral, pode-se perguntar se não há uma contradição em sua reflexão quando explicita o pluralismo religioso como um desígnio misterioso de Deus para a humanidade. Defende, aí, algo de irredutível na identidade das tradições religiosas e, ao mesmo tempo, propõe a existência de valores crísticos que explicitam a *cristianidade* inerente a todo ser humano. Daqui deriva a mediação salvífica das religiões. As religiões possuem "certa" mediação salvífica enquanto *derivada* do mistério universal de Cristo. Ainda nesse processo salvífico, torna-se obstáculo ao diálogo inter-religioso afirmar que as pessoas são "ordenadas à Igreja", compreendida como Igreja de Cristo. Usando um dito popular: "O que é dado com uma mão é tomado com a outra!".

As críticas a seu pensamento não anulam a contribuição da sua reflexão hermenêutica para a teologia das religiões. Permanece aberta a pergunta: uma reflexão teológica cristocêntrica consegue resolver o dilema e, ainda mais, propor uma alternativa que mantenha a centralidade da identidade de cada tradição religiosa, resguardando aí a figura de Jesus Cristo, sem afirmar a existência de "paralelismos salvíficos"?

Sua reflexão incentiva a construção do "ecumenismo inter-religioso". Essa expressão é inovadora e amplia os horizontes, pois o ecumenismo já não se dirige ao diálogo somente entre cristãos, mas deve compreender todas as tradições religiosas (ecumenismo, etimologicamente, significa "terra toda habitada"). Juntas, as religiões podem partilhar suas experiências irredutíveis de Deus. Compartilhar o "patrimônio comum" e as especificidades de cada tradição não implica que uma tradição complete o que falta em outra, pois, para Geffré, Deus se revela a todas e cada uma tem sua forma singular de captar essa revelação. A partilha visa, então, à *emulação recíproca* das religiões, isto é, a um empenho e a um compromisso delas a favor do *humano autêntico*, em prol da justiça, da paz e da felicidade sociais. Oxalá as religiões compreendam a importância do ecumenismo inter-religioso para o futuro da humanidade.

Referências bibliográficas

Parte I*

ACAT. *Fundamentalismos integrismos*: uma ameaça aos direitos humanos. São Paulo: Paulinas, 2001. 150 p.

ALMEIDA, Custódio L. S. Universalidade da hermenêutica. *Veritas*, Porto Alegre, v. 44, n. 1, mar. 1999, pp. 33-59.

_____; FLICKNGER, Hans-Georg; ROHDEN, Luis. *Hermenêutica filosófica*: nas trilhas de Hans-Georg Gadamer. Porto Alegre: EDIPURS, 2000. 222 p.

ARMSTRONG, Karen. *Uma história de Deus*: quatro milênios de busca do judaísmo, cristianismo e islamismo. São Paulo: Companhia das Letras, 1995. 460 p.

BLEICHER, Josef. *Hermenêutica contemporânea*. Lisboa: Edições 70, 1992.

BRANDÃO, Junito de S. *Mitologia grega*. 5. ed. Petrópolis: Vozes, 1993. 3 v.

BÜRKLE, Heinz. Teologia das religiões. In: LACOSTE, Jean-Yves. (Dir.). *Dicionário crítico de teologia*. São Paulo: Paulinas/Loyola, 2004.

CIPOLINI, Pedro C. A Igreja e seu rosto histórico: modelos de Igreja e modelo de Igreja na cidade. *REB*, Petrópolis, n. 244, 2001, pp. 825-853.

COLLANGE, Jean-François. Karl Barth. In: LACOSTE, Jean-Yves. (Dir.). *Dicionário crítico de teologia*. São Paulo: Paulinas/Loyola, 2004.

COMBLIN, José. *Teologia da libertação, teologia neoconservadora e teologia liberal*. Petrópolis: Vozes, 1985. 135 p.

CORETH, Emerich. *Questões fundamentais de hermenêutica*. São Paulo: EPU, 1973. 202 p.

BARTH, Karl. *Carta aos romanos*. São Paulo: Novo Século, 2003. 854 p.

BOFF, Clodovis. *Teologia e prática*: teologia do político e suas mediações. 2. ed. Petrópolis: Vozes, 1982. 407 p.

---

* No livro *Interpréter*: hommage amical à Claude Geffré, organizado por Jean-Pierre Jossua e Nicolas-Jean Sed, há uma sistematização das obras publicadas por C. Geffré de 1957 até 1991.

BOFF, Leonardo. *Fundamentalismo*: a globalização e o futuro da humanidade. Rio de Janeiro: Sextante, 2002. 91 p.

_____; BOFF, Clodovis. *Da libertação*: o teológico das libertações sócio-históricas. Petrópolis: Vozes, 1982. 114 p.

DILTHEY, Wilhelm. O surgimento da hermenêutica (1900). *Numen*, Juiz de Fora, v. 2, n. 1, jan.-jun. 1999, pp. 11-33.

DUBIEL, Helmut. O fundamentalismo da modernidade. In: BONI, Luiz A. de (Org.). *Fundamentalismo*. Porto Alegre: EDIPUCRS, 1995. 76 p.

DUMAS, André; BOSC, Jean; CARREZ, Maurice. *Novas fronteiras da teologia*: teólogos protestantes contemporâneos. São Paulo: Duas Cidades, 1969. 117 p.

FAFIÁN, Manuel Maceiras. *Para comprender la filosofía como reflexión hoy*. Madrid: Verbo Divino, 1994. 240 p.

FERRATER MORA, José. *Diccionario de filosofía*. Barcelona: Ariel, 1994. 3830 p.

FOUILLOUX, Étienne. Integrismo católico e direitos humanos. In: ACAT, *Fundamentalismos integrismos*. São Paulo: Paulinas, 2001. Cap. 1.

JEANROND, Werner G. *Introduction à l'herméneutique théologique*: développement et signification. Paris: Cerf, 1995. 270 p.

JOSSUA, Jean-Pierre; SED, Nicolas-Jean. *Interpréter*: hommage amical à Claude Geffré. Paris: Cerf, 1992. 328 p.

GADAMER, Hans-Georg. Préface. In: GRODIN, Jean. *L'universalité de l'herméneutique*. Paris: Presses Universitaries de France, 1993. Disponível em: <http://www.galuz.htpg.ig.com.br/tradgadamer.htm>. Acesso em: 20 ago. 2003.

_____. *Verdade e método II*: complementos e índice. Petrópolis: Vozes, 2002. 621 p.

_____. *O problema da consciência histórica*. Rio de Janeiro: Fundação Getúlio Vargas, 1998. 71 p.

_____. *Verdade e método*: traços fundamentais de uma hermenêutica filosófica. 2. ed. Petrópolis: Vozes, 1998. 731 p.

_____. *A razão na época da ciência*. Rio de Janeiro: Tempo Brasileiro, 1983. 105 p.

GALINDO, Florencio. *O fenômeno das seitas fundamentalistas*. Petrópolis: Vozes, 1995.

GEFFRÉ, Claude. *Croire et interpréter*: le tournant herméneutique de la théologie. Paris: Cerf, 2001. 170 p. (Edição portuguesa: *Crer e interpretar*: a virada hermenêutica da teologia. Petrópolis: Vozes, 2004. 230 p.)

REFERÊNCIAS BIBLIOGRÁFICAS

GEFFRÉ, Claude. Le christianisme face à la pluralité des cultures. Disponível em: <http://www.op.org/international/francais/Documents/Artic/htm>. Acesso em: 20 mar. 2004.

_____. Le tournant herméneutique. *Lumiére et vie*, Lyon, n. 250, avril-mai. 2001, pp. 79-85.

_____. *Profession theologien*: quelle pensee chretienne pour le XXI siècle?; Entretiens avec Gwendoline Jarczyk. Paris: Albin Michel, 1999. 316 p.

_____. La théologie au sortir de la modernité. In: DUCRET, Roland; HER-VIEU-LÉGER, Danièle; LADRIÉRE, Paul. *Christianisme et modernité*. Paris: Cerf, 1990. Cap. VII.

_____. Pluralisme théologique et unité de la foi. In: GEFFRÉ, Claude (Ed.). *Théologie et choc des cultures*: colloque de l'institut catholique de Paris. Paris: Cerf, 1984. pp. 7-13 e 177-190.

_____. *Como fazer teologia hoje*: hermenêutica teológica. São Paulo: Paulinas, 1989. 328 p. (Título original: *Le christianisme au risque de l'interpretation*. Paris: Cerf, 1983. 361 p.)

_____. Du savoir a l'interpretation. In: KANNENGIESSER, Charles (Dir.). *Le point théologique*: le deplacement de la théologie. Paris: Beauchesne, 1977, v. 21, pp. 51-64.

_____. A crise do humanismo e o futuro da teologia. *Concilium*, Petrópolis, t. 86, n. 6, jun. 1973, pp. 661-667.

_____. Sentido e não-sentido de uma teologia não-metafísica. *Concilium*, Petrópolis, v. 76, n. 6, jun. 1972b, pp. 783-793.

_____. *Un nouvel age de la theologie*. Paris: Cerf, 1972a. 144 p.

_____. Déclin ou renouveau de la théologie dogmatique? In: KANNENGI-ESSER, Charles (Dir.). *Le point théologique*. Paris: Beauchesne, 1971, v. 1, pp. 21-43.

_____. As correntes atuais da pesquisa teológica. In: REFOULÉ, F. et al. *Futuro da teologia*. São Paulo: Duas Cidades, 1970. pp. 45-61.

_____. A história recente da teologia fundamental. *Concilium*, Petrópolis, v. 46, n. 6, jun. 1969, pp. 7-26.

GIBELLINI, Rosino. *A teologia do século XX*. São Paulo: Loyola, 1998. 591 p.

GILBERT, Pierre. *Pequena história da exegese bíblica*. Petrópolis: Vozes, 1995. 206 p.

GRONDIN, Jean. *Introdução à hermenêutica filosófica*. São Leopoldo: Unisinos, 1999. 335 p.

GROSS, Eduardo. Hermenêutica e religião a partir de Paul Ricouer. *Numem*, Juiz de Fora, v. 2, n. 1, jan.-jun. 1999, pp. 33-49.

HARTLICH, Christian. Estará superado o método histórico-crítico? *Concilium*, Petrópolis, v. 158, n. 8, 1980, pp. 5-11.

HEIDEGGER, Martin. *Ser e tempo*. 3. ed. Petrópolis: Vozes, 1989. v. I. 3. ed. Petrópolis: Vozes, 1990. v. II.

LACOSTE, Jean-Yves. (Dir.) *Dicionário crítico de teologia*. São Paulo: Paulinas/Loyola, 2004.

LAMCHICHI, Abderrahim. Fundamentalismos muçulmanos e direitos humanos. In: ACAT. *Fundamentalismos, integrismos*. São Paulo: Paulinas, 2001. Cap. 3.

LATOURELLE, René; FISICHELLA, Rino (Dir.). *Dicionário de teologia fundamental*. Petrópolis: Vozes, 1994.

LATOURELLE, René. Rudolf Bultmann. In: LATOURELLE, René; FISICHELLA, Rino (Dir.). *Dicionário de teologia fundamental*. Petrópolis: Vozes, 1994.

LIBANIO, João Batista. *Ideologia e cidadania*. 2. ed. reform. São Paulo: Moderna, 2004. 160 p.

LUBAC, Henri de. *Exégèse médiévale*: les quatre sens de l'écriture. Paris: Aubier, 1959. v. 1.

MARLÉ, René. *El problema teologico de la hermeneutica*: los grandes ejes de la investigacion contemporanea. Madrid: Razon y Fe, 1965. 182 p.

MARTY, Martin. E. O que é fundamentalismo: perspectivas teológicas. *Concilium*, Petrópolis, v. 241, n. 3, 1992, pp. 13-26.

MATOS, Henrique C. J. *Caminhando pela história da Igreja*. Belo Horizonte: O Lutador, 1986. v. III. 383 p.

MEYER, Ben F. Os desafios do texto e do leitor ao método histórico-crítico. *Concilium*, Petrópolis, v. 233, n. 1, 1991, pp. 16-26.

MUSSNER, Franz. *Histoire de l'herméneutique*: de Schleiermacher a nos jous. Paris: Cerf, 1972.

NEUSNER, Jacob. Qual é o desafio do fundamentalismo judeu contemporâneo? In: ACAT, *Fundamentalismos integrismos*. São Paulo: Paulinas, 2001. pp. 114-119.

PACE, Enzo; STEFANI, Piero. *Fundamentalismo religioso contemporâneo*. São Paulo: Paulus, 2002. 188 p.

PALÁCIO, Carlos. *Jesus Cristo*: história e interpretação. São Paulo: Loyola, 1979. 241 p.

PALMER, Richard E. *Hermenêutica*. Lisboa: Edições 70, sem data (original 1969). 284 p.

PANASIEWICZ, Roberlei. *Diálogo e revelação*: rumo ao encontro inter-religioso. Belo Horizonte: Face-Fumec/Com Arte, 1999. 181 p.

RICOUER, Paul *Do texto à acção*: ensaios de hermenêutica II. Porto: Rés-Editora, sem data.

ROHDEN, Luis. O "círculo hermenêutico" como estrutura, o "enquanto" da hermenêutica filosófica. *Veritas*, Porto Alegre, v. 44, n. 1, mar. 1999, pp. 109-131.

ROSATO, Philip J. Karl Barth. In: LATOURELLE, René; FISICHELLA, Rino (Dir.). *Dicionário de teologia fundamental*. Petrópolis: Vozes, 1994.

RUEDELL, Aloísio. Schleiermacher e a atual discussão hermenêutica. *Veritas*, Porto Alegre, v. 44, n. 1, mar. 1999, pp. 27-32.

SCHLEIERMACHER, Friedrich D. E. *Hermenêutica*: arte e técnica da interpretação. 3. ed. Petrópolis: Vozes, 2001. 102 p.

SCHWEITZER, Louis. O fundamentalismo protestante. In: ACAT. *Fundamentalismos, integrismos*: uma ameaça aos direitos humanos. São Paulo: Paulinas, 2001. pp. 31-42.

STEIN, Ernildo. *Aproximações sobre hermenêutica*. Porto Alegre: EDIPUCRS, 1996. 111 p.

_____. Dialética e hermenêutica. *Síntese*, Belo Horizonte, v. 10, n. 29, set.-dez. 1983, pp. 21-48.

SUSIN, Luiz Carlos (Org.). *O mar se abriu*: trinta anos de teologia na América latina. São Paulo: Loyola/Soter, 2000. 294 p.

TORRES QUEIRUGA, Andrés. *Recuperar a criação*: por uma religião humanizadora. São Paulo: Paulus, 1999. 345 p.

TRACY, David. L'herméneutique de la désignation de Dieu: hommage à Claude Geffré. In: JOSSUA, Jean-Pierre; SED, Nicolas-Jean. *Interpréter*: hommage amical à Claude Geffré. Paris: Cerf, 1992. pp. 49-67.

VECCHIA, F. Dalla. Método histórico-crítico. In: VV.AA. *Dicionário teológico enciclopédico*. São Paulo: Loyola, 2003.

VELOSO, Rita de C. L. A questão do método na hermenêutica filosófica de H.-G. Gadamer. In: BRITO, Emídio; CHANG, Luis H. (Orgs.). *Filosofia e método*. São Paulo: Loyola, 2002. pp. 89-111.

VILANOVA, Evangelista. *Para compreender a teologia*. São Paulo: Paulinas, 1998. 218 p.

VOLF, Miroslav. O desafio do fundamentalismo protestante. *Concilium*, Petrópolis, v. 241, n. 3, 1992, pp. 125-137.

WILLEMS, Bonifac. Qual a contribuição de Karl Barth para o movimento ecumênico? *Concilium*, Petrópolis, n. 4, 1996, pp. 40-57.

ZAHRNT, Heinz. *A vueltas con Dios*: la teologia protestante en el siglo XX. Zaragoza: Hechos y Dichos, s/data. (Original foi publicado em 1966.)

Parte II

A BÍBLIA. Tradução ecumênica. São Paulo: Loyola/Paulinas, 1996. 1567 p.

A BÍBLIA de Jerusalém. São Paulo: Paulinas, 1985. 2355 p.

ALVES, Rubem. *O enigma da religião*. Petrópolis: Vozes, 1975.

AMALADOSS, Michael. *Pela estrada da vida*: prática do diálogo inter-religioso. São Paulo: Paulinas, 1996. 260 p.

_____. O pluralismo das religiões e o significado de Cristo. In: TEIXEIRA, Faustino (Org.). *Diálogo de pássaros*. São Paulo: Paulinas, 1993. 175 p.

BARROS, Marcelo. *O sonho da paz*. 2. ed. Petrópolis: Vozes, 1996. 212 p.

BERGER, Peter. *O dossel sagrado*: elementos para uma teoria sociológica da religião. São Paulo: Paulinas, 1985. 194 p.

_____; LUCKMANN, Thomas. *Modernidade, pluralismo e crise de sentido*: a orientação do homem moderno. Petrópolis: Vozes, 2004. 94 p.

BOFF, L. *O pai-nosso*: a oração da libertação intergral. Petrópolis: Vozes, 1987. 150 p.

CATÃO, Francisco. *Falar de Deus*: considerações sobre os fundamentos da reflexão cristã. São Paulo: Paulinas, 2001. 240 p.

COMISSÃO TEOLÓGICA INTERNACIONAL. *O cristianismo e as religiões*. São Paulo: Loyola, 1997. 62 p.

CONCÍLIO VATICANO II. In: *Compêndio do Vaticano II*: Constituições, decretos, declarações. 19. ed. Petrópolis: Vozes, 1987. 743 p.

CONGREGAÇÃO PARA A DOUTRINA DA FÉ. *Declaração Dominus Iesus*: sobre a unicidade e universalidade salvífica de Jesus Cristo e da Igreja. São Paulo: Loyola, 2000.

CUSA. Nicolau de. *A douta ignorância*. Porto Alegre: EDIPUCRS, 2002. 248 p.

_____. *A visão de Deus*. Lisboa: Fundação Calouste Gulbenkian, 1988. 242 p.

DELUMEAU, Jean. *De religiões e de homens*. São Paulo: Loyola, 2000. 403 p.

DUPUIS, Jacques. La teologia del pluralismo religioso revisitada. *Rassegna di Teologia*, Bologna, ano XL, v. 5, set.-out. 1999, pp. 667-693.

_____. *Rumo a uma teologia cristã do pluralismo religioso*. São Paulo: Paulinas, 1999. 600 p.

FÉDOU, Michel. *Les religions selon la foi chrétienne*. Paris: Cerf, 1996.

GANDHI, Mohandas Karamchand. *Gandhi e o cristianismo*. São Paulo: Paulus, 1996.

GEFFRÉ, Claude. Le dialogue, une nécessité pour église minoritaire. Disponível em: <http://www.sedos.org/french/cgeffre.htm>. Acesso em: 20 mar. 2004.

_____. Pour une théologie de la différence. Identité, altérité, dialogue. Disponível em: <http://www.sedos.org/french/geffre_1.htm>. Acesso em: 21 jun. 2004

_____. Témoins du Christ. Disponível em: <http://www.spiritualite2000. com/Archives/ temoins/2002/avril02.htm>. Acesso em: 09 set. 2004.

_____. La prétention du christianisme à l'universel: implications missiologiques. Disponível em: <http://www.sedos.org/french/geffre.htm>. Acesso em: 09 set. 2004.

_____. Foi chrétienne et pluralisme. Disponível em: <http://pages.ca.inter. net/~csrm/ nd132/geffre.html>. Acesso em: 09 set. 2004.

_____. Verso una nuova teologia delle religioni. In: GIBELLINI, Rosino. (Ed.). *Prospettive teologiche per il XXI secolo*. Brescia: Queriniana, 2003.

_____. Por um cristianismo mundial. *Cadernos da estef*, Porto Alegre, n. 30, pp. 5-25, 2003.

_____. Le dialogue interreligieux. Disponível em: <http://www.encalcat. com/fr/nouv/geffre.doc>. Acesso em: 29 ago. 2002.

_____. Le fondement théologique du dialogue interreligieux. Disponível em: <http://www.cathomed.cef.fr/Pages/CdD/CdDs/CdD02/gefretxt.htm>. Acesso em: 29 ago 2002.

_____. *Croire et interpréter*: le tournant herméneutique de la théologie. Paris: Cerf, 2001. 170 p.

_____. Pluralismo religioso e indiferentismo: el auténtico desafio de la teología cristiana. *Selecciones de Teología*, Barcelona, n. 158, v. 40, abr.-jun. 2001, pp. 83-98.

_____. Un salut au pluriel. *Lumiére et vie*, Lyon, n. 250, avril-mai, 2001, pp. 21-38.

GEFFRÉ, Claude. O Deus uno do islã e o monoteísmo trinitário. *Concilium*, Petrópolis, v. 289, n. 1, 2001, pp. 91-99.

_____. Le pluralisme religieux et l'indifférentisme, ou le vrai défi de la théologie chrétienne. *Revue théologique de Louvain*, Louvain, n. 31, 2000, pp. 3-32.

_____. *Profession theologien*: quelle pensee chretienne pour le XXI siècle? Entretiens avec Gwendoline Jarczyk. Paris: Albin Michel, 1999. 316 p.

_____. La verdad del cristianismo en la era del pluralismo religioso. *Selecciones de Teología*, Barcelona, n. 146, v. 37, abr.-jun. 1998, pp. 135-144.

_____. L'evoluzione della teologia della missione: dalla Evangelii Nuntiandi alla Redemptoris Missio. In: COLZANI, G. et al *Le sfide missionarie del nostro tempo*. Bologna: Editrice Missionaria Italiana, 1996. pp. 63-82.

_____. Le dialogue entre les religions. In: LENOIR, F; MASQUELIER, Y. T. (Eds.). Encyclopédie des religions. Paris: Bayard, 1997, v. 2, pp. 2391-2397.

_____. O lugar das religiões no plano da salvação. In: TEIXEIRA, F. (Org.). *O diálogo como afirmação da vida*. São Paulo: Paulinas, 1997.

_____. Vers une théologie du pluralisme religieux / Le pluralisme religieux comme question théologique. *La vie spirituelle*, Paris, v. 151, n. 724, set. 1997, pp. 573-586.

_____. La teología europea en el ocaso del eurocentrismo. *Selecciones de Teología*, Barcelona, v. 32, n. 128, oct.-dic. 1993, pp. 286-299.

_____. A fé na era do pluralismo religioso. In: TEIXEIRA, Faustino (Org.). *Diálogo de pássaros*: nos caminhos do diálogo inter-religioso. São Paulo: Paulinas, 1993. pp. 61-74.

_____. La portée théologique du dialogue islamo-chrétien. *Islamochristiana*, n. 18, 1992, pp. 1-23.

_____. Théologie chrétienne et dialogue interreligieux. *Revue de L'Institut Catholique de Paris*, Paris, n. 38, 1991, pp. 63-82.

_____. *Passion de l'homme passion de Dieu*. Paris: Cerf, 1991.

_____. *Como fazer teologia hoje*: hermenêutica teológica. São Paulo: Paulinas, 1989. 328 p.

_____. L'avenir de la vie religieuse a l'heure de la secularisation. *Concilium*, Paris, t. 49, nov. 1969, pp. 71-80.

_____. Dessacralização e santificação. *Concilium*, Petrópolis, t. 19, n. 9, nov. 1966, pp. 94-111.

JAYANTH, M. De la pluralidad al pluralismo. *Selecciones de Teología*, Barcelona, n. 163, v. 41, 2002, pp. 163-176.

REFERÊNCIAS BIBLIOGRÁFICAS

HAIGHT, Roger. *Jesus, símbolo de Deus*. São Paulo: Paulinas, 2003. 576 p.

HICK, John. *Metáfora do Deus encarnado*. Petrópolis: Vozes, 2000. 230 p.

KUHN, Thomas S. *A estrutura das revoluções científicas*. São Paulo: Perspectiva, 1987.

KÜNG, Hans. *As religiões do mundo*: em busca dos pontos comuns. Campinas: Verus, 2004. 283 p.

_____. *Uma ética global para a política e a economia mundiais*. Petrópolis: Vozes, 1999. 475 p.

_____. *Teologia a caminho*: fundamentação para o diálogo inter-religioso. São Paulo: Paulinas,1999. 300 p.

_____. *Projeto de ética mundial*: uma moral ecumênica em vista da sobrevivência humana. São Paulo: Paulinas, 1992. 209 p.

LIBANIO, João Batista. *Eu creio, nós cremos*: tratado da fé. São Paulo: Loyola, 2000. 478 p.

_____. Extra ecclesiam nulla salus. *Perspectiva Teológica*, Belo Horizonte, n. 8, 1973, pp. 21-49.

MARTELLI, Stefano. *A religião na sociedade pós-moderna*. São Paulo: Paulinas, 1995. 493 p.

MATOS, Henrique Cristiano J. *Caminhando pela história da Igreja*. Belo Horizonte: O Lutador, 1995. 3 v.

MENEZES, Paulo. Etnocentrismo e relativismo cultural. *Síntese*, Belo Horizonte, v. 27, n. 88, 2000, pp. 245-254.

_____. Filosofia e tolerância. *Síntese Nova Fase*, Belo Horizonte, v. 23, n. 72, 1996, pp. 5-11.

MESLIN, M. *A experiência humana do divino*: fundamentos de uma antropologia religiosa. Petrópolis: Vozes, 1992. 360 p.

MIRANDA, Mário de França. As religiões na única economia salvífica. *Atualidade Teológica*, Rio de Janeiro, ano 6, n. 10, jan.-abr. 2002, pp. 9-26.

PANASIEWICZ, Roberlei. Os níveis ou formas de diálogo inter-religioso: uma leitura a partir da teologia cristã. *Horizonte*, Belo Horizonte, v. 2, n. 3, 2003, pp. 39-55.

_____. *Diálogo e revelação*: rumo ao encontro inter-religioso. Belo Horizonte: Com Arte/Face-Fumec, 1999. 181 p.

_____. Internacionalização, identidade e diálogo inter-religioso. *Horizonte*, Belo Horizonte, v. 1, n. 2, 1997, pp. 57-61.

PINTARELLI, Ary E. (Org.). *O espírito de Assis*: discursos e alocuções de João Paulo II sobre a paz. Petrópolis: Vozes, 1996. 101 p.

197

PONTIFÍCIO CONSELHO PARA O DIÁLOGO INTER-RELIGIOSO. *Diálogo e anúncio*. Petrópolis: Vozes, 1991. (Documento Pontifício n. 242.)

RAHNER, Karl. *Curso fundamental da fé*. São Paulo: Paulus, 1989. 531 p.

_____. Cristianesimo anônimo e compito missionário della chiesa. In: _____. *Nuovi Saggi*. Roma: Paoline, 1973, v. IV.

RICOEUR, Paul. *O si mesmo como um outro*. Campinas: Papirus, 1991. 432 p.

SAMUEL, Albert. *As religiões hoje*. São Paulo: Paulus, 1997. 354 p.

SANTA ANA, Júlio. *Ecumenismo e libertação*. Petrópolis: Vozes, 1987.

SCHILLEBEECKX, Edward. *História humana*: revelação de Deus. São Paulo: Paulus, 1994. 334 p.

SECRETARIADO PARA OS NÃO CRENTES. Diálogo e missão. *Sedoc*, v. 176, n. 17, p. 387-399, 1984.

SESBOÜÉ, Bernard. *Hors de l'église pas de salut*: histoire d'une formule et problèmes d'interprétation. Paris; Desclée de Brouwer, 2004. 396 p.

SUNG, Jung Mo. *Experiência de Deus*: ilusão ou realidade? São Paulo: FTD, 1991. 103 p.

TEIXEIRA, Faustino. Peter Berger e a religião. In: TEIXEIRA, F. (Org.). *Sociologia da religião*: enfoques teóricos. Petrópolis: Vozes, 2003. 270 p.

_____. A experiência de Deus nas religiões. *Numen*, Juiz de Fora, v. 3, n. 1, p. 111-148, jan.-jun., 2000.

_____. A teologia do pluralismo religioso em Claude Geffré. *Numen*, Juiz de Fora, v. 1, n. 1, p. 45-83, 1999.

_____. *Teologia das religiões*: uma visão panorâmica. São Paulo: Paulinas, 1985. 241 p.

TILLICH, Paul. *Teologia sistemática*. São Paulo: Paulinas/Sinodal, s/data. 725 p. (Original:1967.)

TORRES QUEIRUGA, Andrés. *Do terror de Isaac ao abbá de Jesus*: por uma nova imagem de Deus. São Paulo: Paulinas, 2001. 415 p.

_____. *Recuperar a criação*: por uma religião humanizadora. São Paulo: Paulus, 1999. 345 p.

_____. *O diálogo das religiões*. São Paulo: Paulus, 1997. 84 p.

_____. *Recuperar la salvación*. Santander: Sal Terrae, 1995.

_____. *A revelação de Deus na realização humana*. São Paulo: Paulus, 1995. 435 p.

WEGER, Karl-Heinz. *Karl Rahner*: uma introdução ao pensamento teológico. São Paulo: Loyola,1981. 197 p.

SUMÁRIO

Apresentação da coleção 5

Apresentação... 7

Siglas... 10

Introdução 11

Parte I
A VIRADA HERMENÊUTICA DA TEOLOGIA

Capítulo I
O sentido filosófico e teológico da hermenêutica 19

Capítulo II
A negação da hermenêutica: o fundamentalismo 51

Capítulo III
A teologia hermenêutica em Claude Geffré 75

Parte II
TEOLOGIA HERMENÊUTICA E TEOLOGIA DAS RELIGIÕES

Capítulo I
A compreensão da teologia fundamental:
a questão do pluralismo de princípio 105

Capítulo II
A dimensão cristológica: Jesus como universal concreto 125

Capítulo III
A perspectiva eclesiológica: reinterpretando a missão e a concepção de verdade... 157

Conclusão 185

Referências bibliográficas 189

Impresso na gráfica da
Pia Sociedade Filhas de São Paulo
Via Raposo Tavares, km 19,145
05577-300 - São Paulo, SP - Brasil - 2010